Informatik-Fachberichte

Herausgegeben von W. Brauer
im Auftrag der Gesellschaft für Informatik (GI)

82

Arndt Bode

Mikroarchitekturen und Mikroprogrammierung: Formale Beschreibung und Optimierung

Springer-Verlag
Berlin Heidelberg New York Tokyo 1984

Autor

Arndt Bode
Institut für Mathematische Maschinen und Datenverarbeitung (III)
Universität Erlangen-Nürnberg
Martensstraße 3, 8520 Erlangen

CR Subject Classifications (1982): B.1.1, B.1.2, B.1.4, B.5.2, C.0, D.3.2, D.3.4

ISBN-13: 978-3-540-13380-3   e-ISBN-13: 978-3-642-69701-2
DOI: 10.1007/978-3-642-69701-2

2145/3140 – 5 4 3 2 1 0

<u>Vorwort und Danksagung</u>

> "Microprogramming is the implementation
> of hopefully reasonable systems through
> interpretation of unreasonable machines."
> ROSIN, 1969

Vielleicht geht von dieser Definition der Mikroprogrammierung als
Vermittlerin zwischen der von technologischen Randbedingungen
diktierten "unwirtlichen" Hardware und einer möglichst benutzer-
freundlichen Software-Schnittstelle die Faszination dieser Disziplin
aus, die heute einen wichtigen Platz im Rahmen der Informatik ein-
nimmt.

Die vorliegende Arbeit soll einen Beitrag dazu leisten, die Mikroprogrammierung theoretisch zu durchdringen und sie durch geeignete Verfahren letztendlich auch einem größeren Kreis von
Informatikern zugänglich zu machen. Ausgehend von einem formalen
Modell zur Beschreibung von Mikroarchitekturen werden Algorithmen
entwickelt, die die Reduktion des Mikroprogrammspeicherbedarfs auf
systematische Weise erlauben. Es wird auch gezeigt, daß diese Aufgabenstellung in der heutigen Praxis des (V)LSI-Entwurfes weitgehend durch ad-hoc Verfahren gelöst wird.

Den Schwerpunkt der Arbeit bilden jedoch Algorithmen zur automatischen Kompaktifizierung von Mikroprogrammen auf der Basis des
eingeführten Modells. Diese Verfahren sollen die Implementierung und
effiziente Übersetzung maschinenunabhängiger höherer Mikroprogrammiersprachen in Zukunft ermöglichen.

Meine Tätigkeit am Institut für Mathematische Maschinen und Datenverarbeitung (IMMD) III der Universität Erlangen-Nürnberg hat mir
den Zugang zum gesamten Bereich der Technischen Informatik, spe-
ziell zur Rechnerarchitektur und Mikroprogrammierung eröffnet. Für
diesen Zugang und die beständige Förderung, die ich durch ihn
und seine Mitarbeiter und Mitarbeiterinnen erfahren habe, möchte
ich zuallererst Herrn Professor Händler danken.

Die besonders anregende Atmosphäre am IMMD III ist nicht zuletzt auch auf die Durchführung realisierungsorientierter Projekte wie EGPA (Erlangen General Purpose Array, gefördert seit 1978 durch das BMFT) zurückzuführen, das durch die Initiative von Herrn Professor Händler, Herrn Professor Herzog, Herrn Professor Hofmann und Herrn Professor Schneider ermöglicht wurde. So ist auch eine wesentliche Anregung zu dieser Arbeit aus den Implementierungsaufgaben im Rahmen des EGPA-Teilprojektes "Mikroprogramme für die Vertikalverarbeitung und die Rechnerkommunikation" entstanden.

Für die Hinführung zur Informatik überhaupt möchte ich jedoch auch allen Mitgliedern des damaligen Instituts für Informatik und der späteren Fakultät für Informatik der Universität Karlsruhe, insbesondere meinem Doktorvater, Herrn Professor Alfred Schmitt, danken.

Manche Anregung zu dieser Arbeit ist der Diskussionsbereitschaft vieler, auch studentischer Mitarbeiter des IMMD und am EGPA-Projekt zu verdanken. Aus ihrem Kreis möchte ich nur Frau Barbara Albert erwähnen, mit der ich während mancher Stunde Probleme der Mikroprogrammierung gewälzt habe.

Schließlich möchte ich auch nicht versäumen, Frau Petra Wagner für die tadellose Erstellung des maschinengeschriebenen Manuskriptes zu danken.

Erlangen, September 1983   Arndt Bode

Inhalt

6

1. Motivation und Übersicht

Die Begriffe Mikroprogrammierung (WILKES, 1951) und Firmware
(OPLER, 1967) wurden bereits recht früh in der Entwicklung der
Rechnerarchitektur geprägt. WILKES führte die Mikroprogrammierung
ein als eine systematische Methode des Entwurfes von Leitwerken von
Rechenanlagen anstelle von komplexen sequentiellen kombinatorischen
Netzen. Wichtige Weiterentwicklungen der Technik nach WILKES sind
das Kettenverfahren nach Billing-Hopmann (BILLING, HOPMANN, 1955),
später das Raum-Matrix-Verfahren (GÜNTSCH, HÄNDLER, 1960) und
die Einführung des Mikroprogrammspeichers in den Leitwerken der
Rechner des IBM System /360 Anfang der 60er Jahre. OPLER bezeich-
nete mit Firmware eine effiziente programmierbare Implementierungs-
stufe zwischen Hardware und Software von Rechnern.

Seit der ersten Verwendung dieser Begriffe ist das Interesse an
der Mikroprogrammierung im Bereich der Rechnerarchitektur bestän-
dig gestiegen. Fast jeder Groß- und Kleinrechner ist heute zumindest mikroprogrammiert, wenn nicht mikroprogrammierbar (Definition der Begriffe in Kapitel 2). Mit dem Schritt der Halbleitertechnologie von 8- auf 16-Bit Mikroprozessoren wurden auch deren
Leitwerke so komplex, daß systematische Verfahren unabdingbar
sind: mit einer Ausnahme sind alle 16-Bit Mikroprozessoren intern
mikroprogrammiert.

Mit der ständig steigenden Anforderung an die Arbeitsgeschwindig-
keit von Rechenanlagen entwickelte sich neben dem Aspekt der
Systematik aber auch die Effizienz dieser Technik als ein wesent-
licher Grund für den vermehrten Einsatz der Mikroprogrammierung.
Die Technik der vertikalen Verlagerung etwa versucht, besonders
zeitaufwendige Teile größerer Softwaresysteme in der Firmware zu
implementieren, um höheren Gesamtdurchsatz zu erzielen (typischerweise in komplexen Betriebssystemen, HELLER, 1980). Für besonders zeitkritische Steuerungsaufgaben und Anwendungen wie
die digitale Signalverarbeitung wurde eine Klasse mikroprogrammierbarer Halbleiterbausteine, die Bitslice-Mikroprozessoren geschaffen,

bei deren Anwendung häufig auch komplexere Algorithmen vollständig mikroprogrammiert werden. In diesem letzteren Fall dient die Mikroprogrammierung dann nicht mehr der Realisierung von Leitwerken für Allzweckrechner, sondern für Spezialrechner.

Ein weiteres wesentliches Anwendungsgebiet der Mikroprogrammierung im Bereich der Allzweckrechner ist die Anpassung einer meist vergleichsweise wenig leistungsfähigen Hardware an eine mächtige Maschinenbefehls-Schnittstelle (CHROUST, 1981). Das gilt insbesondere für die Realisierung des Familienkonzeptes auf den Großrechnern des IBM System /360 und /370 (BODE, HÄNDLER, 1983), wobei ein nach heutigem Standard konventioneller Maschinenbefehlssatz voll kompatibel auf Rechnern mit hardwaremäßigen Wortlängen zwischen 8 und 64 Bit mikroprogrammiert implementiert wurde. Noch mächtigere Maschinenbefehlssätze wie die durch die objektorientierte Architektur des iAPX 432 Mikroprozessors (INTEL, 1981) angebotenen erfordern für die Implementierung der bei jeder Befehlsausführung notwendigen Tabellenzugriffe, Adreßumsetzungen, Zugriffsrecht-Überprüfungen u.ä., die nur sehr eingeschränkt mit Hardwareunterstützung realisiert werden, noch in höherem Maße den Einsatz der Mikroprogrammierung.

Die Bedeutung der Mikroprogrammierung im Rahmen der Rechnerarchitektur ist somit klar umrissen, sie wird mit der weiteren Entwicklung der Halbleiter (VLSI-)Technologie wegen der höheren Komplexität der entstehenden Schaltkreise eher noch zunehmen.

Dieser Bedeutung steht ein auffälliger Mangel an leistungsfähigen Hilfsmitteln für die Mikroprogrammierung gegenüber. Die Gründe dafür sind sowohl im kommerziellen als auch wissenschaftlichen Bereich zu suchen. So werden firmenspezifische Entwicklungs-Hilfsmittel der Allgemeinheit nicht zugänglich gemacht, in jüngster Zeit wird die Vertikale Verlagerung von Systemsoftware-Teilen sogar als Mittel für den Schutz gegen die Nachbildung von ganzen Rechnerfamilien benutzt. Andererseits wurde sehr früh nachgewiesen, daß die wichtigsten Fragestellungen im Zusammenhang der Mikroprogrammierung zumindest NP-vollständig sind, die Hoffnung auf das Auffinden effizienter Algorithmen zu ihrer Lösung also sehr gering ist.

Zwei wesentliche Problemstellungen sind bezüglich der "Hilfsmittel" für die Mikroprogrammierung zu unterscheiden. Die erste betrifft den <u>Entwurf des Mikroinstruktionsformates</u> und sucht nach Lösungen, den Mikroprogrammspeicherbedarf möglichst gering zu halten, ohne die Effizienz der Mikroprogrammierung, d.h. die Parallelität der Mikroarchitektur durch zu starke Kodierung einzuschränken. Dabei sind entweder die Mikroprogramme oder lediglich die ausführende Mikroarchitektur und die auf ihr ausführbaren Mikrooperationen als bekannt vorausgesetzt.

Durch die Entwicklung der Halbleitertechnologie sind die Preise für Speicherelemente erträglich geworden, so daß die Reduktion des Speicherbedarfes als Fragestellung heute überholt erscheinen mag. Berücksichtigt man jedoch, daß für Mikroprogrammspeicher sehr kurze Zugriffszeiten gefragt sind und ferner die Preise von Teilen eines Rechners ja nicht absolut, sondern in Relation zu den - ebenfalls drastisch reduzierten - Preisen der restlichen Elemente (z.B. Rechenwerke, Prozessoren u.s.w.) beurteilt werden müssen, so zeigt sich, daß das Thema an Aktualität nicht verloren hat. Gerade die Entwicklung der Halbleitertechnologie sorgt andererseits dafür, daß die Reduktion des Speicherbedarfes in den Brennpunkt des Interesses der Rechnerarchitektur rückt: der Versuch, immer mächtigere Prozessoren bzw. Rechner als monolithische Schaltkreise anzubieten, führt die Halbleiterhersteller dazu, die Integrationsfähigkeit der Bausteine möglichst optimal zu nutzen, d.h. insbesondere den Aufwand für das Leitwerk - und damit den Mikroprogrammspeicher - weitestgehend zu reduzieren. In Kapitel 3 dieser Arbeit wird gezeigt, daß dabei bis heute weitgehend unsystematische Mittel zur Anwendung kommen, und es wird ein allgemeinerer Ansatz angeboten.

Die zweite Problemstellung bezieht sich auf die Erstellung von
Mikroprogrammen für eine vorgegebene Mikroarchitektur und ein
bekanntes Mikroinstruktionsformat. Für ein als Folge von Mikrooperationen der Maschine vorgegebenes Quell-Programm ist das
kürzeste semantisch äquivalente Ziel-Mikroprogramm gesucht.
Diese "Kompaktifizierung" von Mikroprogrammen zielt auf höchste
Leistung, d.h. die Ausführung von Mikroprogrammen in möglichst
wenig Mikroinstruktionszyklen. Sie ist damit gleichzeitig die wesentliche Voraussetzung für die Bereitstellung von höheren Mikroprogrammiersprachen, die dem Benutzer einerseits die Vorteile der
Problemnähe bei der Formulierung des Quellprogramms, andererseits
die volle Effizienz der Ebene der Mikroprogrammierung bezüglich
des übersetzten Zielkodes bieten sollen.

Ziel dieser Arbeit ist es nachzuweisen, daß für beide Problemstellungen Lösungen bestehen, die mit polynomialem Aufwand zu guten
Ergebnissen führen. Diese Lösungen sowie die NP-Vollständigkeit
der Optimalprobleme werden getrennt in den Kapiteln 3 und 4 dargestellt.

Die Problemstellungen des Entwurfes des Mikroinstruktionsformates
und der Kompaktifizierung lassen sich - zumindest teilweise - als
Behandlung der Dimensionen des Mikroprogrammspeichers darstellen
(vgl. Abbildung 1.1). Kapitel 3 schildert Maßnahmen zur Reduktion
des Mikroprogrammspeicherbedarfes durch Reduktion der Wortlänge
der Mikroinstruktion. Kapitel 4.2 führt mit der lokalen Kompaktifizierung Algorithmen ein, die die Anzahl der Mikroinstruktionen von
Mikroprogrammen reduzieren und damit auch die benötigte Ausführungszeit. Die in Kapitel 4.3 behandelte globale Kompaktifizierung
verkürzt zwar die Ausführungszeit der datenabhängig wahrscheinlichsten Pfade durch verzweigte Mikroprogramme, führt dabei aber
im allgemeinen zu einem statisch längeren Mikroprogramm.

Relevant für die Praxis der Mikroprogrammierung werden solche
Leistungen jedoch erst, wenn die Algorithmen auf der Basis von
Modellen formuliert werden, die einen Bezug zur "Wirklichkeit"

der Rechnerarchitektur haben. In Kapitel 2 wird daher nach einer
einführenden Übersicht und Begriffsklärung verschiedenster Eigenschaften bestehender Mikroarchitekturen und Techniken der Mikroprogrammierung ein Modell eingeführt, das diesen Kriterien weitgehend genügt. Es wird auch gezeigt, daß frühere Modelle so
starke Vereinfachungen vornehmen, daß die Ergebnisse für die
Anwendung weitgehend ungeeignet sind.

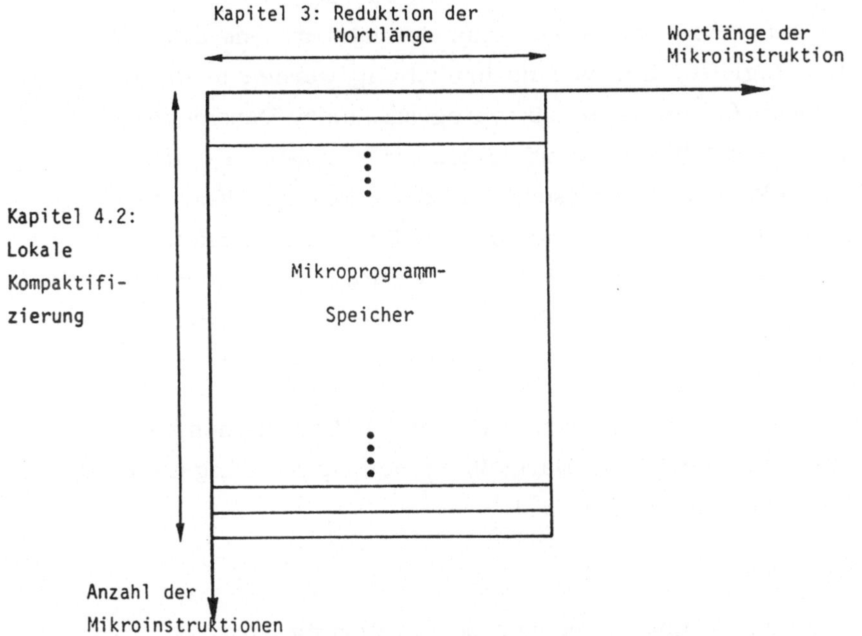

Abbildung 1.1: Dimensionen des Mikroprogrammspeichers und ihre
Behandlung im Rahmen dieser Arbeit (vereinfacht).

Abschließend muß darauf hingewiesen werden, daß der Begriff
"Optimierung" aus dem Titel der Arbeit im engen Sinne nur auf
die jeweils für die Praxis kaum relevanten NP-vollständigen Algorithmen zur Lösung der Reduktion des Mikroprogrammspeicherbedarfes und der Kompaktifizierung zutrifft. Die vom ingenieurwissenschaftlichen Standpunkt wichtigeren - wegen geringerem Aufwand
anwendbaren - Algorithmen liefern in der Regel nur "gute", manchmal auch optimale Ergebnisse und sind daher nur "Verbesserungen",
nicht jedoch "Optimierungen".

2. Mikroprogrammierung, eine verbale und eine formale Einführung

Kapitel 2 umfaßt zunächst eine verbale Beschreibung der für die
Mikroprogrammierung wichtigen Begriffe und Techniken (Abschnitt
2.1), wobei zur Erläuterung abstrakte Maschinen oder Maschinen-
elemente dargestellt werden.

Danach folgt in Abschnitt 2.2, aufbauend auf dem sogenannten
Tupelmodell von Mikrooperationen, eine formale Präzisierung der
eingeführten Begriffe. Zur Veranschaulichung werden in diesem
Abschnitt Beispiele konkreter mikroprogrammierter Maschinen
verwendet. Es handelt sich dabei jeweils um Strukturen auf der
Basis von Bitslice-Mikroprozessoren, also denjenigen Elementen,
die durch ihre weite Verbreitung und flexible Nutzbarkeit in den
letzten 5 Jahren zu einer deutlichen Aufwertung der Bedeutung
der Mikroprogrammierung im Rahmen der Rechnerarchitektur
geführt haben.

Das Tupelmodell und die auf ihm aufbauenden Definitionen bilden
die Basis für die einheitliche Darstellung der Optimierungsprobleme
in den folgenden Kapiteln 3 und 4.

2.1 Mikroprogrammierung, eine verbale Einführung

2.1.1 Mikroprogrammierung: eine Realisierung des Leitwerkes von Rechnern

Mikroprogrammierung ist eine strukturierte Lösung der Realisierung des
Leitwerkes von Rechnern. Im Gegensatz zu der festverdrahteten
Leitwerk-Realisierung, wo die für die einzelnen Teilwerke benötigten
Steuersignale durch ein komplexes sequentielles kombinatorisches
Netzwerk erzeugt werden, wird bei den heute üblichen Techniken
der Mikroprogrammierung die Steuerinformation in Form von Mikro-
programmen (MP), die meist in getrennten Steuerspeichern, den
Mikroprogrammspeichern (MPS) gehalten werden, dargestellt.

Abbildung 2.1 zeigt eine einfache Rechnerstruktur, bestehend aus
Rechenwerk, Hauptspeicher, Ein/Ausgabewerk und dem Leitwerk,
das die Steuersignale für den gesamten Rechner erzeugt. In Abbildung
2.2 sind schematisch die Varianten festverdrahtete und mikropro-

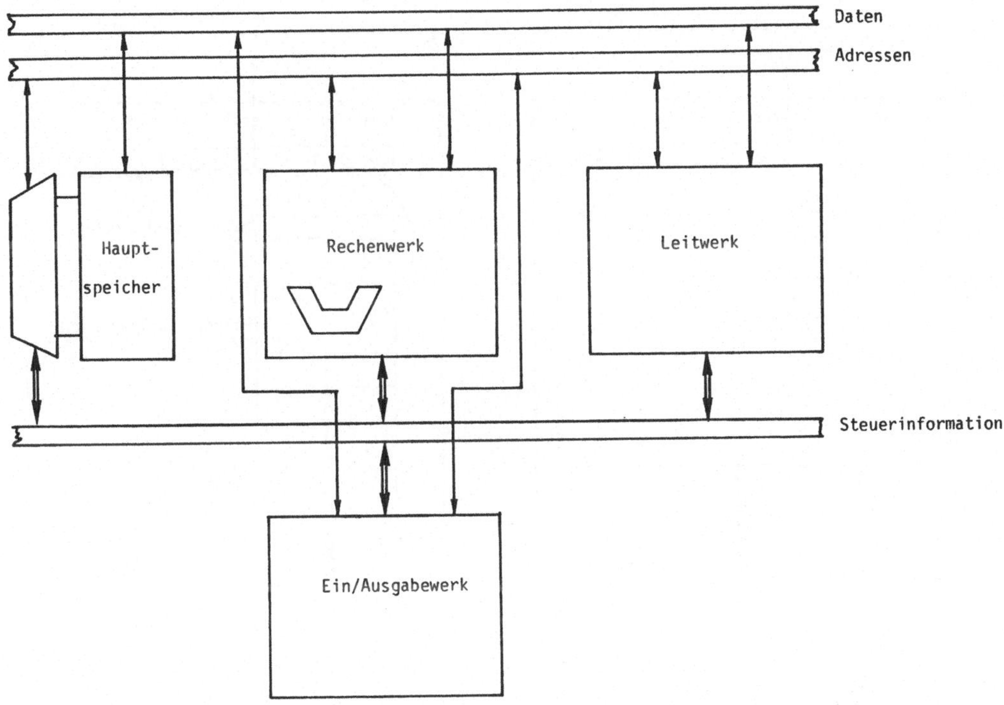

<u>Abbildung 2.1:</u>   Einfache Rechnerstruktur mit Steuerung durch
das Leitwerk.

grammierte Leitwerkstruktur dargestellt. In beiden Fällen wird
der Operationskode-Teil des Instruktionsregisters (IR) als
Eingangsgröße für die Generierung der Steuersignale verwendet.

Bei <u>Allzweck-Rechneranwendungen</u> beinhaltet das IR jeweils den
laufenden oder nächsten auszuführenden Maschinenbefehl, bei
<u>Controller-Anwendungen</u> (Spezialrechner für Steueraufgaben)
wird es in ähnlicher Weise das laufende oder nächste auszuführende
Kommando beinhalten. Ohne Einschränkung der Allgemeinheit wird
hier im weiteren nur die Variante des Allzweck-Rechners behandelt.

Im Fall des mikroprogrammierten Leitwerkes beinhaltet der Mikroprogrammspeicher Mikroprogramme, die die Steuerinformation für
die Ausführung der Maschinenbefehle eines Befehlssatzes darstellen.
Die Hardware der Maschine, für die die Mikroprogramme implementiert sind, wird als <u>Wirtsmaschine</u> (manchmal auch als Objekt-
maschine) bezeichnet. Der Maschinenbefehlssatz, der durch die

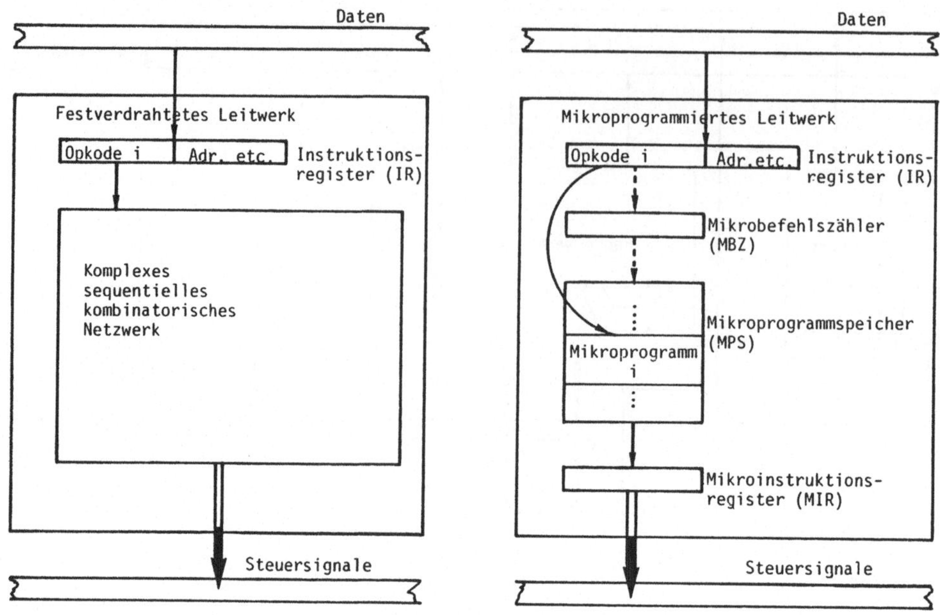

Abbildung 2.2:   Prinzipielle Struktur des festverdrahteten Leitwerkes (links) und des mikroprogrammierten Leitwerkes.

Mikroprogramme definiert wird, heißt konzeptuelle Maschine (manchmal auch virtuelle Maschine). Weichen die Eigenschaften von konzeptueller Maschine und Wirtsmaschine deutlich voneinander ab, so nennt man die Mikroprogramme für die konzeptuelle Maschine den Emulator dieser Maschine. Der Emulator bildet also mikroprogrammiert die Eigenschaften einer (konzeptuellen) Maschine A auf einem Wirtsrechner B nach.

In Analogie zur Architektur von Rechenanlagen, die im Sinne von BLAAUW, 1972 als das äußere Erscheinungsbild eines Rechners für den Programmierer auf Maschinenbefehlsebene definiert wird, wird im folgenden die Hardware des Wirtsrechners, soweit sie für den Mikroprogrammierer sichtbar ist, als Mikroarchitektur bezeichnet.

2.1.2 Mikroinstruktion, Mikrooperation und ihre Ansteuerung

Jedes Mikroprogramm besteht aus einer Folge von Mikroinstruktionen
(manchmal auch Mikrobefehle genannt), die die innerhalb eines
Mikrotaktes benötigten Steuersignale beinhalten. Die Steuersignale
aktivieren unteilbare Operationen in der Hardware, die Mikrooperationen. Die Adresse der laufenden bzw. nächsten auszuführenden
Mikroinstruktion im Mikroprogrammspeicher steht jeweils im Mikrobefehlszähler MBZ (analog zum Befehlszähler BZ, der die Adresse
des nächsten Maschinenbefehls im Hauptspeicher angibt). Die aus
dem Mikroprogrammspeicher gelesene Mikroinstruktion liegt im
allgemeinen im Mikroinstruktionsregister MIR (analog zum Instruk-
tionsregister IR auf Maschinenbefehlsebene). Bei einigen Maschinen
entfällt auch das MIR, die Steuersignale werden direkt aus dem
MPS an die zu steuernde Hardware weitergegeben.

Die Adresse der ersten Mikroinstruktion eines Mikroprogrammes
heißt Anfangsadresse (manchmal auch Startadresse). Sie wird aus
dem Operationskode-Teil des IR gewonnen (vgl. gestrichelte Linie
in Abbildung 2.2, rechts), der entweder unmittelbar als MPS-
Adresse interpretiert und durch Nullen ergänzt, bzw. durch Abbildung über ein Speicherelement, den Operationskode-Dekoder (oft
als Mapping-PROM bezeichnet) modifiziert wird (vgl. Abbildung 2.3).

Die Folgeadreßbildung innerhalb eines Mikroprogrammes geschieht
aus der Mikroinstruktion selbst, d.h. eine oder einige der aus
dem MIR angestoßenen Mikrooperationen beziehen sich auf die
Adressierung der nächsten auszuführenden Mikroinstruktion. Diese
Steuersignale faßt man als den Adreßteil (AT) der Mikroinstruktion
zusammen, alle übrigen Informationen werden als Steuerteil (ST)
bezeichnet (vgl. Abbildung 2.4).

Im einfachsten Fall besteht der Adreßteil lediglich aus einem
Adreßfeld, das die Mikroprogrammspeicheradresse der nächsten
Mikroinstruktion im Mikroprogramm beinhaltet. Im allgemeinen Fall
wird jedoch Steuerinformation für ein umfangreicheres Mikroleitwerk
(MLW) im Adreßteil spezifiziert sein, das die Adreßbildung auch
für komplexere Mikrokontrollstrukturen erlaubt (für die Adreßbildung

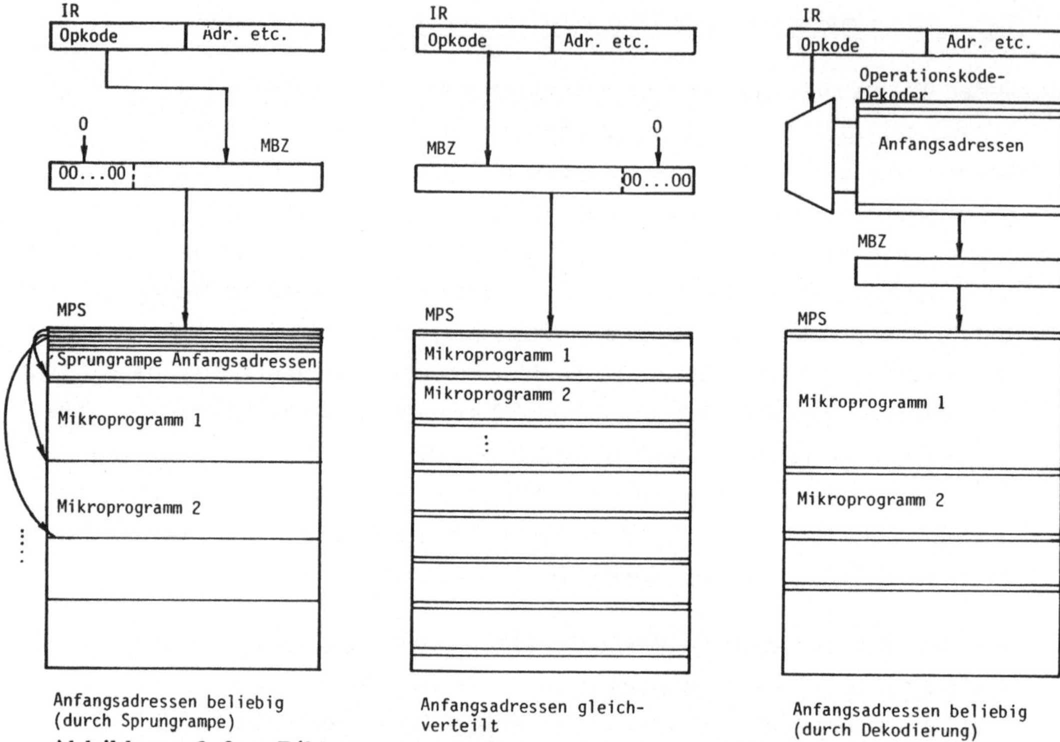

Abbildung 2.3: Bildung der Anfangsadresse von Mikroprogrammen aus dem Operationskode des Maschinenbefehls im IR: nullenergänzt bzw. modifiziert.

benötigte Elemente der Mikroarchitektur jeweils in Klammern): Mikrounterprogrammsprünge (Adreßkeller), Schleifenkonstrukte (Schleifenzähler, Anfangsadreßregister), bedingte Verzweigungen (Bedingungsmultiplexer für Statusinformation, Adreßmultiplexer für alternative Adreßquellen), Mehrwegverzweigungen (Bedingungsdekoder, Adreßgeneratoren) und nicht zuletzt sequentielle Adreßfortschaltung (Adreß-Inkremetierer). Das Mikroleitwerk wird im Bereich der Bitslice-Mikroprozessoren oft auch Sequenzer genannt.

Die Steuerinformation im Steuerteil der Mikroinstruktion kann mehr oder weniger stark kodiert sein, d.h. im allgemeinen Fall wird zwischen das MIR und die zu steuernden Mikrooperationen noch eine Steuerdekodierung treten. Es werden also nach bestimmten Kriterien Gruppen von Signalen gebildet (z.B. alle Signale, die die Mikrooperationen einer bestimmten Funktionseinheit des Rechners steuern). Diese Gruppen werden kodiert und aus getrennten Abschnitten der Mikroinstruktion gesteuert. Diese Abschnitte nennt man Felder der Mikroinstruktion, die Abfolge der Felder einer Mikroinstruktion das Mikroinstruktions-Format.

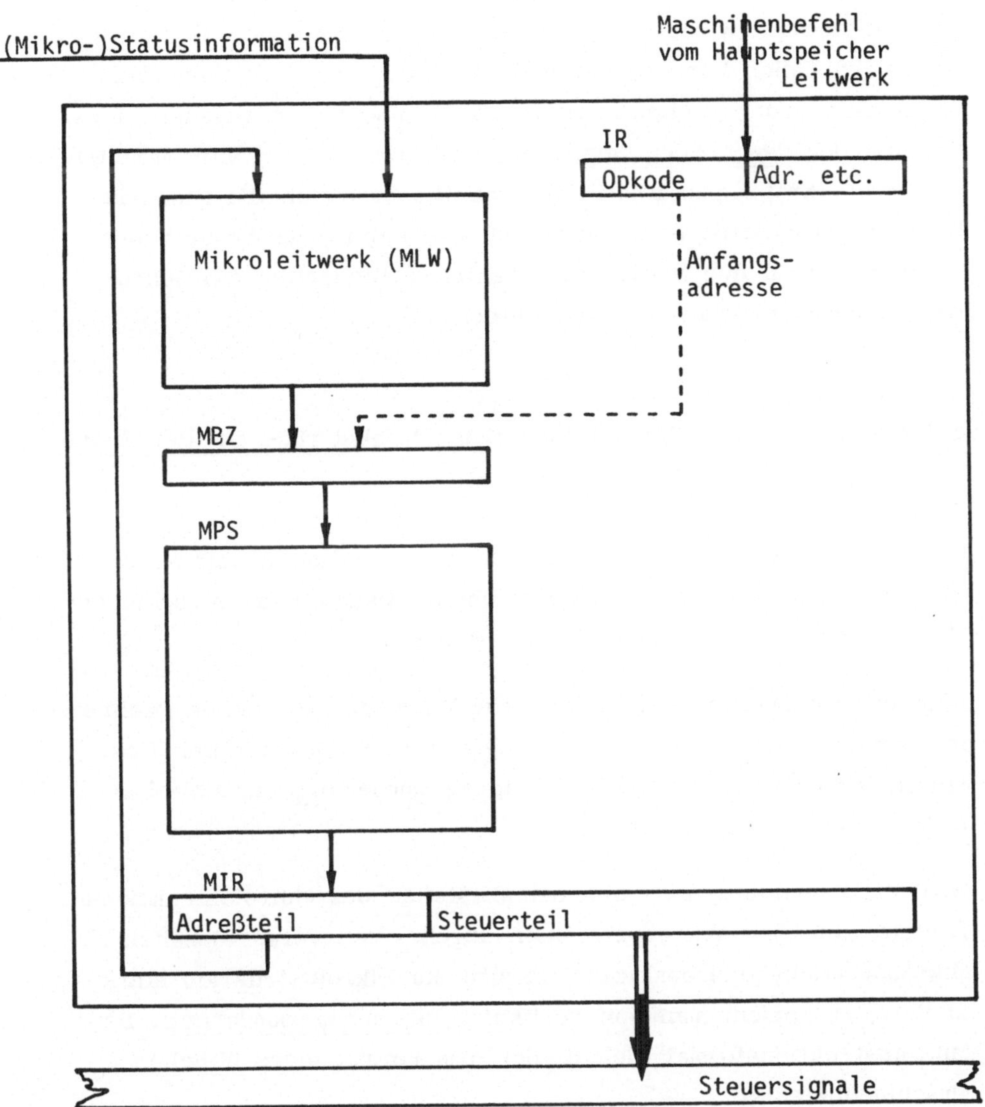

Abbildung 2.4: Schematische Darstellung der Adreßbildung für Mikroprogramme.

Sind bestimmte Felder des Mikroinstruktionsformates mit mehreren Bedeutungen belegt, deren Dekodierung durch die Dekodierung anderer Felder gesteuert wird, so spricht man von zweistufiger, allgemein von mehrstufiger Steuerdekodierung (vgl. Abbildung 2.5 und 2.6). Felder, die die Dekodierung anderer Felder steuern, werden oft als Steering-Felder bzw. Steering-Bits bezeichnet.

In der bisherigen Darstellung wurde angenommen, daß die gesamte
Steuerinformation für einen Rechner aus genau einem Mikroprogrammwerk entnommen wird. Man spricht dann von zentraler Steuerung.
In einigen Fällen kann es sinnvoll sein, mehrere, gegebenenfalls
sogar asynchron arbeitende Mikroprogrammwerke vorzusehen. Diese
Technik der dezentralen Steuerung wird hier nicht weiter verfolgt,
da jedes Mikroprogrammwerk für sich wieder durch die beschriebenen Eigenschaften gekennzeichnet sein kann. Das Problem der
Synchronisation der Werke bei dezentraler Steuerung auf Mikroprogrammebene wird nicht betrachtet.

2.1.3 Kodierung der Steuerinformation: Parallelismus auf der Ebene

   der Mikroinstruktion

Mit dem Grad der Kodierung der Steuerinformation in der Mikroinstruktion ist ein wichtiges Unterscheidungskriterium verschiedener
Mikroprogrammierungs-Techniken gewonnen.

Sind die Steuerinformationen für jede Mikrooperation eines Rechners
in getrennnten Bitstellen des Mikroinstruktionsformates gehalten,
spricht man von horizontaler Mikroprogrammierung (manchmal auch
unkodierter Mikroprogrammierung).

Wird die Zuordnung zwischen den Bitstellen des Mikroinstruktions-
formates und den Mikrooperationen durch einen verschlüsselten
Mikrooperationskode bestimmt, ist also die Mikroinstruktion stark
kodiert, so spricht man von vertikaler Mikroprogrammierung. Das
Mikroinstruktionsformat gleicht hier dem Format eines üblichen
Maschinenbefehls.

Eine Mittelstellung zwischen den beiden Extremen vertikale und
horizontale Mikroprogrammierung und den Versuch, die Vorteile
beider Techniken zu vereinigen, stellt die quasihorizontale Mikroprogrammierung dar. Für den gesamten Rechner werden Gruppen
sich wechselseitig ausschließender Mikrooperationen gebildet, z.B.
die verschiedenen Funktionen der ALU oder des Hauptspeichers.
Diese Gruppen werden für sich kodiert und aus gemeinsamen Feldern
des Mikroinstruktionsformates gesteuert.

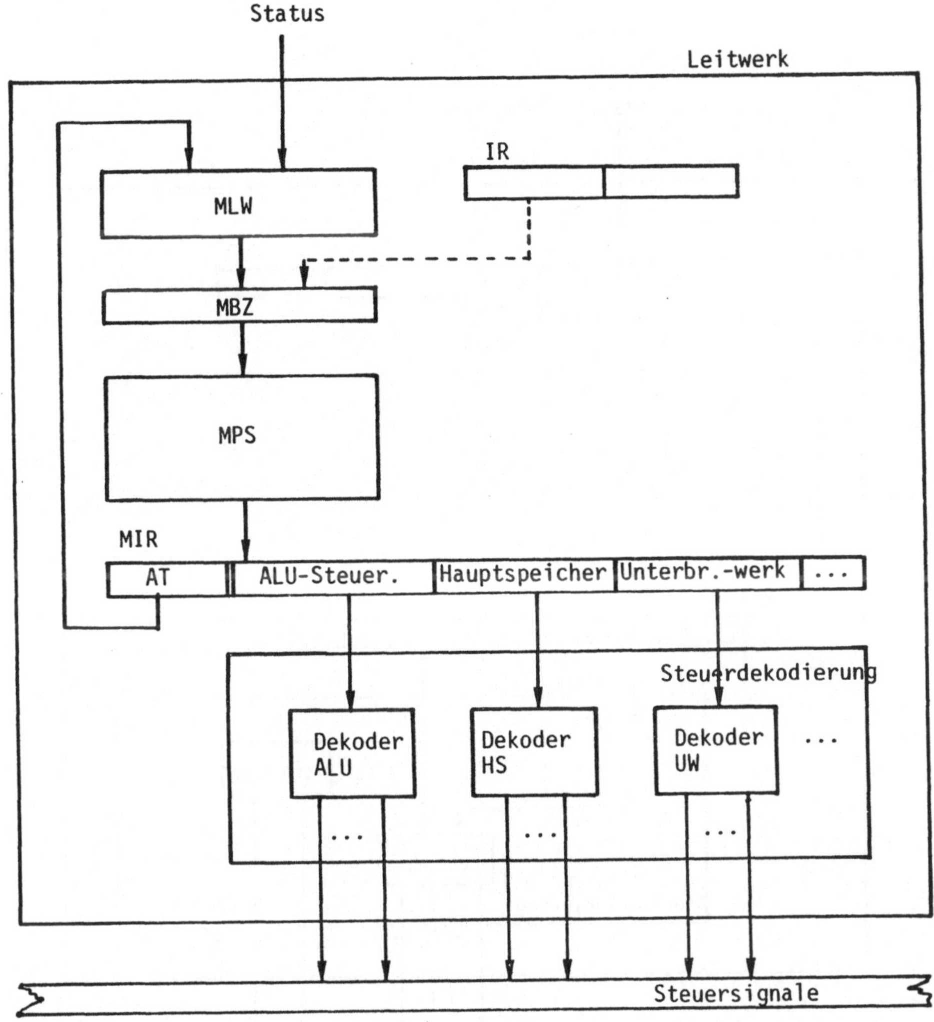

__Abbildung 2.5:__ Mikroprogrammierung mit einstufiger Steuerdekodierung.

Die Wahl des Grades der Kodierung des Mikroinstruktionsformates
beeinflußt wesentlich die Größen

- Hardware-Aufwand

- Geschwindigkeit

- Mikro-Programmierfreundlichkeit

der mikroprogrammierten Maschine. Schon für Kleinrechner muß
mit mehr als 250 getrennten Mikrooperationen gerechnet werden,
wobei sehr viele sich wechselseitig ausschließen (alle Mikrooperationen für Mehrfunktions-Einheiten, gemeinsame Datenwege etc.).

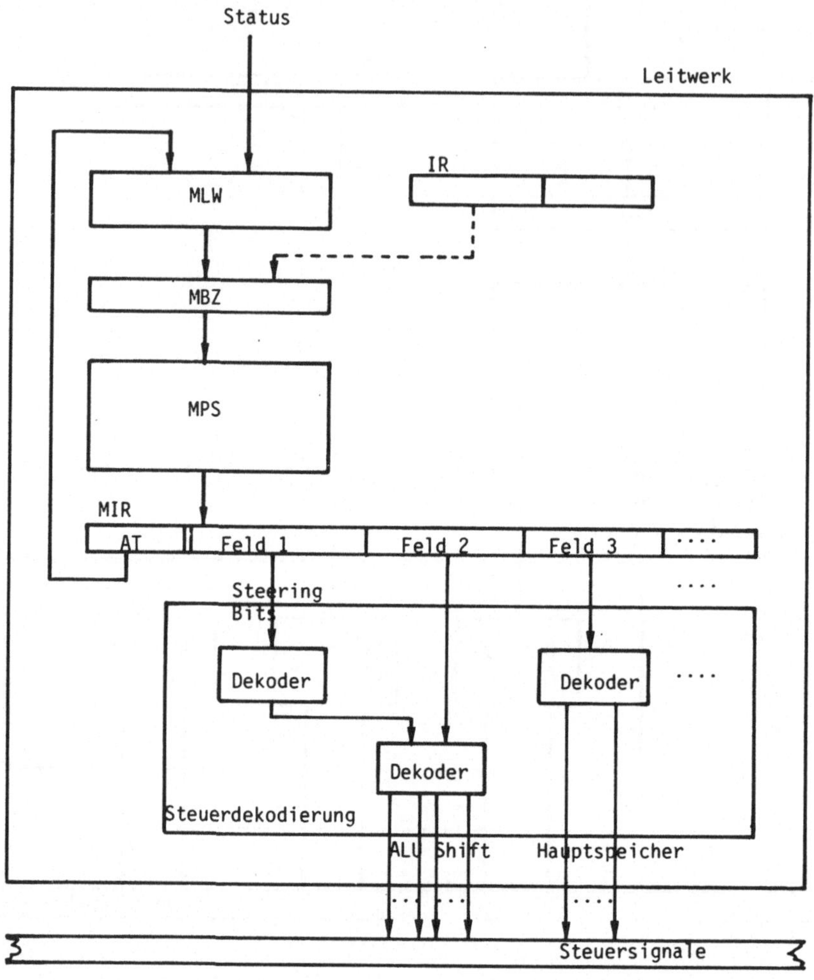

Abbildung 2.6: Mikroprogrammierung mit zweistufiger Steuerdekodierung.

Daraus folgt, daß die horizontale Mikroprogrammierung Mikroprogrammspeicher mit sehr großen Wortlängen (>> 100 Bit) benötigt,
wobei die einzelne Mikroinstruktion stark redundant ist (viele
Steuerbits haben den Wert 0). Die von der Rechner-Hardware
gegebene Parallelität (hier im Sinne der Möglichkeit gleichzeitiger
Ausführung unabhängiger Mikrooperationen, gesteuert aus einer
gemeinsamen Mikroinstruktion) kann voll genutzt werden, da keine
Kombination von Steuersignalen durch die Kodierung ausgeschlossen ist.

Horizontale Mikroprogramme sind daher kurz und zur Ausführungszeit effizient, da außerdem die Dekoder-Durchlaufzeiten entfallen.
Dekoder-Hardware wird nicht benötigt. Die Mikroprogrammierung
ist jedoch wegen der vielen Felder, die in jeder Mikroinstruktion
zu berücksichtigen sind, extrem benutzerunfreundlich (Lesbarkeit,
Dokumentation, Fehlersuche und -beseitigung, Änderbarkeit).

Die vertikale Mikroprogrammierung benötigt Speicher mit kleinen
Wortlängen (16-32 Bit), jedoch größerer Anzahl von Worten wegen
der sequentiellen Natur der Mikroprogramme. Für die meist mehr-
stufige Steuerdekodierung ist entsprechender Hardwareaufwand zu
leisten. Die Laufzeit der Mikroprogramme ist länger wegen der
größeren Anzahl von Mikroinstruktionen und den Dekoder-Durchlaufzeiten. Die Mikroprogrammierung ist vergleichsweise einfacher,
vergleichbar mit der Programmierung auf Maschinensprachebene.

Die Wortlänge der Mikroinstruktionen bei quasihorizontaler Mikroprogrammierung ist ohne Einschränkung des potentiellen Parallelismus
reduziert. Der Speicheraufwand wird also verringert, jedoch können
auch hier noch stark redundante Mikroinstruktionen auftreten. Der
Faktor Geschwindigkeit wird lediglich durch die zusätzlichen Dekoder-
Laufzeiten negativ beeinflußt (nicht durch längere Mikroprogramme).
Die Programmierfreundlichkeit ist etwas günstiger als bei der
horizontalen Mikroprogrammierung, vor allem, weil sich wechselseitig
ausschließende Mikrooperationen nicht mehr aus einer Mikroinstruktion
ansteuern lassen (z.B.: Rotieren links im Shifter der Rechenwerkes,
Rotieren rechts in der Wortrandlogik).

Die Beurteilung der Kriterien Hardware-Aufwand, Geschwindigkeit,
Programmierfreundlichkeit ist jedoch auch stark den Randbedingungen
der Technologie unterworfen. Solche Bedingungen sind z.B.: hochintegrierte Speicher werden immer billiger, Speicher als "reguläre"
Logik eignen sich besser für VLSI als Dekoder, die beschränkte
Pin-Zahl erfordert kodierte Steuerung "off-chip", die erst "on-chip"
dekodiert wird (bei fast allen Bitslice-Mikroprozessoren).

Die Mikroprogrammiertechniken treten nie völlig "rein" auf, d.h.
horizontale Rechner haben meist auch einige kodierte Bitstellen (z.B.
Registeradressen), vertikale Rechner einige nicht kodierte Bitstellen.

Dennoch erweist sich das Schema als hilfreich für die Unterscheidung verschiedener Mikroarchitekturen.

Wie die Mikroprogrammierung anstelle eines komplexen sequentiellen kombinatorischen Netzwerkes zur Generierung der Steuersignale eingeführt wurde, kann man anstelle der umfangreichen Dekoder-Hardware bei vertikaler Mikroprogrammierung eine weitere Stufe der Mikroprogrammierung einführen. Diese zweite Stufe der Mikroprogrammierung wird Nanoprogrammierung (manchmal auch Picoprogrammierung) genannt. Jede Mikroinstruktion wird nun durch eine Folge von Nanoinstruktionen, dem Nanoprogramm, ausgeführt. Die Mikroinstruktion besteht jetzt streng genommen aus zwei Adreßteilen: einem zur Folgeadreßsteuerung auf Mikroebene und einem zur Generierung der Anfangsadresse auf Nanoebene. Die Nanoinstruktionen sind - schon aus Geschwindigkeitsgründen - vorwiegend horizontal ausgeführt und bestehen aus Steuerteil und Adreßteil (Folgeadreßgenerierung auf Nanoebene).

Die Nanoprogrammierung bietet eine relativ benutzerfreundliche und wegen der mehrfachen Speicherzugriffe langsame Ebene der Mikroprogrammierung (Mikroprogrammebene) sowie eine benutzerunfreundliche aber effiziente Implementierungsebene (Nanoebene). Die doppelte Ansteuerungslogik: Mikroleitwerk, Nanoleitwerk führt zu hohem Hardware-Aufwand. Nanoprogrammierte Maschinen wurden daher als universelle Wirtsmaschinen für viele Emulatoren verwendet. Theoretisch kann die Schachtelung von Mikromaschinen auch noch auf mehr als zwei Stufen ausgedehnt werden.

Bestehen alle Nanoprogramme aus genau einer Nanoinstruktion, so kann der Adreßteil auf Nanoebene entfallen, ebenso das Nanoleitwerk. Der Nanoprogrammspeicher wirkt hier als "Dekoder" des Steuerteils der Mikroprogrammebene. Diese Technik wird Quasinanoprogrammierung genannt und dient der Einsparung an Speicherplatz gegenüber horizontaler Mikroprogrammierung unter der Annahme, daß in Mikroprogrammen relativ häufig gleiche, lange Steuerteile auftreten, die im Quasinano-Speicher nur einmal gehalten werden und im Mikroprogrammspeicher durch eine kurze Adresse ersetzt werden. Die Quasinanoprogrammierung wird daher vornehmlich bei der extrem speicherplatzkritischen Mikroprogrammierung von monolithischen Mikroprozessoren verwendet.

Abbildung 2.7 zeigt eine schematische Darstellung der drei einstufigen, Abbildung 2.8 der zwei zweistufigen Techniken. Für eine Übersicht über Rechner mit verschieden stark kodiertem Mikroinstruktionsformat vgl. SALISBURY, 1976 oder SIEWIOREK et al., 1982.

Für die folgenden Ausführungen wird eine einstufige Mikroprogrammierungstechnik vorausgesetzt. Die Aussagen sind jedoch ebenfalls auf die unterste Stufe mehrstufiger Techniken anzuwenden, also auf die Ebene der Nanoprogramme, die sich verhalten wie horizontale Mikroprogramme. Für die Ebene der Mikroprogramme sind bei Nanoprogrammierung entsprechende Vereinfachungen zu denken.

2.1.4 Der Mikroinstruktionszyklus, Pipelining auf Mikroinstruktionsebene

Die Abfolge der Vorgänge bei der Bearbeitung jeder Mikroinstruktion eines Mikroprogrammes wird der Mikroinstruktionszyklus genannt (analog zum Maschinenbefehlszyklus auf Maschinensprachebene). Die benötigte Zeit des Mikroinstruktionszyklus heißt Mikroinstruktionszykluszeit (aus Bequemlichkeitsgründen wird diese Zeit oft auch nur als Mikroinstruktionszyklus bezeichnet). Logisch zusammengehörige Abschnitte werden als Phasen des Mikroinstruktionszyklus bezeichnet. Die Mikroinstruktions-Holphase entspricht dem Auslesen der Mikroinstruktion aus dem MPS auf der Basis des Inhaltes des Mikrobefehlszählers. In der Mikroinstruktions-Dekodierphase wird die Steuerinformation aus dem Mikroinstruktionsregister dekodiert und gegebenenfalls in einem weiteren Synchronisationsregister (Synch. Reg.) dekodiert abgelegt. In der Mikroinstruktions-Ausführungsphase werden die so angesprochenen Mikrooperationen ausgeführt, dabei entstehende Rückmeldungen (z.B. Arithmetischer Überlauf, Übertrag) werden im Statusregister (SR) abgelegt. Die Mikroinstruktions-Adreßbildungsphase berechnet im Mikroleitwerk auf der Basis der Statusinformation und des Adreßteiles des MIR die Adresse der nächsten auszuführenden Mikroinstruktion und legt sie im MBZ ab.

Abbildung 2.9 zeigt schematisch die Phasen des Mikroinstruktionszyklus. Bei horizontaler Mikroprogrammierung entfällt die Mikroinstruktions-Dekodierphase, in einigen Fällen wird sie zur Ausführungsphase hinzugezählt (etwa bei "on-chip"-Dekodierung).

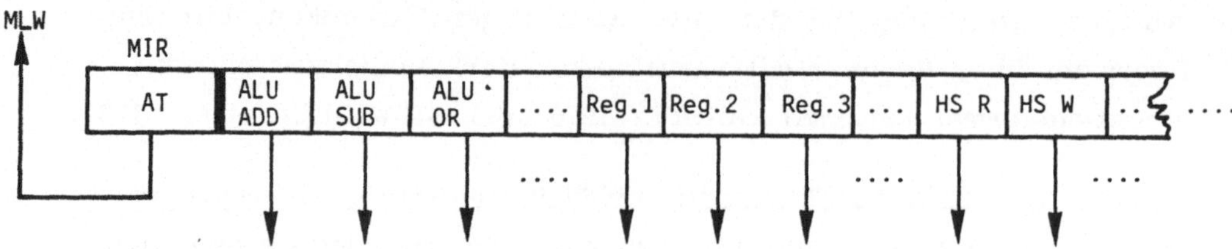

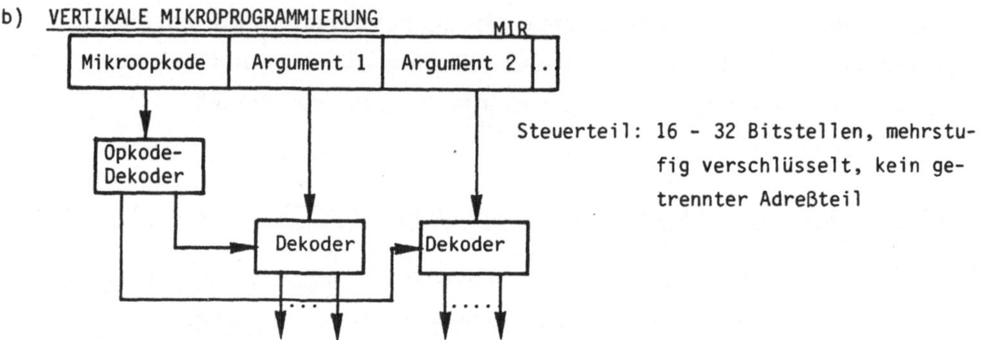

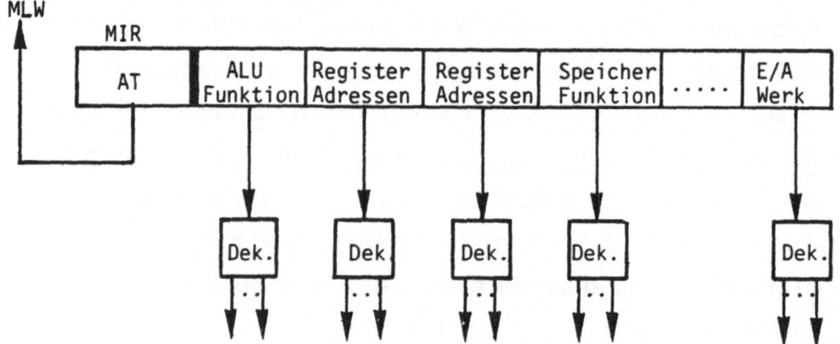

Abbildung 2.7:   Horizontale, vertikale und quasihorizontale
Mikroprogrammierung
MLW: Mikroleitwerk

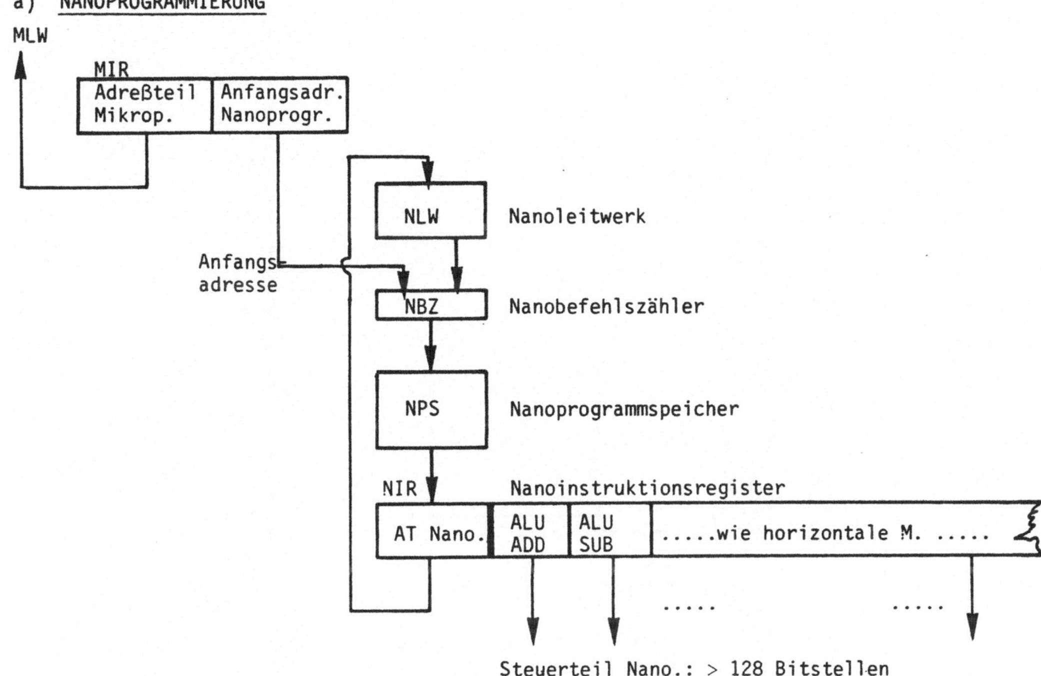

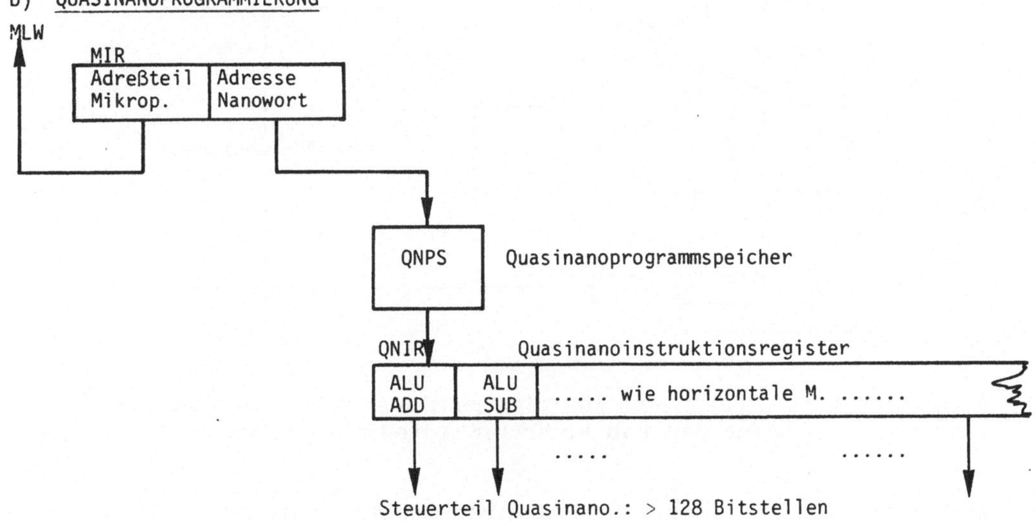

Abbildung 2.8:   Nanoprogrammierung und Quasinanoprogrammierung
MLW: Mikroleitwerk

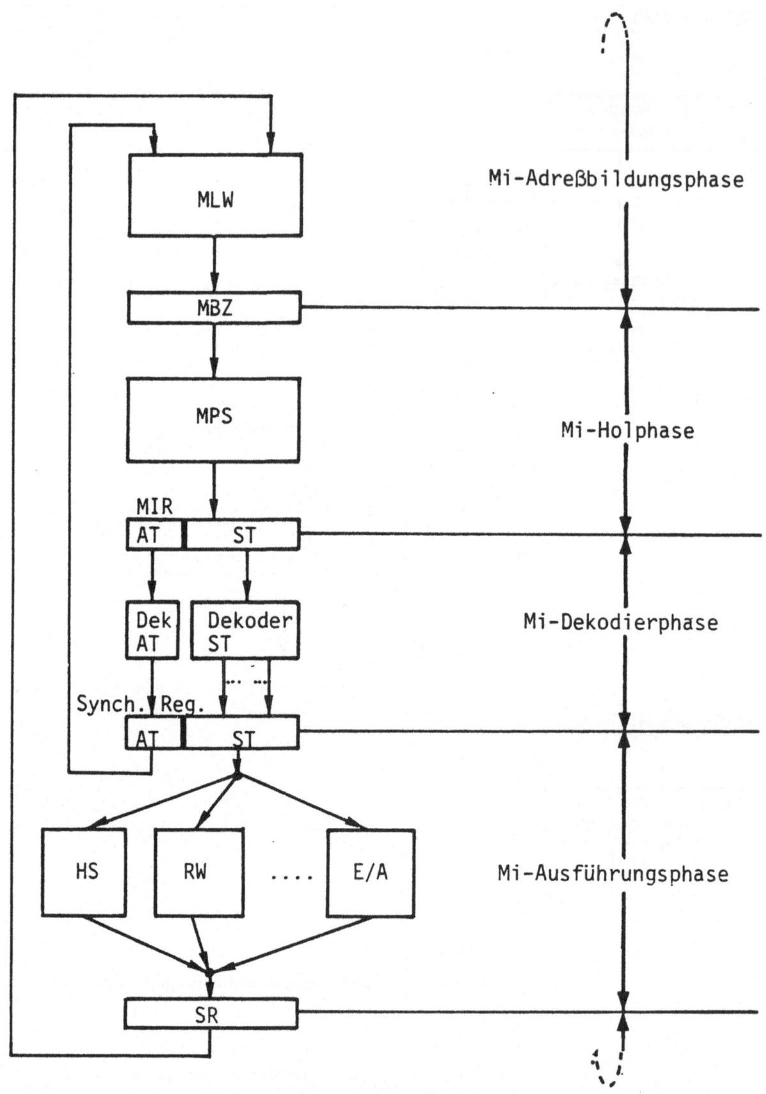

<u>Abbildung 2.9:</u>　Phasen des Mikroinstruktionszyklus, Darstellung
für den Fall kodierter Adreßinformation

Weitere Phasen des Zyklus können hinzukommen, z.B. durch
Unterteilung der Ausführung in mehrere Phasen (typisch bei
arithmetischem Pipelining).

Im Falle der rein <u>seriellen Ausführung</u> des Mikroinstruktionszyklus
können die synchronisierenden Register zwischen den Phasen
(MBZ, MIR, Synch. Reg. und SR in Abbildung 2.9) entfallen.
Versucht man jedoch die einzelnen Phasen gegeneinander überlappt

arbeiten zu lassen, benötigt man die synchronisierenden Register. In diesem Fall spricht man von Pipelining des Mikroinstruktionszyklus. Sinnvoll ist diese Arbeitsweise dann, wenn die Ausführungszeiten von Gruppen von Phasen in etwa gleich lang sind (z.B.: Adreßbildungsphase 100 ns + Holphase 50 ns $\approx$ Dekodierphase 30 ns + Ausführungsphase 130 ns), ideal, wenn die Ausführungszeiten aller Phasen gleich lang sind (was in der Regel nicht der Fall ist). Je nachdem, wie weit die Arbeit der einzelnen Phasen gegeneinander überlappt ist, d.h. wieviele Mikroinstruktionen sich zu genau einem Zeitpunkt in unterschiedlichen Stadien der Bearbeitung befinden, spricht man von (n-1)-stufigem Pipelining des Mikroinstruktionszyklus.

Die Diagramme in Abbildung 2.10 veranschaulichen die serielle Ausführung und das Pipelining des Mikroinstruktionszyklus für die Struktur aus Abbildung 2.9 und die oben als Beispiel genannten Ausführungszeiten. Das Beispiel zeigt, daß die im Fall gleicher Ausführungszeiten aller Phasen erreichbare Durchsatzsteigerung um den Faktor n bei (n-1)-stufigem Pipelining gegenüber dem seriellen Mikroinstruktionszyklus für den allgemeinen Fall (ungleiche Zeiten) nicht gilt, daß vielmehr sogar das 3-stufige Pipelining zu schlechteren Ergebnissen führt als das 2-stufige (im Falle eingeschwungener Pipeline zwar gleicher Durchsatz, aber längere individuelle Durchlaufzeit).

Die angestellte Betrachtung ist nicht ganz korrekt, da die Ein- und Auslesezeiten der synchronisierenden Register im seriellen Fall, wo sie nicht benötigt werden, entfallen. Weitere den Durchsatz von Pipelines gegenüber dem theoretisch errechenbaren Maximalwert verringernde Faktoren sind: die Zeiten zum Füllen und Leeren der Pipeline (Arbeit mit geringerem Parallelitätsgrad) sowie Pipeline-Hemmnisse. Letztere entstehen durch bedingte Adreßfortschaltung im AT einer Mikroinstruktion i auf der Basis eines Ergebnisses, das in der Mikroinstruktion i-1 produziert wurde. Bei (n-1)-stufigem Pipelining steht das Resultat (ohne Änderung der Hardware-Struktur) jedoch erst (n-1) Schritte später dem MLW zur Verfügung. Die Pipeline muß also bei jeder bedingten Adreßfortschaltung geleert und neu geladen werden. wozu neben dem Zeitaufwand auch zusätzliche Hardware oder

a) <u>SERIELLER MIKROINSTRUKTIONSZYKLUS</u>

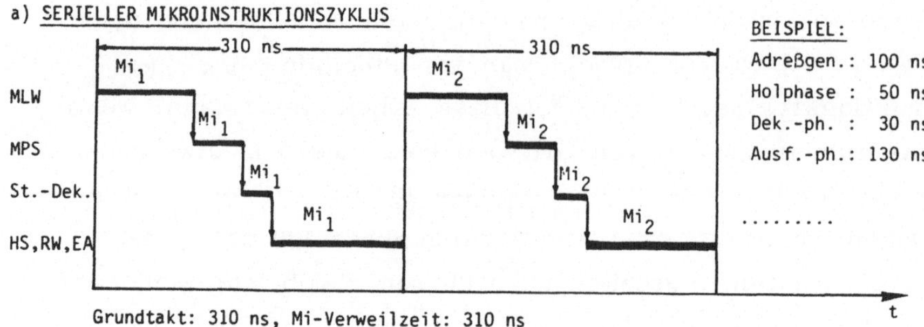

Grundtakt: 310 ns, Mi-Verweilzeit: 310 ns

b) <u>EINSTUFIGES PIPELINING</u>

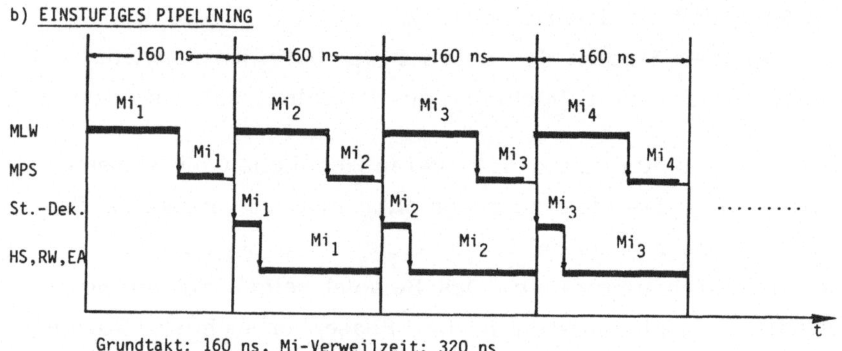

Grundtakt: 160 ns, Mi-Verweilzeit: 320 ns

c) <u>ZWEISTUFIGES PIPELINING</u>

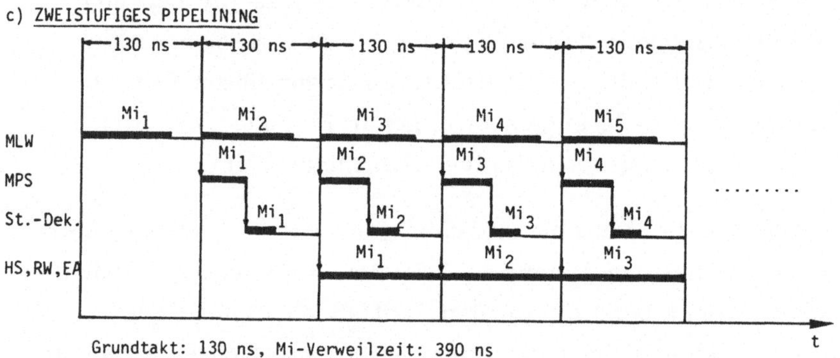

Grundtakt: 130 ns, Mi-Verweilzeit: 390 ns

d) <u>DREISTUFIGES PIPELINING</u>

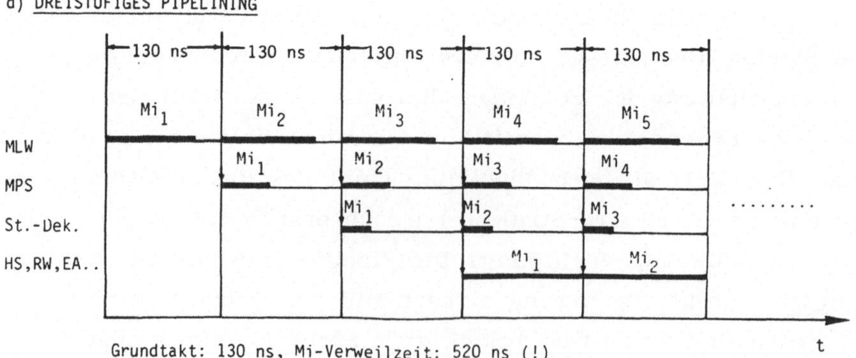

Grundtakt: 130 ns, Mi-Verweilzeit: 520 ns (!)

<u>Abbildung 2.10:</u> Serielle Ausführung und ein- bis dreistufiges
Pipelining des Mikroinstruktionszyklus

Software benötigt wird. Verfahren zur Lösung dieses Problems (z.B. Verdopplung von Teilen des Mikroprogrammwerkes, Holen beider Alternativen etc.) sind bekannt, führen aber zu erhöhtem Hardware- und Programmieraufwand. Allgemein gilt, daß auch diese zweite Form des Parallelismus die Mikroprogrammierung konzeptuell erschwert, da in jedem Schritt Aktionen aus n verschiedenen Mikroinstruktionen gleichzeitig ablaufen.

Mit dem Mikroinstruktionszyklus ist auch der Bezug zur Zeit eingeführt. Ist die Mikroinstruktionszykluszeit aus unterschiedlichen Phasenkomponenten zusammengesetzt, spricht man von Polyphasentakt (bzw. Polyphasenzyklus). Besteht die Zykluszeit - wie im seriellen Fall des Beispiels - nur aus einem Zeitintervall, spricht man von Monophasentakt (Monophasenzyklus). Sind die Zeitintervalle für alle Taktphasen fix, handelt es sich um einen festen Takt. Wird die Zeitdauer der Phase(n) durch Mikroprogrammierung beeinflußt, spricht man von variablem Takt (bzw. programmiertem Takt). Variabler Takt ist dann sinnvoll, wenn Multifunktionseinheiten für unterschiedliche Aufgaben unterschiedliche Ausführungszeit benötigen, z.B. wird eine logische Operation in einer Allzweck-ALU im allgemeinen 30 bis 40 % schneller ausgeführt als eine arithmetische Operation. Für den Bereich der Bitslice-Mikroprozessoren werden daher bereits hochintegrierte "Programmierbare Taktgeneratoren" angeboten. Man kann also bezüglich der Taktung vier Maschinentypen unterscheiden: Maschinen mit festem oder variablem Monophasentakt und solche mit festem oder variablem Polyphasentakt.

Es wird später gezeigt, daß die meisten Modelle der Mikroprogrammierung von festem Monophasentakt, also dem einfachsten Fall, ausgehen. Erst in letzter Zeit wurde auch Polyphasentakt berücksichtigt, nicht jedoch variabler Takt. Da diese Mikroprogrammtechnik jedoch zunehmend an Bedeutung gewinnt, wird im Abschnitt 2.2 versucht, diese Eigenschaft in das Tupelmodell zu integrieren.

Auch die Ausführungszeiten von Mikrooperationen werden in Bezug zum Mikroinstruktionstakt gesetzt: besteht eine wohldefinierte Zuordnung zwischen der Ausführung einer Mikrooperation und einer oder mehreren Phasen des Mikroinstruktionstaktes, so spricht man von einer synchronen Mikrooperation. Gibt es keine solche Zuordnung, so liegt eine asynchrone Mikrooperation vor. Im folgenden werden nur noch synchrone Mikrooperationen betrachtet, da fast alle Maschinen auf synchroner Hardware aufbauen (im übrigen auch die meisten Datenflußrechner). Ein wichtiger Sonderfall der synchronen Mikrooperationen sind die Multizyklus-Mikrooperationen, deren Ausführungsdauer einem Vielfachen einer Mikroinstruktionszykluszeit entspricht. Diese Mikrooperationen treten in fast jedem Rechner auf (Beispiel: Schreiben oder Lesen im Hauptspeicher) und müssen daher im Tupelmodell berücksichtigt werden.

In der bisherigen Darstellung wurde immer angenommen, daß die gesamte Steuerinformation aus einer Mikroinstruktion innerhalb genau eines Mikroinstruktionszyklus durch das gesteuerte Element der Mikroarchitektur "konsumiert" wird. Man spricht in diesem Fall von unmittelbarer Steuerung. Wird jedoch zwischen bestimmte Felder des Mikroinstruktionsformates im MIR und die zu steuernden Elemente noch ein weiteres Steuerregister gelegt, das nur gelegentlich aus dem MIR überschrieben wird, so bleibt die entsprechende Steuerinformation über mehrere Mikroinstruktionszyklen erhalten. Gibt es in einem Rechner also mehrere Werke, deren Steuerinformation über viele Zyklen gleich bleibt (z.B. Unterbrechungswerk, Taktsteuerung, DMA-Werk), so liegt es nahe, diese Werke aus einem gemeinsamen Feld des Mikroinstruktionsformates zu steuern und für jedes der Werke getrennte Steuerregister vorzusehen. Voraussetzung für diese Technik der mittelbaren Steuerung (oft auch "residual control" genannt) ist, daß es nie erforderlich ist, in einem Zyklus mehr als eine der Steuerinformationen in einem der Steuerregister zu ändern. Da diese Technik häufig benutzt wird, um Mikroprogrammspeicherplatz durch Reduktion der Mikroinstruktions-Länge zu sparen, wird sie in Kapitel 3 noch einmal besprochen.

2.1.5 Mikroprogrammierbarkeit

Die Art und Zugänglichkeit des Mikroprogrammspeichers ist ein
weiteres wesentliches Unterscheidungsmerkmal von Rechnern mit
Mikroprogrammwerken. Ist der Mikroprogrammspeicher ein Fest-
speicher (ROM, PROM etc.), so spricht man von einem mikroprogrammierten Rechner. Die Mikroprogramme sind hier ausschließlich vom Hersteller geschrieben, der Benutzer hat keinen
Zugriff auf diese Ebene. Diese Situation ist bei vielen Großrechnern
und monolithischen Mikroprozessoren gegeben. Ist der Mikroprogrammspeicher als Schreib/Lese-Speicher (RAM) realisiert und gibt es
entsprechende Datenpfade, die das Laden des Mikroprogrammspeichers
auch vom Benutzer erlauben, so liegt ein mikroprogrammierbarer
Rechner vor. Klassische Beispiele mikroprogrammierbarer Rechner
sind Minirechner. Einen Sonderfall der mikroprogrammierbaren Rechner
stellen die dynamisch mikroprogrammierbaren Rechner dar, bei denen
der Mikroprogrammspeicher mit entsprechender Hardwareunterstützung
sehr schnell vollständig nachgeladen werden kann (z.B. aus dem
Hauptspeicher oder aus einem schnellen Peripheriegerät mit Block-
übertragung). Diese Technik ist z.B. bei Anwendungen sinnvoll,
bei denen sehr schnell von einem Emulator auf einen anderen Emulator
umgeschaltet werden muß, beide Emulatoren jedoch wegen beschränkter
Speicherkapazität nicht gleichzeitig im Mikroprogrammspeicher resi-
dent sein können. Der Mikroprogrammspeicher hat hier eine ähnliche
Funktion wie der "Cachespeicher" auf Maschinenbefehlsebene.

Unter Mikroprogrammierbarkeit eines Rechners versteht man die
Benutzerfreundlichkeit bei der Mikroprogrammierung. Die Ladbarkeit
des Mikroprogrammspeichers ist für die Mikroprogrammierbarkeit
eines Rechners bloße Voraussetzung. Hard- und Softwarehilfsmittel
für die Mikroprogrammierung sind - insbesondere im Vergleich zu
den Hilfsmitteln für die Programmierung - meist nur spärlich entwickelt. Mikroassembler führen eine 1:1 Übersetzung von mnemotechnisch verschlüsseltem Mikrokode in ein 0-1-Muster, den Zielkode, durch. Dieses Hilfsmittel ist das einzige, das von allen
Herstellern mikroprogrammierbarer Maschinen angeboten wird.

<u>Mikroprogrammsimulatoren</u>, also Programme, die das Verhalten
der Mikroarchitektur per Programm nachbilden, um Mikroprogramme
softwaremäßig zu testen, <u>Mikroprogrammbinder</u>, <u>Mikroprogrammlader</u>,
<u>Testsysteme</u> u.ä. müssen in aller Regel vom Mikroprogrammierer
selbst erstellt werden.

Erst in letzter Zeit sind Überlegungen zum Entwurf von Übersetzern für <u>(maschinenunabhängige) höhere Mikroprogrammiersprachen</u>
angestellt worden. Eine Darstellung der dabei auftretenden Probleme,
die durch die ungleich größere "semantische Lücke" zwischen Quell-
und Zielsprache des Übersetzers als bei normalen Compilern entstehen, gibt Kapitel 4.

Während bei den üblichen mikroprogrammierbaren Rechnern die
Mikroarchitektur vom Hersteller fest vorgegeben ist, hat der
Benutzer von Bitslice-Mikroprozessoren die zusätzliche Aufgabe,
die Mikroarchitektur gemäß den Anforderungen der Anwendung und
aufbauend auf der Grundstruktur der einzelnen Bitslice-Bausteine
zu entwerfen. Um die Hardwareentwicklung des Prototypen und die
Mikroprogrammierung zu unterstützen, werden daher <u>Bitslice-Mikro-
prozessor-Entwicklungssysteme</u> angeboten, die über Hardware- (ladbare
Mikroprogrammspeicher, programmierbare Taktsteuerung, Logikanalysator,
standardisierte Prototypen-Werke) und Software-Hilfsmittel (Mikroassembler,
Lader, Binder, Testsysteme) verfügen.

2.1.6 Mikroprogrammierung und vertikale Verlagerung

Für viele Untersuchungen von Rechnerstrukturen erscheint es
nützlich, diese als <u>mehrstufige interpretierende Modelle</u> zu beschreiben (STOCKENBERG, VanDAM, 1978; STANKOVIC, 1981,
HARTENSTEIN, 1978). Die Stufen entsprechen dabei den für
jeden Rechner und jede Anwendung spezifischen Ebenen der Software, Firmware und Hardware.

Die Mikroprogrammierung ist - je nach Realisierung des Leitwerkes -
als eine oder mehrere Stufen (Nano-, Pico-Programmierung) in
einem solchen Stufen-Modell dargestellt, die ihrerseits aus höheren
Software-Stufen aufgerufen werden und selbst die Hardware aufrufen.

Jede Stufe des Stufen-Modells ist definiert durch die auf ihr ausführbaren Dienste ("primitives") P_i. Für Leistungsbetrachtungen ist es notwendig, den Vorgang des Aufrufes genauer zu spezifizieren. Jeder Dienst P_i auf einer bestimmten Stufe besteht aus zwei Komponenten: abbildende Aktionen und ausführende Aktionen (mapping- und execution-actions).

Abbildende Aktionen werden ausgeführt, um den Steuerfluß und die Datenparameter von der Stufe des Aufrufers auf die Stufe des aufgerufenen Dienstes und zurück abzubilden. Die Aktionen für den Aufruf werden unter dem Begriff Prolog zusammengefaßt, die Aktionen für den Rücksprung unter dem Begriff Epilog. Ausführende Aktionen sind diejenigen Schritte, die die sematischen Operationen des aufgerufenen Dienstes ausführen. Für konkrete Rechnerstrukturen beinhalten die abbildenden Aktionen je nach Art des Aufrufes verschiedene Tätigkeiten:

- für Aufrufe einer Software-Stufe durch eine höhere Software-Stufe z.B. die Benutzung eines unterbrechenden Mechanismus (SVC-Aufruf) sowie die zugehörigen Aufgaben zum Kontext-Wechsel wie das Retten, die Manipulation und die Wiederherstellung des Systemzustandes,
- für Aufrufe einer Firmware-Stufe durch eine Software-Stufe z.B. die Maschinenbefehlsholphase, Dekodierung, Operanden-Adressierungs- und -holphase,
- für Aufrufe einer Hardware-Stufe durch eine Firmware-Stufe schließlich die Mikrobefehlsholphase, -Dekodierung und -Adreßbildung.

Das Stufen-Modell führt eine hierarchische Struktur ein, deren Stufen wie folgt festgelegt sind: wenn USES (P_i, P_j), dann befindet sich P_i auf einer höheren Stufe als P_j. Die niedrigste Stufe besteht aus allen P_i, für die keine P_j existieren, die der genannten Relation genügen.

Allgemein gilt also, daß die k-te Stufe aus allen P_i besteht mit USES (P_i, P_j) und alle P_j sind in der Stufe k-1 oder tiefer. Diese Definition der Stufen erlaubt keine Rekursion, da Aufrufe streng von höheren auf niedrigere Ebenen mit Rücksprung erfolgen. Sie entspricht damit der Forderung nach "hierarchisch strukturierten Systemen", wie sie DIJKSTRA, 1968 für den Bereich des Betriebs-

systeme zur Erleicherung des Entwurfs, der Implementierung,
der Fehlersuche und Verifikation aufgestellt hatte, Allerdings
sind Aufrufe in realen Rechnerstrukturen nicht ausschließlich
"von oben nach unten" gerichtet. Typischerweise werden etwa
von der Hardware oder Firmware entdeckte Fehler dazu führen,
daß (System-)Software aufgerufen wird, z.B. um einen Seiten-
wechsel herbeizuführen. STOCKENBERG, VanDAM, 1978 führen
daher neben dem CALL auch den TRAP ein.

CALL ist ein Aufruf einer niederen Stufe aus einer höheren
mit Rücksprung - also ein Aufruf, der der USES-Relation genügt -,
TRAP der Aufruf einer höheren Stufe aus einer niederen ohne
Rücksprung.

Das Stufen-Modell benutzt die "USES"-Relation nach PARNAS, 1972
und das "Mapping/Execution"-Modell nach FULLER et al., 1976.
USES (P_i, P_j) wird wie folgt definiert: P_i ruft P_j auf bzw. benutzt
P_j zur Ausführung. Ferner: P_i wird als inkorrekt betrachtet,
wenn P_j nicht richtig funktioniert.

Vom Standpunkt der reinen Rechnerleistung stellen die abbildenden
Aktionen "Overhead" dar, der nicht zur "Netto-Ausführung" bei-
trägt. Die Technik der vertikalen Verlagerung versucht daher,
durch Verschieben von Funktionen aus höheren in tiefere Stufen,
die Anzahl der Prologe und Epiloge zu verringern bzw. zumindest
die längeren abbildenden Aktionen höherer Stufen durch kürzere
in tieferen Stufen zu ersetzen. Unter vertikaler Verlagerung versteht man im hier vorgeführten allgemeinen Modell jede Verschiebung
einer Funktion von einer Stufe in eine tiefere, im klassischen Sinne
wurde damit die Verlagerung aus der Software in die Firmware
bezeichnet (RICHTER, 1980).

Abbildung 2.11 zeigt die vertikale Verlagerung im klassischen
Sinne: dargestellt ist ein Stufenmodell mit einer Anwendungs-Stufe,
zwei Software-Stufen, einer Mikroprogramm- und einer Hardware-
Stufe. Jede Stufe ist repräsentiert durch ihre Dienste $(A_{ij}, S_{ij}, M_{ij} \ldots)$
und einen zugehörigen Prolog/Epilog. Der Dienst S_{11} aus Software-
Stufe 1 ist durch vertikale Verlagerung in die Mikroprogramm-Stufe

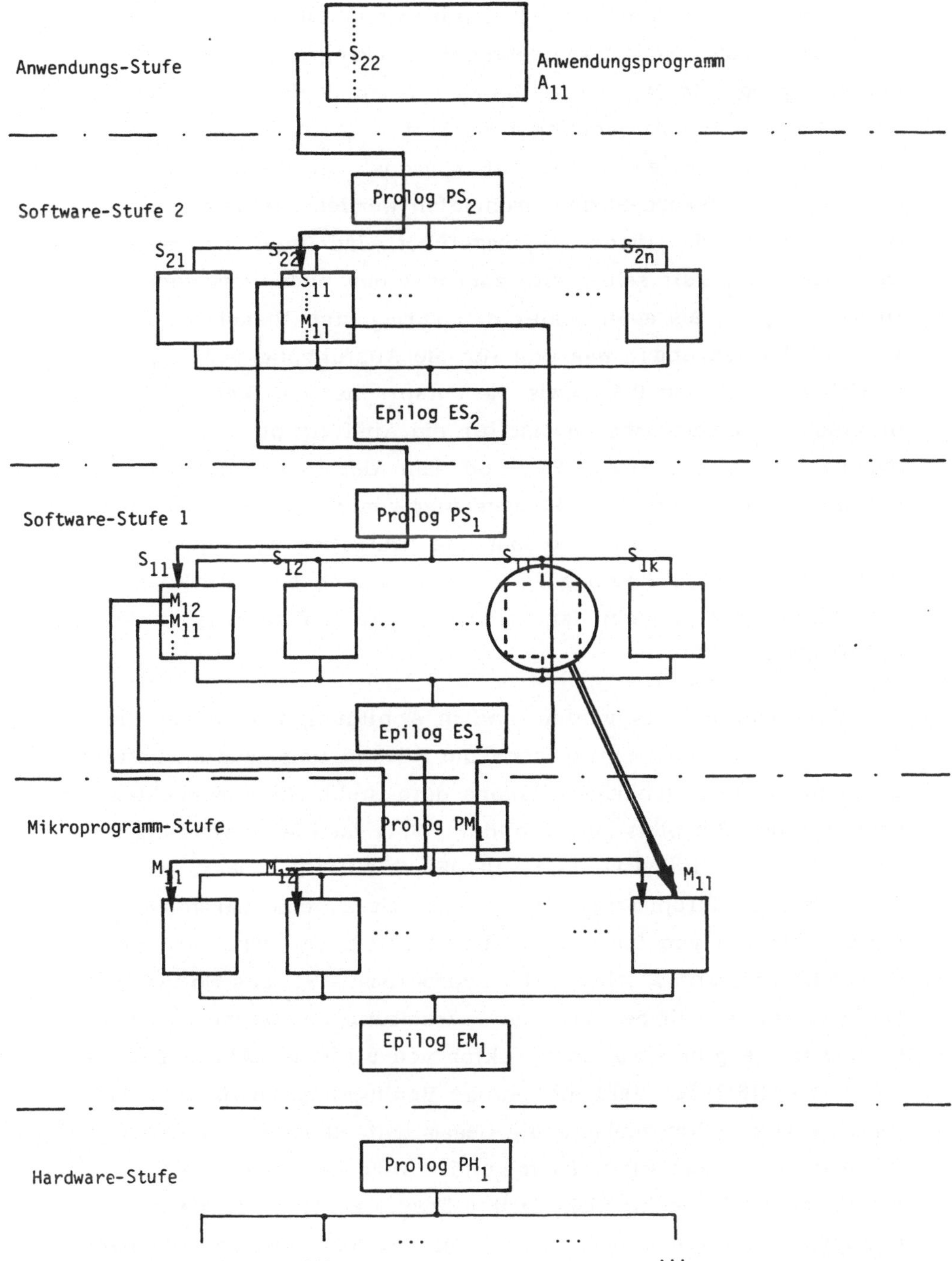

Abbildung 2.11: Beispiel für die vertikale Verlagerung eines Dienstes S_{11} aus der Software-Stufe 1 in die Mikroprogramm-Stufe M_{11}. Weitere Erläuterungen im Text.

verschoben worden und wird dort durch den Dienst M_{11} ersetzt. S_{11} ist eine Folge von Maschinenbefehlen (Programm), das durch ein Mikroprogramm M_{11} ersetzt wurde. Damit ergibt sich folgender Steuerfluß für ein Anwendungsprogramm A_{11}: in A_{11} wird der Dienst S_{22} aufgerufen, daher muß zunächst der Prolog PS_2 der zugehörigen Software-Stufe durchlaufen werden (abbildende Aktion), bevor der Dienst S_{22} ausgeführt wird (ausführende Aktion). Der Dienst S_{22} ruft seinerseits zunächst den nicht verlagerten Dienst S_{11} auf, als auch später den verlagerten Dienst M_{11} (S_{11} vor der Verlagerung). Während für die Ausführung von S_{11} zunächst der Prolog PM_1 sowie die entsprechenden Dienste M_{ij} durchlaufen werden müssen, ist für die Ausführung von M_{11} lediglich einmal der Prolog PM_1 und dann der Dienst M_{11} selbst zu durchlaufen. Durch die Verlagerung von S_{11} mit z.B. n Aufrufen von Diensten M_{ij} werden also folgende Laufzeiten eingespart: einmal Prolog PS_1, (n-1)mal Prolog PM_1, entsprechend beim Rücksprung (in Abbildung 2.11 nicht dargestellt), einmal Epilog ES_1, (n-1)mal Epilog EM_1.

Aus Übersichtlichkeitsgrünfen sind in Abbildung 2.11 weder die Aufrufe der Hardware-Stufe noch die Rücksprünge aus ausgeführten Diensten in die zugehörigen Epiloge dargestellt. Eine mögliche Interpretation des Beispiels aus Abbildung 2.11 ist die Anwendung der Vertikalverarbeitung (ALBERT, BODE, HÄNDLER, 1981), wo Dienste vom Typ M_{11} mikroprogrammierte Assoziativ-Befehle darstellen, die auf Blöcken von Datensätzen beliebiger Länge arbeiten. Sie ersetzen damit entsprechende Unterprogramme S_{11} aus Software-Stufe 1. Die im Fall der Vertikalverarbeitung gemessene Laufzeit-verkürzung ergibt etwa einen Faktor von 9 bis 10 (ALBERT et al, 1980). STANKOVIC, 1981 gibt einige Bedingungen dafür an, daß durch vertikale Verlagerung die Gesamtlaufzeit eines mehrstufigen Systems verbessert wird. Im folgenden wird die Technik der vertikalen Verlagerung nicht weiter berücksichtigt, da sie im heutigen Sinne kein Spezifikum für die Mikroprogrammierung darstellt. Das Schichtenmodell motiviert jedoch die Forderung, bei Parallelrechnerstrukturen (Nebenläufigkeit und Pipelining) zur besseren Charakterisierung jeweils auch die Stufe anzugeben, auf der der Parallelismus existiert (vgl. dazu auch BODE, HÄNDLER, 1983). Im Rahmen dieser Arbeit wird ausschließlich die Stufe der Mikroprogrammierung berücksichtigt.

2.2 Formale Beschreibung der Mikroprogrammierung: das Tupelmodell

Nach der verbalen Beschreibung von Mikroprogrammtechniken in Abschnitt 2.1 wird in diesem Abschnitt ein Modell eingeführt, das die Basis für die formale Behandlung einiger Optimierungsprobleme in der Mikroprogrammierung darstellt. Für diese Behandlung wird im allgemeinen eine Maschinenbeschreibung einerseits, sowie eine Mikroprogrammbeschreibung andererseits benötigt. Beide Beschreibungen lassen sich auf Mikrooperationen zurückführen; zählt man alle Mikrooperationen einer Maschine auf, so erhält man die Maschinenbeschreibung, faßt man ein Mikroprogramm als die Vorschrift der Anwendung von Mikrooperationen auf, so gewinnt man eine Mikroprogrammbeschreibung.

Die Modellbildung auf der Ebene der Mikroarchitektur stößt auf das prinzipielle Problem der großen Anzahl von Strukturen, die durch das Modell zu beschreiben sind. LANDSKOV et al., 1980 stellten drei Forderungen an Modelle für Mikroarchitekturen:

- Maschinenunabhängigkeit
- Handhabbarkeit (inklusive Effizienz)
- Vollständigkeit.

Insbesondere die Forderungen nach Effizienz und Vollständigkeit stehen in krassem Gegensatz, da die Nachbildung hardware-naher Eigenschaften (z.B. Gültigkeit von Werten in Speicherressourcen, Mehrzyklenoperationen) zu einer Vielzahl von Sonderfällen im Modell führen muß.

Nachfolgend wird gezeigt, daß dieser Gegensatz bisher zu ungunsten der Vollständigkeit aufgelöst wurde, d.h. die meisten in der Literatur bekannten früheren Modelle basieren auf starken Vereinfachungen gegenüber der Wirklichkeit. Dies ist sicher ein Grund für das bisherige Scheitern des Versuches, Compiler für höhere

Mikroprogrammiersprachen (insbesondere mit entsprechenden Optimierern) in größerem Umfang einzuführen. Das hier vorzustellende Modell legt aus diesem Grund größeren Wert auf Vollständigkeit als alle dem Autor bekannten Modelle aus der Literatur. Damit wird jedoch erhofft, einen Beitrag zur anwendungs-orientierten Forschung zu liefern, die sich in verbesserten Übersetzern für Mikroprogrammiersprachen bzw. Verfahren zur Reduktion von Mikroprogrammspeicherplatz niederschlagen sollte.

Das Modell basiert auf einer weitgehend maschinenunabhängigen Beschreibung von Mikrooperationen, die die Formulierung von Ressourcen-Konflikten und Datenabhängigkeiten unter Berücksichtigung der Zeitkomponente erlaubt. Es wird im Laufe des Abschnittes gezeigt, daß fast alle Rechnerstrukturen mit mikroprogrammierbaren Leitwerken durch das hier vorgestellte Modell beschreibbar sind. Frühere Ansätze, Mikroarchitekturen formal zu beschreiben, um sie der mathematischen Behandlung durch verschiedene Optimierungsverfahren zugänglich zu machen, waren durch starke Hardware-Ferne gekennzeichnet. Modelle von JACKSON, DASGUPTA, 1974, DASGUPTA, TARTAR, 1975, DeWITT, 1976 kennen teilweise nur Monophasenzyklen, keine Multizyklen-Mikrooperationen, keine transienten - oder Pseudo-Speicherressourcen, keine Mehrfachformate, kein Binden von Ressourcen. Mit der Arbeit von MALLET, 1978 wird dann eine Reihe von Folgearbeiten initiiert (z.B. LANDSKOV et al., 1980, DAVIDSON et al., 1981, GIESER, 1982), bei denen realistischere Annahmen über die Hardware in das Modell einfließen. Diese Arbeiten sind jedoch stark auf genau ein Ziel zugeschnitten, die lokale Kompaktifizierung von Mikroprogrammen und berücksichtigen daher kaum den Steuerfluß in Mikroprogrammen (weitere Einschränkung: nur horizontale Mikroprogrammierung). Die Arbeit von FISHER, 1979 ist wiederum Ausgangspunkt für Ansätze, eine globalere Sicht von Mikroprogrammen zu gewinnen (WOOD, 1979, FISHER et al. 1982). Parallel zu den genannten Arbeiten sind die Untersuchungen von TOKORO et al., 1977 und 1978 sowie TAMURA, 1980 zu sehen, dessen zweidimensionales Mikro-Schablonen-Modell (Ressourcen über Zeit) jedoch auf eine Untermenge des nachfolgend dargestellten Modells abzubilden ist.

Während alle bisher genannten Autoren Modelle entwickelt haben, um lokale, zuletzt auch globale Kompaktifizierung von Mikroprogrammen zu ermögliche, soll das nachfolgend eingeführte Modell auch die Belange der Mikroprogramm-Speicherplatz-Reduktion durch Verringerung der Länge der Mikroinstruktionen berücksichtigen (vgl. Kapitel 3 und 4). Ferner wird beim Entwurf des Modells - beeinflußt durch die Gedanken zur Modularisierung einerseits und durch die Technik der Bitslice-Elemente andererseits - nicht davon ausgegangen, daß die Maschinenbeschreibung immer für vollständige Strukturen angefertigt wird. Vielmehr sollen Einzelmoduln - getrennt von den übrigen Maschinenelementen - beschreibbar sein und aus diesen Modulbeschreibungen dann vollständige Beschreibungen durch Anwendung von Zusammensetzungsregeln zu gewinnen sein. Diese Eigenschaft des Modells erleichtert die Beschreibung komplexer Strukturen und trägt der Bitslice-Technik Rechnung. Die Bitslice-Bausteine werden als selbständige Moduln einzeln beschrieben. Auf der Basis einer solchen einfach erstellbaren Bausteinbeschreibung (Modulbibliothek) können automatisch - gemäß einfacher Regeln - komplexe Strukturbeschreibungen durch "Zusammensetzen" der Einzelbeschreibungen gewonnen werden. Die Grenzen solcher Modul-Beschreibungen müssen jedoch nicht notwendig durch die Hardware vorgegeben sein, sie können auch rein logischer Natur sein, z.B. um die Werke komplexer Rechnerstrukturen einzeln zu erfassen. Allerdings wird im Rahmen dieser Arbeit der Aspekt der Generierung von Maschinenbeschreibungen nicht weiter verfolgt.

2.2.1 Beispiel-Rechner-Bausteine

Als Beispiel-Rechner wollen wir einen typischen Rechner, der aus Bitslice-Mikroprozessoren aufgebaut ist, verwenden. Zur Veranschaulichung der einzuführenden Definitionen und der Beschreibungstechnik von Einzelmoduln ist es ausreichend, nicht den vollständigen Rechner darzustellen, sondern lediglich Elemente seiner Teilwerke. Wir unterstellen, daß der Rechner in seinem Rechenwerk Bausteine vom Typ Am 2901 beinhaltet, das Mikroleitwerk aus einem Baustein Am 2910 besteht (AMD, 1983). Abbildung 2.12 zeigt den für die Tupelbeschreibung aufbereiteten Rechenwerksbaustein Am 2901 und die zu seiner Steuerung benötigten Felder eines Mikroinstruktionsformates. Es handelt sich um einen 4-Bitslice-Baustein mit einer 8-Funktions-ALU, einer Zweiport 16-Registerdatei, einem erweiterten Akkumulator-Quotientenregister Q sowie zwei Einbit-Shiftern (R-SH und Q-SH). Der Baustein hat je einen unidirektionalen Dateneingang D und -ausgang Y. Die in der Abbildung gestrichelt dargestellten Registerelemente sind physikalisch nicht vorhanden, sind jedoch aus Gründen der Beschreibung des Bausteins eingeführt (Erläuterung in Abschnitt 2.2.2).

Die Steuerung des Bausteins geschieht aus 5 Feldern eines Mikroinstruktionsformates (f_1-f_5), die in dieser Reihenfolge die Quelloperanden der ALU, die ALU-Funktion, das Ziel des ALU-Ergebnisses (gegebenenfalls mit Schiebe-Operation) sowie die beiden Registeradressen beinhalten. Die Felder f_6 bis f_{10} dienen der Steuerung externer Bausteine, die bei einer vollständigen Rechnerstruktur vorhanden sein müssen. Es sind dies in dieser Reihenfolge die Steuerung des Übertragseinganges, des Ablegens der Statussignale, der Schiebeverbindungen, der Tri-state-Ausgabe des Y-Ports und des richtigen Operanden auf den D-Port.

Abbildung 2.13 zeigt den ebenfalls für die Tupelbeschreibung aufbereiteten Mikroleitwerk - Baustein Am 2910 und die zu seiner Steuerung benötigten Felder eines Mikroinstruktionsformates. Der Baustein wählt eine 12-Bit Folgeadresse für den Mikroadreß-Bus (Y) aus einer von vier Quellen: Direkteingabe (D), Mikrobefehlszähler (MPC), Register/Zähler (RC) oder Adreßkeller (STACK), steuert die Quelle für die Direkteingabe (PL,VECT,MAP), erlaubt bedingte Aktionen auf der Basis von Statusabfragen (CC) und meldet Kellerüberlauf (FULL). Gesteuert wird der Baustein durch die folgenden 2 Felder des Mikroinstruktionsformates (f_{11},f_{12}): Folgeadreß-Befehl, Direkt-Adreß-Feld, sowie gegebenenfalls zusätzlich durch die Felder f_{13}-f_{15} für Modifikationen des Folgeadreßbefehls: Unterdrücken des Status-Einganges, Unterdrücken des Inkrementierens, Laden

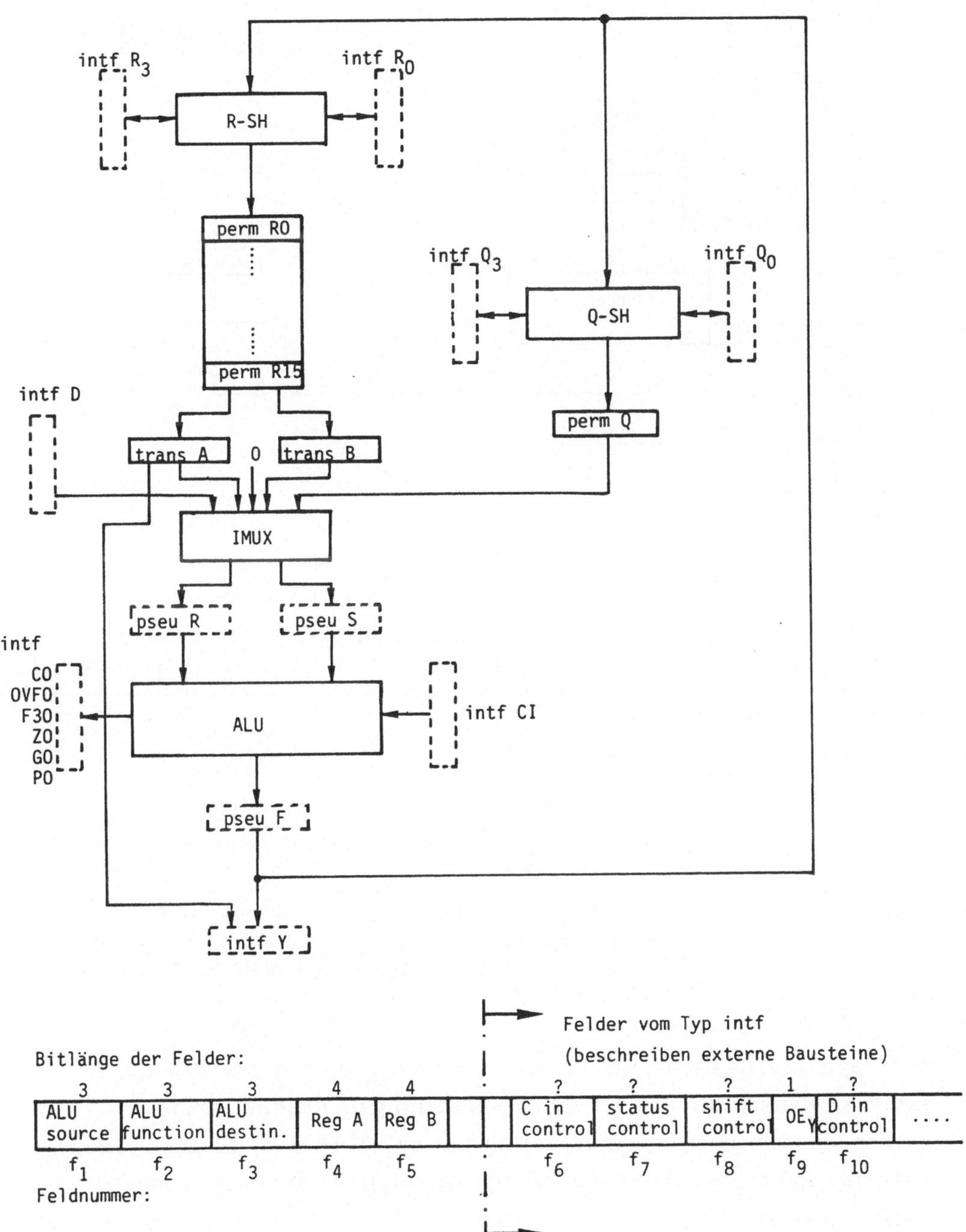

Abbildung 2.12: Für die Tupelbeschreibung aufbereitete Darstellung des Rechenwerkbausteines Am 2901 und die zu seiner Steuerung benötigten Felder des Mikroinstruktionsformates.

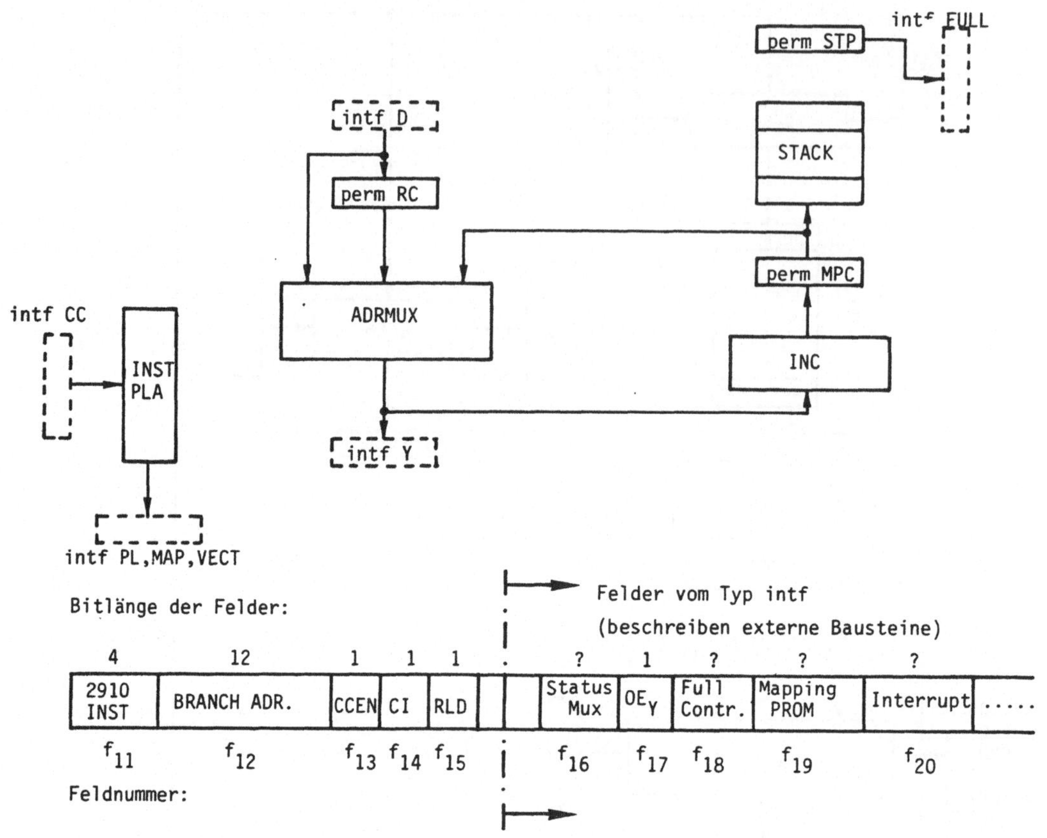

4	12	1	1	1		?	1	?	?	?	
2910 INST	BRANCH ADR.	CCEN	CI	RLD		Status Mux	OE_Y	Full Contr.	Mapping PROM	Interrupt	.....
f_{11}	f_{12}	f_{13}	f_{14}	f_{15}		f_{16}	f_{17}	f_{18}	f_{19}	f_{20}	

Abbildung 2.13: Für die Tupelnotation aufbereitete Darstellung des Mikroleitwerkbausteins Am 2910 und die zu seiner Steuerung benötigten Felder des Mikroinstruktionsformates.

des Registers/Zählers. Die Felder f_{16} bis f_{20} dienen der Steuerung externer Bausteine, die bei einer vollständigen Rechnerstruktur vorhanden sein müssen: Status-Multiplexer, Tri-state-Ausgabe des Y-Ports, Kellerüberlauf-Behandlung, Mapping-PROM und Unterbrechungswerk.

Für beide Bausteine gilt, daß die Steuerfelder f_1-f_3, f_{11} kodiert im Mikroinstruktionsformat vorliegen und bausteinintern dekodiert werden (vgl. INSTR PLA in Abbildung 2.13, in 2.12 nicht dargestellt).

Für eine genauere Beschreibung der Bausteine und der aus ihnen aufbauenden Rechnerstrukturen vgl. BODE, KILGENSTEIN, 1982.

2.2.2 Das Tupelmodell

Definition 2.2.2.1: Die Tupelnotation einer Mikrooperation (Mo) ist
ein Sechstupel (Name, E,A,O,T,F) mit

Name: Identifikation der Mikrooperation

E: endliche Menge aller Speicherressourcen, die die
Mo als Eingabe benötigt (Eingabemenge)

A: endliche Menge aller Speicherressourcen, auf die die
Mo eine Ausgabe ausführt (Ausgabemenge)

O: endliche Menge der Funktionseinheiten, die die Mo zu
ihrer Ausführung benötigt

T: endliche, nichtleere Menge der Taktphasen, die die Mo
zu ihrer Ausführung benötigt

F: endliche, nichtleere Menge der Felder des Mikroinstruktionsformates, die für die Steuerung der Mo
benötigt werden.

Die Mengen E,A,O,T und F werden Tupelmengen[*]genannt.
Weitere Spezifikationen der Elemente der Tupelmengen mit
ihren Relationen folgen in weiteren Definitionen.

Die Elemente von Tupelmengen werden mit kleinen Buchstaben gekennzeichnet, z.B. $t_3 \in T$. Die Tupelmengen werden in geschweiften
Klammern dargestellt, z.B. $T = \{t_1, t_3, t_6\}$. Die leere Tupelmenge
wird durch $\emptyset$ dargestellt. Ist für die Beschreibung einer Mo die
genaue Spezifikation einer der Tupelmengen nicht erforderlich, so
wird sie in der Tupelnotation durch das Symbol * ersetzt. Werden
Mo zur Unterscheidung indiziert, so erhalten auch ihre Tupelmengen
entsprechende Indizes:

$$Mo_i = (Name_i, E_i, A_i, O_i, T_i, F_i)$$

$$Mo_j = (Name_j, E_j, A_j, O_j, T_j, F_j).$$

Ein einfaches Beispiel ist die Tupelnotation

$$(2.1) \qquad (ADD, \{R,S\}, \{F\}, \{ALU\}, \{t_3\}, \{f_2\}),$$

die besagt, daß eine Mo Namens ADD in der ALU während der
Taktphase t_3 die beiden Register R und S verknüpft und das
Ergebnis im Register F ablegt. Die Mo wird aus dem Feld f_2 des

---

[*] Die "Tupelmengen" sind streng genommen Elementarmengen der
Tupelnotation für Mo, werden der Kürze halber aber als Tupelmengen bezeichnet.

Mikroinstruktionsformates gesteuert. Das Beispiel ist jedoch insofern unrealistisch, als es die Tatsache nicht berücksichtigt, daß bei arithmetischen Operationen Überträge eingehen und gebildet werden, daß ferner die Register R,S und F gegebenenfalls nur logische, nicht physikalische Speicherressourcen darstellen.[*]

Es müssen also nach und nach zusätzliche Eigenschaften der Tupelmengen eingeführt werden. Wir beginnen mit den Speicherressourcen-Tupelmengen E und A.

<u>Definition 2.2.2.2:</u> Die Elemente der Tupelmengen E und A sind
von einem der folgenden Typen:
- <u>perm</u>anente Speicherressource (<u>perm</u>)
- <u>trans</u>iente Speicherressource (<u>trans</u>)
- <u>Pseu</u>do-Speicherressource (<u>pseu</u>)
- <u>Interface-Pseu</u>do-Speicherressource (<u>intf</u>)

<u>Permanente</u> Speicherressourcen sind reale Speicher-elemente der zu beschreibenden Maschine, deren Speicher-inhalte solange erhalten bleiben, bis sie explizit über-schrieben werden.

<u>Transiente</u> Speicherressourcen sind reale, nicht permanente Speicherelemente, deren Inhalte am Ende eines bestimmten Zeitraumes (meist des Mikroinstruktionszyklus) undefiniert sind.

<u>Pseudo</u>-Speicherressourcen sind in der Hardware nicht vorhandene Speicherelemente, die zur logischen Trennung mehrerer Funktionseinheiten in der Tupelbeschreibung eingeführt werden.

<u>Interface-Pseudo</u>-Speicherressourcen sind in der Hardware nicht vorhandene Speicherelemente, die die Schnittstellen von Moduln, die einzeln beschrieben werden, darstellen.

Während die Typen <u>perm</u> und <u>trans</u> benötigt werden, um Eigen-schaften der Hardware darzustellen, sind die Typen <u>pseu</u> und <u>intf</u> lediglich aus beschreibungstechnischen Gründen eingeführt worden.

---

[*] Die Elemente der Tupelmengen werden hier mit großen Buchstaben be-zeichnet, da der Bezug zu Namen von Ressourcen der Beispiel-Mikro-architekturen (Bitslice-M.) erhalten werden soll.

Speicherressourcen vom Typ <u>pseu</u> dienen der Vereinfachung der Beschreibung durch logische Isolierung verschiedener Funktionseinheiten. So wird im Falle des Beispiels Am 2901 die Wahl der Quelloperanden für die ALU (gesteuert aus dem Feld f_1) durch die Einführung der Elemente <u>pseu</u> R und <u>pseu</u> S von der Aktivität der ALU (gesteuert durch das Feld f_2) und durch die Einführung des Elementes <u>pseu</u> F vom Zurückschreiben des Ergebnisses (gesteuert durch das Feld f_3) getrennt. Es existieren daher getrennte Mo (2.2)-(2.4):

(2.2)   (AQ,{<u>trans</u> A,<u>perm</u> Q },{<u>pseu</u> R,S },{IMUX},{t_2},{f_1}),

(2.3)   (ADD,{<u>pseu</u> R,S,<u>intf</u> CI },{<u>pseu</u> F,<u>intf</u> CO,OVFO,F3O,ZO,GO,PO},

          {ALU},{t_3},{f_2,f_6,f_7}),

(2.4)   (QREG, {<u>pseu</u> F},{<u>perm</u> Q,<u>intf</u> Y},∅,{t_4},{f_3,f_9})

Mo (2.2) beschreibt die Wahl der Quelloperanden A und Q, Mo (2.3) die ALU-Aktivität Addition, wobei neben den Eingaberegistern <u>pseu</u> R,S noch der Übertragseingang <u>intf</u> CI berücksichtigt wird, neben dem Ergebnis in <u>pseu</u> F noch die Statussignale <u>intf</u> CO,OVFO...,PO (für Übertrag, Überlauf, Vorzeichen, Ergebnis Null, Paralleler Übertrag) produziert werden. Zur Steuerung der Statusein/ausgänge werden die Felder f_6,f_7 des Mikroinstruktionsformates benötigt (exakte Beschreibung wird später spezifiziert). Mo (2.4) beschreibt das Zurückschreiben des Ergebnisses in das Register Q und auf den Ausgabeport Y. In diesem Fall ist keine Funktionseinheit beteiligt (∅ für leere Menge O).

Die Anzahl der zu beschreibenden Mo, die aus den Feldern f_1-f_3 gesteuert werden können, beträgt durch Einführung der Elemente <u>pseu</u> R,S,F $2^3+2^3+2^3$ = 24. Würde man auf diese Beschreibungsvereinfachung verzichten, ergäben sich 2^{3+3+3} = 512 Mo vom Typ (2.5):

(2.5)   (AQADDQREG,{<u>trans</u> A,<u>perm</u> Q,<u>intf</u> CI },{<u>perm</u> Q,<u>intf</u> Y,

          CO,OVFO,ZO,GO,PO},{IMUX,ALU},{t_2,t_3,t_4},{f_1,f_2,f_3,f_6,f_7,f_9})

Speicherressourcen vom Typ <u>intf</u> benötigt man, um vollständige Rechnerstrukturen aufzutrennen (z.B. in die physikalischen Bausteine, aus denen sie bestehen) und eine getrennte Tupelbeschreibung der Einzelteile zu ermöglichen. Die aufgetrennten Datenwege werden dabei durch Elemente vom Typ <u>intf</u> gekennzeichnet, die beim Zusammenfügen der einzelnen Tupelnotationen zu einer Gesamtbeschreibung des Rechners durch die entsprechenden tatsächlichen Quell- oder Zielspeicherressourcen substituiert werden. Optimierungsalgorithmen, die sinnvollerweise immer auf vollständigen Maschinenbeschreibungen arbeiten, müssen also den Typ <u>intf</u> nicht berücksichtigen.

Dagegen muß eine unterschiedliche Behandlung der Typen <u>perm</u>, <u>trans</u> und <u>pseu</u> vorgesehen werden, da Datenausgaben einer Mo auf eine Speicherressource vom Typ <u>trans</u> oder <u>pseu</u> nach einer bestimmten Zeit "verloren" gehen, da sie nicht dauerhaft gespeichert werden. Optimierungsalgorithmen dürfen also über nicht permanente Ressourcen gekoppelte Mo nicht in verschiedene Mikroinstruktionen packen (vgl. dazu insbesondere Kapitel 4).

<u>Definition 2.2.2.3</u>: Zwei Mikrooperationen Mo_i und Mo_j heißen <u>direkt gekoppelt</u>, Mo_i <u>dg</u> Mo_j, wenn eine Speicherressource vom Typ <u>trans</u> oder <u>pseu</u> Element der Ausgabemenge A_i von Mo_i und Element der Eingabemenge E_j von Mo_j ist.

Die direkte Kopplung von Mo ist eine transitive Relation. Die transitive Hülle der Relation wird Kopplung genannt.

<u>Definition 2.2.2.4</u>: Zwei Mikrooperationen Mo_i und Mo_j heißen <u>gekoppelt</u>, Mo_i <u>g</u> Mo_j, wenn eine Folge von Mo existiert, so daß Mo_i erstes Element der Folge, Mo_j das letzte -, und jedes Element der Folge ist direkt gekoppelt mit seinem Nachbarn.

$$Mo_i \text{ } \underline{g} \text{ } Mo_j <=> \exists \, Mo_1, Mo_2, \ldots, Mo_n:$$

$$Mo_i \text{ } \underline{dg} \text{ } Mo_1 \text{ } \underline{dg} \text{ } Mo_2 \text{ } \underline{dg} \, \ldots \, \underline{dg} \text{ } Mo_n \text{ } \underline{dg} \text{ } Mo_j$$

Gekoppelte Mo müssen "gemeinsam" ausgeführt werden, da sonst die "Zwischenergebnisse" in den nicht permanenten Speicherressourcen verloren gehen. Sie werden daher zu Bündeln zusammengefaßt.

<u>Definition 2.2.2.5:</u> Ein <u>Mikrooperations-Bündel</u> (Mb) ist eine
Menge von Mo, die gekoppelt sind. Ein triviales Mb
besteht aus genau einer Mo.

Für das Beispiel des Rechenwerkbausteins Am 2901 gilt also, daß
die Mo (2.6) zusammen mit den Mo (2.2) - (2.4) ein Mb bildet,
wenn alle Elemente vom Typ <u>intf</u> durch das Zusammensetzen der
Einzelbeschreibungen von permanenten Speicherressourcen substituiert werden.

(2.6)   (R1R2,{<u>perm</u> R1,R2},{<u>trans</u> A,B},$\emptyset$,{t_2},{f_4,f_5})

Mo (2.6) beschreibt das Lesen zweier Register R1 und R2 aus der
Registerdatei und das Ablegen der Werte in den Latches A und B.
Es gilt also

(2.7) Mb_i = {R1R2,AQ,ADD,QREG}
mit R1R2 <u>dg</u> AQ <u>dg</u> ADD <u>dg</u> QREG.

Mit der Einführung der Mb ist nunmehr auch eine formale Definition
der Mikroinstruktion möglich.

<u>Definition 2.2.2.6:</u> Eine <u>Mikroinstruktion</u> (Mi) ist eine Menge (ggf.
trivialer) Mikrooperations-Bündel.

$$Mi_k = \{Mb_{k1}, Mb_{k2}, \ldots, Mb_{kn_k}\};$$

Es wird später gezeigt, daß die Mb einer Mi gewisse Bedingungen
erfüllen müssen (Ressourcen-Konfliktfreiheit, keine Verletzung von
Datenabhängigkeiten), um eine korrekte Mi zu bilden.

Zurück zu den Tupelmengen: die Mengen E und A können auch
leer sein (Schreibweise: $\emptyset$). Ein Beispiel mit leerer Eingabemenge
ist Mo (2.8), "Jump Zero", ein Initialisierungsbefehl für das
Mikroleitwerk Am 2910, der alle Register auf den Anfangswert
Null setzt.

(2.8)   (JZ,$\emptyset$,{<u>intf</u> Y,PL,<u>perm</u> MPC,STACK,STP,RC},{ADRMUX,INC},
{t_1},{f_{11},f_{14},f_{17}})

Die bei LANDSKOV et al., 1980 und DAVIDSON et al., 1981
vorgeschlagene Behandlung von Direktoperanden, z.B. Sprung-
adressen bei Sprungbefehlen, die diese lediglich als Argumente
einer Feldspezifikation der Tupelmenge F, nicht jedoch die
übermittelnden Ressourcen beschreibt, erscheint nicht sinnvoll,
da dadurch Konflikte zwischen MIR und dem Zielwerk nicht
beschreibbar sind. Die Mo (2.9) "Conditional Jump Pipeline"
(bedingter Sprung auf eine im MIR spezifizierte Adresse) hat
also keine leere Eingabemenge!

$$(2.9) \quad (CJP, \{\underline{intf}\ CC, D, \underline{perm}\ MPC\}, \{\underline{intf}\ PL, Y, \underline{perm}\ MPC\},$$

$$\{ADRMUX, INC\}, \{t_1\}, \{f_{11}, f_{12} = \text{"A07 F}_H\text{"}, f_{13}, f_{14}, f_{15}, f_{16}, f_{17}\})$$

Die Sprungadresse wird über den D-Eingang übernommen, das
Sprungziel ist in f_{12} als Hexadezimaladresse A07 F spezifiziert.
Damit ist eine weitere Eigenschaft der Tupelnotation eingeführt:
Direktoperanden werden in der Aufzählung der Elemente von F mit
der Schreibweise

$$\underline{Feldelement} = \text{"Direktoperand"}$$

angegeben.

Die Menge der Funktionseinheiten O (für $\underline{O}$perations-Einheiten)
kann leer sein (Schreibweise $\emptyset$), ein Element, oder auch mehrere
Elemente umfassen (Beispiel: die Mo (2.8) und (2.9) benötigen
sowohl den Folgeadreß-Multiplexer ADRMUX als auch den Inkrementierer INC). Es wird später gezeigt, daß für mehrelementige
Mengen O eine gesonderte Schreibweise eingeführt wird ($\underline{Und}$-Liste,
$\underline{Oder}$-Liste). Die Elemente von O sind transformierende Elemente,
die zur Ausführung der Mo benötigt werden. Im besonderen Fall
(Datentransfers-Mo) kann auch ein gemeinsam benutzter Bus als
transformierendes Element interpretiert werden. Punkt-zu-Punkt
Verbindungen werden jedoch nicht berücksichtigt, da sie nicht
zu Ressourcen-Konflikten führen können.

Die Menge der Taktphasen T, die zur Ausführung der Mo benötigt
werden, stellt den Bezug zur Zeit her. Die Menge T darf nicht
leer sein.

Die Beschreibung der Zeitverhältnisse in Mikroarchitekturen
ist wegen der Vielzahl unterschiedlicher Strategien und der
meist ungenügenden Dokumentation sehr aufwendig. Frühe
Modelle (z.B. JACKSON, DASGUPTA, 1974) gehen von synchronen Mo, Polyphasen-Zyklus und festem Takt aus. MALLET,
1978 führt einen time-Operator ein, um Situationen beschreiben
zu können, bei denen synchrone Mo die Elemente der Mengen
E und A nicht für die gesamten in T angegebenen Taktphasen
benötigen. Die Schreibweise lautet

$$(\underline{time}, \text{Taktphase(n)}, \text{Speicherressource}),$$

wobei die Taktphasen-Angabe eine Teilmenge der in T spezifi-
zierten Elemente sein muß.

Am Beispiel zweier hypothetischer Mo (2.10) und (2.11) wird
gezeigt, daß damit die "Parallelisierung" (also die Ausführung
beider Mo in einer Mi) möglich wird, wenn durch den time-
Operator spezifiziert wird (Mo (2.12)), daß das Eingaberegister
R1 von Mo Hyp1 nur in t_1 benötigt wird, also keine Verletzung
der Datenabhängigkeit durch Überschreiben von R1 in t_3 entsteht (vgl. dazu Definition 2.2.3.11: eingeschränkter Vorgänger).

(2.10) $(\text{Hyp1}, \{R1\}, *, *, \{t_1, t_2, t_3\}, *)$

(2.11) $(\text{Hyp2}, *, \{R1\}, *, \{t_3\}, *)$

(2.12) $(\text{Hyp1}, \{(\underline{time}, t_1, R1)\}, *, *, \{t_1, t_2, t_3\}, *)$

Dabei ist vorausgesetzt, daß bezüglich der übrigen Ressourcen
keine Konflikte entstehen. Die Schreibweise "*" steht für nicht
näher spezifizierte Tupelmengen.

Für die Behandlung von Multizyklen-Mo wird der delay-Operator
eingeführt:

$$(\underline{delay}, \text{Zyklenzahl}, \text{Ressourcen-Name})$$

Der delay-Operator kann auf Speicherressourcen (Tupelmengen
E und A) und auf Funktionseinheiten (O) angewendet werden.
Wird der Operator auf eine Speicherressource angewendet, so

bewirkt er, daß Optimierungsalgorithmen keine Mo, die in ihren Tupelmengen E oder A die entsprechende Speicherressource beinhaltet, in einer Mi, die näher als die benötigte Zyklenzahl an der Mi, in der sich die Multizyklen-Mo befindet, unterbringen.

Wird der delay-Operator auf ein Element der Tupelmenge O angewendet, so wird entsprechend keine weitere Mo, die dieses Element von O benutzt, in eine Mi gepackt, die näher auf die Mi folgt, in der die erste Multizyklen-Mo steht, als die angegebene Anzahl von Zyklen besagt.

Das Konzept von MALLET, 1978 und DAVIDSON et al., 1981 wird also auf Funktionseinheiten erweitert, da mehrere Fälle zu unterscheiden sind.

Bei Multizyklen-Mo, die fest zugeordnete Ein- oder Ausgabespeicherressourcen haben, wie das Speicheradreßregister MAR oder das Speicherdatenregister MDR, genügt es, für diese Elemente delay's zu vereinbaren. Die Register fungieren dann wie Semaphore, die verhindern, daß Optimierungsalgorithmen zwei Multizyklen-Mo in unmittelbar aufeinanderfolgende Mi packen oder daß andere Mo "Ergebnisse" von Multizyklen-Mo zu früh abzuholen versuchen.

(2.13) $(READ,\{MAR\},\{(\underline{delay},3,MDR)\},\{HSPEI\},\{t_3\},\{f_{22}\})$

(2.14) $(MOVE,\{MDR\},\{R3\},\{BUS\},\{t_7\},\{f_{25}\})$

Die delay-Angabe in Mo (2.13) sorgt dafür, daß Mo (2.14) frühestens 3 Mi hinter derjenigen Mi plaziert wird, in der Mo (2.13) steht. Das gleiche würde für eine weitere Speicher-Mo, z.B. (2.15) gelten.

(2.15) $(WRITE,\{MAR,(\underline{delay},3,MDR)\},\emptyset,\{HSPEI\},\{t_3\},\{f_{22}\})$

Bei Multizyklen-Mo, die nicht über fest zugeordnete Ein/Ausgaberessourcen verfügen (z.B. Arithmetik-Prozessoren mit Registerfeld) muß zusätzlich die Funktionseinheit mit einem delay-Operator versehen werden, um zu verhindern, daß durch Optimierungsalgorithmen zwei Multizyklen-Mo in unmittelbar aufeinanderfolgende Mi gepackt werden.

(2.16)   (FPMUL,$\{R1,R2\}$,$\{($delay$,16,R3),($delay$,16,R4)\}$,

   $\{($delay$,16,ARITHP)\}$,$\{t_5\}$,$\{f_{30}\})$

(2.17)   (FPDIV,$\{R5,R6\}$,$\{($delay$,48,R7),($delay$,48,R8)\}$,

   $\{($delay$,48,ARITHP)\}$,$\{t_5\}$,$\{f_{30}\})$

So wird bei der Optimierung dafür gesorgt, daß die Mo (2.16)
und (2.17), die die Funktionseinheit ARITHP benutzen, auch
wenn sie über unterschiedliche Speicheradressen verfügen, auf
genügend "Abstand" gehalten werden.

Zur Beschreibung von variablem Takt genügt es, doppelt indizierte Taktphasen einzuführen, wobei der erste Index die Phase
im Mikroinstruktionszyklus (wie in Definition 2.1 eingeführt),
der zweite Index eine Kodierung der Phasendauer darstellt.
Variable Taktgeneratoren erlauben im allgemeinen nämlich nicht
die Programmierung völlig beliebiger (kontinuierlicher) Phasen-
längen, sondern lediglich bestimmte (diskrete) Vielfache eines
Grundintervalls (vgl. etwa den hochintegrierten Baustein Am 2925,
BODE, KILGENSTEIN, 1982).

Würde man z.B. einen variablen Takt verwenden, um die unterschiedliche Ausführungsdauer von arithmetischen und logischen
Mo im Rechenwerkbaustein Am 2901 C zu berücksichtigen, so
entstünde aus Mo (2.3) die Mo (2.18), eine logische Operation
wäre durch Mo (2.19) beschrieben.

(2.18)   (ADD,*,*,ALU,$\{t_{31}\}$,*)

(2.19)   (OR, *,*,ALU,$\{t_{32}\}$,*)

t_{31} würde dabei ein Intervall von minimal 72 ns (16 Bit Rechenwerk mit Carry-look-ahead-Baustein Am 2902 A), t_{32} ein solches
von minimal 40 ns bezeichnen.

Eine noch genauere Zeitspezifikation, wie sie VEGDAHL, 1982
vorschlägt, der zu jeder Speicherressource einer Mo ein Zeitintervall angibt, währenddessen der Inhalt des Elementes stabil
sein muß, um eine korrekte Ausführung der Mo zu sichern,

erscheint zu aufwendig. Diese Information wird in aller Regel
für Optimierungen nicht benötigt werden, sie ist im allgemeinen
für den Mikroprogrammierer auch gar nicht zugänglich. Prinzipiell würde dieses Modell jedoch auch die Beschreibung asynchroner
Mo zulassen. Wegen des seltenen Auftretens solcher Konstrukte
wird das Modell von VEGDAHL, 1982 hier nicht weiter verfolgt.

Die Tupelmenge F gibt die Menge derjenigen Felder des Mikroinstruktionsformates an, die für die Steuerung der Mo benötigt
werden. Direktdaten werden explizit durch ihre Werte beschrieben
(Beispiel Mo (2.9)). Ähnlich wie bei den Speicherressourcen müssen
jedoch verschiedene Typen von Feldern eingeführt werden.

Definition 2.2.2.7: Die Elemente der Tupelmenge F sind von
einem der folgenden Typen:
- terminales Feld (term)
- Interface-Feld (intf)

Terminale Felder sind explizite Felder des Mikroinstruktionsformates, die Steuerinformation für die Mo beinhalten.
Interface-Felder sind bei getrennten Modul-Beschreibungen Platzhalter für terminale Felder externer Moduln,
die jedoch für die richtige Funktionsweise der Mo vorausgesetzt sind.

Enthält eine Tupelbeschreibung nur terminale Felder,
so kann die Typenbezeichnung (term) entfallen.

Betrachtet man Teilmoduln von Rechnern, so setzt deren richtige
Funktionsweise meist das Vorhandensein zusätzlicher Moduln voraus.
Bei der Tupelbeschreibung schlägt sich dies so nieder, daß neben
den Feldern des Mikroinstruktionsformates, die einen Modul explizit
steuern, weitere (Interface-)Felder zur Steuerung externer Hardware benötigt werden. Im Beispiel der Bitslice-Bausteine sind
neben den Feldern f_1-f_5 für den Baustein Am 2901 und f_{11}-f_{15}
für den Baustein Am 2910 zusätzliche Felder f_9-f_{10} bzw. f_{16}-f_{20}
vorausgesetzt. Diese letzteren Felder sind lediglich Platzhalter für
terminale Felder, die beim Zusammensetzen der Modulbeschreibungen

zu einer vollständigen Rechnerstruktur substituiert werden.
In Analogie zu den Interface-Pseudo-Speicherressourcen werden
diese Interface-Felder bei der Beschreibung von Teilelementen
durch die Typenbezeichnung intf gekennzeichnet. Bei vollständigen Rechnerbeschreibungen tritt dieser Typ dann nicht
mehr auf.

Mo (2.3) wird also in Mo (2.20) abgeändert.

(2.20)   (ADD, {pseu R,S, intf CI }, {pseu F, intf CO,OVFO,F3O,

ZO,PO,GO }, {ALU}, {t_3}, {term f_2, intf f_6, f_7 })

Die bisherige Darstellung geht von der Annahme aus, daß für
einen Rechner nur genau ein Mikroinstruktionsformat existiert,
wie das bei horizontalen und quasihorizontalen Mikroprogrammtechniken meist üblich ist. Insbesondere bei vertikaler Mikroprogrammierung sind jedoch auch mehrere Formate möglich (Mehrfachformate), d.h. nicht nur verschiedene Bitstellen des MIR haben
in verschiedenen Mi unterschiedliche Bedeutung, sondern auch
die Steuerinformation für ein zu steuerndes Element der Mikroarchitektur stammt in verschiedenen Mi aus verschiedenen Feldern
des Mikroinstruktionsformates. Diese Eigenschaft kann durch
doppelt indizierte Elemente f_{ij} $\in$ F beschrieben werden, wobei der
Index i für die Nummer des Mikroinstruktionsformates, der Index j
für die Nummer des Feldes im Format steht.

Benötigt eine Mo mehrere Felder des Mikroinstruktionsformates
zu ihrer Steuerung, so müssen alle diese Felder aus genau einem
Format stammen (gleicher Index i); kann eine Mo aus mehreren
Formaten gesteuert werden, so werden in der Tupelmenge F die
verschiedenen Alternativen als Untermengen mit jeweils gleichem
ersten Index beschrieben. Für die exakte Beschreibung der Untermengen von Tupelmengen vgl. die Definitionen 2.2.2.8 - 2.2.2.10
über UND- und ODER-Listen. Da Mehrfachformate zunehmend an
Bedeutung verlieren, wird im folgenden vornehmlich von Techniken
mit genau einem Mikroinstruktionsformat ausgegangen.

Die bisher eingeführte Tupelnotation erlaubt noch nicht die
Darstellung "redundanter" Ressourcen in der Mikroarchitektur
und des Problems des Bindens einer logischen Mo an eine
bestimmte Ressource. Für gewisse Optimierungsalgorithmen
ist es wichtig, das Binden der Ressourcen möglichst spät durchzuführen, um das beste Ergebnis zu erzielen (erst in der Kompaktifizierung, nicht jedoch schon bei der Kodegenerierung von
optimierenden Compilern für höhere Mikroprogrammiersprachen,
vgl. Kapitel 4 sowie DAVIDSON, 1980). MALLET, 1978 führt
daher die UND-Liste und die ODER-Liste für gewisse Tupelmengen ein.

Definition 2.2.2.8: Eine ODER-Liste ist die Aufzählung aller
          "möglichen" Ressourcen einer der Tupelmengen O, T
          oder F einer Mo, wobei für die Ausführung der Mo
          genau ein Element der Liste benötigt wird.
          Die Elemente der Oderliste werden in der Tupelmenge
          durch or verknüpft.
          Eine triviale ODER-Liste besteht aus genau einem
          Element. Bei trivialen ODER-Listen entfällt der
          Verknüpfungsoperator or.

ODER-Listen in der Tupelmenge O beschreiben alternative
Funktionseinheiten. Ein hypothetischer Rechenwerkbaustein mit
zwei identischen ALUs, ALU1 und ALU2, würde die Ausführung
einer Mo ADD (Addition) alternativ auf einer der beiden ALUs
erlauben. Aus Mo (2.20) würde so Mo (2.21):

(2.21)   (ADD, *, *, {ALU1 or ALU2}, *, *)

ODER-Listen in der Tupelmenge T einer Mo beschreiben die
Möglichkeit, daß die Mo in genau einer von verschiedenen Taktphasen ausgeführt wird.

ODER-Listen in der Tupelmenge F einer Mo bedeuten, daß die
Mo ihre Steuerinformation alternativ aus genau einem Feld verschiedener möglicher Felder des Mikroinstruktionsformates beziehen kann (bzw. bei mehreren Mikroinstruktionsformaten aus
verschiedenen Formaten).

Die bisher als Beispiele verwendeten Einzelbausteine Am 2901
und Am 2910 verfügen nicht über solche redundanten Ressourcen,
sie sind aber als Grundbausteine für Maschinen mit solchen
Eigenschaften denkbar.

Das Modell läßt keine ODER-Listen in den Tupelmengen E oder
A zu, da das Problem der Zuordnung von Speicherressourcen
nicht durch die zu behandelnden Optimierungsalgorithmen abgedeckt
wird (vgl. dazu auch Kapitel 4).

Definition 2.2.2.9: Eine Tupelmenge heißt ungebunden, wenn
sie (mindestens) eine nicht triviale ODER-Liste beinhaltet.
Eine Mikrooperation heißt ungebunden, wenn ihre Tupelnotation mindestens eine ungebundene Tupelmenge beinhaltet.
Tupelmengen, die nur triviale ODER-Listen beinhalten,
heißen gebunden. Sind alle Tupelmengen einer Mo
gebunden, so heißt die Mikrooperation gebunden.
Die Version einer ungebundenen Tupelmenge ist eine
gebundene Tupelmenge, die genau ein Element aus der
ODER-Liste der Tupelmenge enthält. Die Version einer
ungebundenen Mo ist eine gebundene Mo, deren Tupelmengen je genau ein Element aus den ODER-Listen der
Tupelmengen der ungebundenen Mo beinhalten.

Die Mo (2.21) ist ein Beispiel einer ungebundenen Mo, Mo (2.22)
und (2.23) sind Versionen der Mo (2.21).

(2.22) $(ADD_{V1}, *, *, \{ALU1\}, *, *)$

(2.23) $(ADD_{V2}, *, *, \{ALU2\}, *, *)$

Die Definition 2.2.2.9 kann entsprechend auf gebundene bzw.
ungebundene Mikroinstruktionen, Mikroprogramme etc. erweitert
werden. MALLET, 1978 nennt die triviale ODER-Liste gebunden.

Definition 2.2.2.10: Eine UND-Liste ist eine Liste von ODER-
Listen in Tupelmengen einer Mo, die zu ihrer Ausführung je ein Element der durch die UND-Liste ver-
knüpften ODER-Listen benötigt. Elemente der UND-Liste
werden durch den Operator and verknüpft.

Die UND-Liste bezeichnet Situationen, in denen eine Mo zu ihrer
Ausführung mehr als eine Ressource benötigt. UND-Listen sind
auch für die Tupelmenge E und A definiert (sie verknüpfen dort
nicht ODER-Listen, sondern einfache Speicherressourcen). Soweit
Eindeutigkeit gewährleistet ist, kann anstelle des Operators and
auch lediglich ein Komma stehen (diese Schreibweise wurde bisher
implizit benutzt, wie in Mo (2.20), deren Tupelmengen E,A und
F UND-Listen beinhalten).

Zu der ungebundenen Mo (2.24), die ein hypothetisches Rechenwerk mit zwei ALUs und zwei Shiftern voraussetzt, existieren
also vier Versionen Mo (2.25)-(2.28):

(2.24)   (ADDSHIFT,*,*,{(ALU1 $\underline{or}$ ALU2)$\underline{and}$(SHIFT1 $\underline{or}$ SHIFT2)},*,*)

(2.25)   (ADDSHIFT$_{V1}$,*,*, { ALU1 $\underline{and}$ SHIFT1},*,*)

(2.26)   (ADDSHIFT$_{V2}$,*,*, { ALU1 $\underline{and}$ SHIFT2},*,*)

(2.27)   (ADDSHIFT$_{V3}$,*,*, { ALU2 $\underline{and}$ SHIFT1},*,*)

(2.28)   (ADDSHIFT$_{V4}$,*,*, { ALU2 $\underline{and}$ SHIFT2},*,*)

Das bisher eingeführte Tupelmodell erlaubt die Beschreibung von
mikroprogrammierten oder (dynamisch) mikroprogrammierbaren
Rechnern mit vertikalen, quasihorizontalen oder horizontalen Mikroinstruktionen. Bei Nanoprogrammierung ist nur jede Stufe des
zweistufigen Leitwerkes für sich darstellbar. Das Modell setzt
zentrale und unmittelbare Steuerung voraus (bei dezentraler
Steuerung ist nur getrennte Behandlung der einzelnen Mikroleit-
werke möglich, "residual control" wird nicht beschrieben). Bezüglich
der Zeitverhältnisse werden synchrone Mo beschrieben sowie fester
oder variabler Mono- oder Polyphasentakt. Pipelining des Makro-
und Mikrobefehlszyklus kann berücksichtigt werden.

Das Modell beschreibt nicht die Semantik von Mo, jedoch wird in
den folgenden Abschnitten notwendig ein Unterschied zwischen
der Behandlung der Mo aus dem Steuerteil und der Mo aus dem
Adreßteil von Mi gemacht. Letztere sind nicht beliebig verschieblich,
auch wenn sie keine Datenabhängigkeiten oder Ressourcen-Konflikte
zu anderen Mo aufweisen. In Kapitel 3 und 4 wird gezeigt, daß
viele Verfahren die Mo aus dem Adreßteil völlig ausklammern.

Ähnliches gilt für die Beschreibung der Semantik von Mo, die der "Synchronisation" der Mikroarchitektur mit anderen Elementen des Rechners dienen (z.B.: Unterbrechungswerk, Zugriff auf Register der Makroebene). Dieser Aspekt soll im Rahmen dieser Arbeit weitgehend unberücksichtigt bleiben, da er maschinen-abhängige Faktoren einführt. Für die Einteilung von Mo gemäß ihrer Semantik vgl. etwa GIESER, SHERAGA, 1982, die 7 Typen unterscheiden:

- ALU-Mo,
- Schiebe-Mo,
- Datentransfer-Mo,
- Adreßbildungs-Mo,
- Steuer-Mo,
- Interface-Mo,
- Direktdaten-Mo.

Die Generierung der Tupelbeschreibung für einen Rechner bzw. für getrennte Teile des Rechners, d.h. das Aufstellen der Liste aller zugehörigen Mo bzw. Mb ist nicht Thema dieser Arbeit. Es ist einmal denkbar, eine solche Beschreibung "von Hand" zu erstellen, wie dies in allen bisherigen Beispielen geschehen ist. Für komplexere Systeme ist es aber sicher angebracht, die Tupelbeschreibung automatisch aus einer Rechnerbeschreibungs-sprache abzuleiten. SINT, 1981 schlägt eine Sprache vor, die auch den Anforderungen gewisser Optimierungsverfahren genügt (allerdings nicht das hier vorgestellte allgemeine Modell zugrunde legt). Weitere Untersuchungen auf diesem Gebiet erscheinen dringend erforderlich, um den Aufwand bei der Behandlung immer komplexerer Systeme zu begrenzen.

2.2.3 Relationen zwischen Mikrooperationen und Mikrooperations-Bündeln

Die Tupelnotation erlaubt die formale Beschreibung von Relationen zwischen Mo und Mb. Soweit die nachfolgenden Definitionen in der Literatur eingeführt sind (MALLET, 1978, LANDSKOV et al., 1980, DAVIDSON et al., 1981, FISHER et al., 1982), beziehen sie sich immer auf Relationen zwischen Mo. Wie in Kapitel 2.2.2 motiviert,

ist die bei Optimierungsalgorithmen sinnvollerweise kleinste zu
betrachtende Einheit das Mb. Im folgenden wird daher meist
von Mb gesprochen, die jedoch auch trivial sein können (also
nur aus genau einer Mo bestehen).

Es werden zunächst Datenabhängigkeiten zwischen Mb betrachtet,
wobei Mikroprogramme vorausgesetzt werden, deren Steuerfluß
durch Flußgraphen beschrieben wird.

Die Beschreibung von Ressourcen-Konflikten zwischen Mb setzt
dagegen lediglich eine Maschinenbeschreibung durch Aufzählung
ihrer Mb in Tupelnotation voraus.

Ziel der Analyse der Relationen zwischen Mb ist das Auffinden
paralleler bzw. potentiell paralleler Mb innerhalb einer mikroprogrammierbaren Maschine bzw. ihrer Mikroprogramme, wobei jeweils
von gebundenen Mo bzw. Mb ausgegangen wird (also von Versionen).

Das Aufsuchen paralleler oder potentiell paralleler Mb setzt
vollständige Maschinenbeschreibungen sinnvollerweise voraus, da
gleichzeitige Verarbeitungsschritte vornehmlich zwischen den verschiedenen Moduln bzw. Bausteinen stattfinden, weniger jedoch in
diesen Einheiten für sich betrachtet. Die für die vereinfachte Generierung von Mikroarchitektur-Beschreibungen eingeführten Typen
intf für Elemente der Tupelmengen E,A und F werden also im
Rahmen der nachfolgenden Abschnitte als bereits substituiert
betrachtet und daher nicht berücksichtigt.

2.2.3.1 Datenabhängigkeit

Mikroprogramme wurden bisher als Folgen von Mikroinstruktionen
eingeführt (Kapitel 2.1). Sie können jedoch ohne Einschränkung
der Allgemeinheit auch als Folgen von Mikrooperationen bzw.
Mikrooperations-Bündeln dargestellt werden (beinhaltet eine Mi
mehrere Mb, so werden die Mb aus dem Steuerteil als sequentielle
Folge beliebiger Reihenfolge, die Mb aus dem Adreßteil als letzte
Mb der sequentiellen Folge dargestellt). Für die Beschreibung des

Steuerflusses von Mikroprogrammen ist es sinnvoll, auf die ursprünglich im Bereich des Compilerbaus eingeführten Fluß-graphen (AHO, ULLMANN, 1978) zurückzugreifen.

Definition 2.2.3.1: Ein sequentieller Mikroprogramm-Block (SMB) ist eine sequentielle Folge von Mb, die höchstens nur genau je einen Eingang und einen Ausgang hat. Ein SMB beinhaltet also keinen Sprung außer vielleicht im letzten Mb, sowie keinen Eingangspunkt (Marke) außer vielleicht im ersten Mb der Folge.
Das erste Mb eines SMB heißt Eingangs-Mb, das letzte Mb eines SMB heißt Ausgangs-Mb.

Mit dem Algorithmus 2.2.3.2 läßt sich jedes Mikroprogramm, das als Folge von Mb dargestellt ist, in SMB zerteilen.

Algorithmus 2.2.3.2: a) Bestimmung der Eingangs-Mb
Es werden zunächst nach den folgenden drei Regeln Ein-gangs-Mb bestimmt:
1. Das erste Mb des Mikroprogramms ist ein Eingangs-Mb.
2. Jedes Mb, das Ziel eines bedingten oder unbedingten Sprunges ist, ist ein Eingangs-Mb.
3. Jedes Mb, das unmittelbar auf einen bedingten Sprung folgt, ist ein Eingangs-Mb.

b) Konstruktion der SMB
Für jedes Eingangs-Mb aus a) wird der zugehörige SMB gebildet. Er besteht aus dem Eingangs-Mb und allen folgenden Mb bis zum nächsten Eingangs-Mb exklusive oder bis zum Ende des Mikroprogramms. Mb, die keinem SMB angeordnet werden, können nie ausgeführt werden und sind ggf. zu entfernen.

Algorithmus 2.2.3.2 geht davon aus, daß ein Mikroprogramm genau einen Anfang und eine beliebige Anzahl von Ende-Mb besitzt. Ferner werden als Steuerkonstrukte neben der sequentiellen Adreßfort-schaltung lediglich der bedingte und der unbedingte Sprung vor-gesehen. Es läßt sich jedoch auf einfache Weise zeigen, daß alle übrigen Steuerkonstrukte auf diese zurückzuführen sind.

Die Abfolge von SMB eines Mikroprogramms kann durch einen Flußgraphen dargestellt werden.

Definition 2.2.3.3: Ein Mikroprogramm-Flußgraph (MFG) ist ein (endlicher) gerichteter Graph mit genau einem Anfangsknoten. Die Knoten des MFG sind SMB, der Anfangsknoten ist der SMB, dessen Eingangs-Mb das erste Mb des Mikroprogramms ist. Eine gerichtete Kante von SMB_i nach SMB_j existiert, wenn SMB_j unmittelbar nach SMB_i ausgeführt werden kann, d.h. wenn entweder gilt:

1. Das Ausgangs-Mb von SMB_i ist ein bedingter oder unbedingter Sprung auf das Eingangs-Mb von SMB_j, oder
2. das Eingangs-Mb von SMB_j folgt im ursprünglichen Mikroprogramm unmittelbar auf das Ausgangs-Mb von SMB_i und dieses ist kein unbedingter Sprung.

Ein Zyklus im MFG wird Schleife genannt.

Im folgenden werden zunächst die Datenabhängigkeiten zwischen Mb eines SMB untersucht ("lokale" Abhängigkeiten). Es wird später gezeigt, daß Datenabhängigkeiten zwischen Mb aus verschiedenen SMB eines Mikroprogramms ("globale" Abhängigkeiten) durch einfache Erweiterungen der Definitionen der lokalen Datenabhängigkeit beschrieben werden können. Für die leichtere Lesbarkeit werden Mb durch einfache Indizes, Mo durch doppelte Indizes unterschieden. Wir untersuchen die Mb

$$Mb_i = \{Mo_{11}, Mo_{i2}, \ldots, Mo_{in_i}\}$$

$$Mb_j = \{Mo_{j1}, Mo_{j2}, \ldots, Mo_{jn_j}\}$$

mit $Mo_{kl} = (Name_{kl}, E_{kl}, A_{kl}, O_{kl}, T_{kl}, F_{kl})$.

Definition 2.2.3.4: Die Mb eines SMB seien nach Indizes geordnet. Wenn gilt $i < j$, so ist Mb_i Index-Vorgänger (iv) von Mb_j (Schreibweise: $Mb_i \; iv \; Mb_j$).

Aus $Mb_i \; iv \; Mb_j$ folgt zwar, daß Mb_i im SMB vor Mb_j steht, jedoch nicht, daß Mb_i auch notwendig vor Mb_j ausgeführt werden muß, damit das zugehörige Mikroprogramm richtig arbeitet (siehe dazu die "Kompaktifizierungs"-Algorithmen in Kapitel 4).

<u>Definition 2.2.3.5:</u> Für zwei Mikrooperationen Mo_{kl} und Mo_{nm} gilt:

Mo_{kl} ist <u>Takt-Vorgänger</u> (<u>tv</u>) von Mo_{nm}, wenn die Takt-phasen, zu denen Mo_{kl} ausgeführt werden kann, im Mikro-instruktionszyklus vor denen liegen, zu denen Mo_{nm} ausgeführt werden kann:

$$Mo_{kl} \; \underline{tv} \; Mo_{nm} \qquad d.u.n.d.$$

$$T_{kl} \cap T_{nm} = \emptyset \qquad und$$

$$a \in T_{kl}, \quad b \in T_{nm} \quad => \quad a \text{ liegt vor } b \text{ im Zyklus.}$$

Für zwei Mikrooperations-Bündel (Mb$_i$ und Mb$_j$ gilt: Mb_i ist <u>Takt-Vorgänger</u> (<u>tv</u>) von Mb_j, wenn alle Mo aus Mb_i Takt-Vorgänger aller Mo aus Mb_j:

$$Mb_i \; \underline{tv} \; Mb_j \qquad d.u.n.d.$$

$$Mo_{ix} \in Mb_i, \quad Mo_{jy} \in Mb_j \quad => \quad Mo_{ix} \; \underline{tv} \; Mo_{jy}.$$

Für die Relation <u>tv</u> bei Mb wird im allgemeinen genügen, daß Mo_{in_i} <u>tv</u> Mo_{j1}, da Bündel ja als Folgen von Mo definiert sind, die Daten über nicht permanente Speicherressourcen weitergeben. Gilt die Relation Mb_i <u>tv</u> Mb_j, so wird Mb_i selbst dann vollständig vor Mb_j ausgeführt, wenn beide Mb aus einer Mikroinstruktion angesteuert werden.

Für die Untersuchung der Datenabhängigkeiten von Mb sind die Relationen zwischen den Speicherressourcen E und A der zugehörigen Mo von Interesse. Diese werden in den folgenden Definitionen genauer spezifiziert.

<u>Definition 2.2.3.6:</u> Mo_{kl} und Mo_{nm} haben <u>Daten-Interaktion</u> (<u>di</u>), wenn ihre Ein- und Ausgabemengen bezüglich Elementen vom Typ <u>perm</u> nicht elementfremd sind:

$$Mo_{kl} \; \underline{di} \; Mo_{nm} \qquad d.u.n.d.$$

$$\exists \, a_{kl} \in A_{kl}, \; e_{nm} \in E_{nm}, \; a_{nm} \in A_{nm}, \; e_{kl} \in E_{kl},$$

$$a_{kl}, e_{nm}, a_{nm}, e_{kl} \text{ vom Typ } \underline{perm}, \text{ so daß}$$

$$1. \; a_{kl} = e_{nm}, \quad oder \qquad 2. \; e_{kl} = a_{nm}, \quad oder$$

$$3. \; a_{kl} = a_{nm}.$$

Zwei Mb_i und Mb_j haben <u>Daten-Interaktion</u> (<u>di</u>), wenn es eine Mo_{ix} aus Mb_i gibt, die Daten-Interaktion mit einer Mo_{jy} aus Mb_j hat.

$$Mb_i \ \underline{di} \ Mb_j \qquad d.u.n.d.$$

$$\exists \ Mo_{ix} \in Mb_i, \ Mo_{jy} \in Mb_j : Mo_{ix} \ \underline{di} \ Mo_{jy} \, .$$

Die Daten-Interaktion berücksichtigt nur Elemente vom Typ <u>perm</u>, da Werte in nicht permanenten Speicherressourcen nur innerhalb von Bündeln weitergegeben werden. Da die drei möglichen Bedingungen für die Daten-Interaktion symmetrisch bezüglich der Mo bzw. Mb sind, ist es nicht notwendig, eine Reihenfolge zwischen ihnen innerhalb von SMB zu spezifizieren. Mit Hilfe der Daten-Interaktion kann eine partielle Ordnung über den Mb eines SMB definiert werden.

<u>Definition 2.2.3.7</u>: Mo_{kl} ist <u>direkter Daten-Vorgänger</u> (<u>ddv</u>) von Mo_{nm}, wenn $Mo_{kl} \ \underline{iv} \ Mo_{nm}$, $Mo_{kl} \ \underline{di} \ Mo_{nm}$ und es existiert keine andere Sequenz von Mo : $Mo_{i1}, Mo_{i2}, \ldots, Mo_{ij}$, $j \geq 1$ mit $Mo_{kl} \ \underline{ddv} \ Mo_{i1}$, $Mo_{i1} \ \underline{ddv} \ Mo_{i2}, Mo_{i2} \ldots, Mo_{ij-1} \ \underline{ddv} \ Mo_{ij}$, $Mo_{ij} \ \underline{ddv} \ Mo_{nm}$.

Mb_i ist <u>direkter Daten-Vorgänger</u> (<u>ddv</u>) von Mb_j, wenn ein $Mo_{ix} \in Mb_i$ existiert mit $Mo_{ix} \ \underline{ddv} \ Mo_{jy}$, $Mo_{jy} \in Mb_j$.

Die Relation <u>ddv</u> zwischen Mo bzw. Mb besagt, daß es keine Kette von direkten Daten-Vorgänger - Mo bzw. Mb zwischen ihnen geben darf. Die transitive Hülle der Relation <u>ddv</u> ist die Relation Daten-Vorgänger.

<u>Definition 2.2.3.8</u>: Mo_{kl} ist <u>Daten-Vorgänger</u> (<u>dv</u>) von Mo_{nm}, wenn

1. $Mo_{kl} \ \underline{ddv} \ Mo_{nm}$, oder

2. es gibt Mo_{ij} mit

   $Mo_{kl} \ \underline{ddv} \ Mo_{ij}$ und $Mo_{ij} \ \underline{dv} \ Mo_{nm}$.

Mb_i ist <u>Daten-Vorgänger</u> (<u>dv</u>) von Mb_j, wenn

1. $Mb_i \ \underline{ddv} \ Mb_j$, oder

2. es gibt Mb_k mit

   $Mb_i \ \underline{ddv} \ Mb_k$ und $Mb_k \ \underline{dv} \ Mb_j$.

Die Relation (direkter) Daten-Vorgänger Mb_i $\underline{ddv}$ Mb_j bzw. Mb_i $\underline{dv}$ Mb_j wird oft auch als Relation "Datenabhängigkeit" bezeichnet: Mb_j ist (direkt) datenabhängig von Mb_i. Gilt zwischen Mo bzw. Mb keine Relation $\underline{dv}$, so sind sie datenunabhängig.

Definition 2.2.3.9: Mo_{kl} ist $\underline{datenunabhängig}$ ($\underline{du}$) von Mo_{nm}, wenn keine Relation $\underline{dv}$ zwischen ihnen existiert.

Mb_i ist $\underline{datenunabhängig}$ ($\underline{du}$) von Mb_j, wenn keine $Mo_{ix} \in Mb_i$ und keine $Mo_{jy} \in Mb_j$ existiert, zwischen denen die Relation $\underline{dv}$ gilt.

Definition 2.2.3.10: Mo_{kl} ist $\underline{datenkompatibel}$ ($\underline{dk}$) mit Mo_{nm}, wenn entweder 1. Mo_{kl} $\underline{du}$ Mo_{nm}, oder

$\qquad$ 2. Mo_{kl} $\underline{tv}$ Mo_{nm}.

Mb_i ist $\underline{datenkompatibel}$ ($\underline{dk}$) mit Mb_j, wenn für alle $Mo_{ix} \in Mb_i$ und $Mo_{jy} \in Mb_j$ gilt: entweder 1. Mo_{ix} $\underline{du}$ Mo_{jy}, oder 2. Mo_{ix} $\underline{tv}$ Mo_{jy}.

Die Datenkompatibilität beschreibt die Situation, daß zwei Mo bzw. Mb in einer Mikroinstruktion gemeinsam ausführbar sind, ohne gegen die Datenintegrität zu verstoßen, da sie entweder datenunabhängig sind oder aber die Ausführung des ersten Elementes abgeschlossen ist, bevor die Ausführung des zweiten beginnt. Für die Entscheidung der Parallelisierbarkeit muß jedoch zusätzlich die Möglichkeit von Ressourcen-Konflikten berücksichtigt werden (Abschnitt 2.2.3.2).

Definition 2.2.3.11: Mo_{kl} ist $\underline{eingeschränkter\ Vorgänger}$ ($\underline{ev}$) von Mo_{nm}, wenn entweder gilt:

1. Mo_{kl} $\underline{ddv}$ Mo_{nm} und Mo_{kl} $\underline{tv}$ Mo_{nm}, oder

2. Mo_{kl} $\underline{ddv}$ Mo_{nm} und für alle Speicherressourcen, die Grund für die Daten-Interaktion zwischen den Mo sind, wird durch den $\underline{time}$ Operator in den Mengen E oder A der Mo_{kl} angegeben, daß die Speicherressourcen von Mo_{kl} nicht mehr benutzt werden, bevor Mo_{nm} sie benutzt.

Mb_i ist $\underline{eingeschränkter\ Vorgänger}$ ($\underline{ev}$) von Mb_j, wenn entweder gilt:

1. Mb_i $\underline{ddv}$ Mb_j und Mb_i $\underline{tv}$ Mb_j,   oder

2. Mb_i $\underline{ddv}$ Mb_j und für alle $Mo_{ix} \in Mb_i$, $Mo_{jy} \in Mb_j$

   mit Mo_{ix} $\underline{ddv}$ Mo_{jy} gilt: Mo_{ix} $\underline{ev}$ Mo_{jy}.

Mit Bedingung 2. von Definition 2.2.3.11 werden die durch den
$\underline{time}$ Operator beschriebenen besonderen Zeitbedingungen von
Speicherressourcen berücksichtigt.

$\underline{\text{Definition 2.2.3.12:}}$ Mo_{kl} ist $\underline{\text{(uneingeschränkter) Vorgänger}}$ $(\underline{uv})$
von Mo_{nm}, wenn gilt:

Mo_{kl} $\underline{ddv}$ Mb_j und nicht Mo_{kl} $\underline{ev}$ Mo_{nm}

Mb_i ist $\underline{\text{(uneingeschränkter) Vorgänger}}$ $(\underline{uv})$ von Mb_j,
wenn gilt:

Mb_i $\underline{ddv}$ Mb_j und nicht Mb_i $\underline{ev}$ Mb_j.

Als Beispiel untersuchen wir die Mo (2.10)-(2.12), die wir als
jeweils einzige Elemente trivialer Mb (2.10)-(2.12) annehmen. In
einem SMB_i gelte Mb (2.10) $\underline{iv}$ Mb (2.11). Es folgt nach Definition
2.2.3.7: Mb (2.10) $\underline{ddv}$ Mb (2.11), ferner nach Definition 2.2.3.12:
Mb (2.10) $\underline{uv}$ Mb (2.11). Wird dagegen Mb (2.10) durch Mb (2.12)
ersetzt und es gelte in einem SMB_j: Mb (2.12) $\underline{iv}$ Mb (2.11), so
folgt Mb (2.12) $\underline{ddv}$ Mb (2.11), jedoch Mb (2.12) $\underline{ev}$ Mb (2.11)
nach Definition 2.2.3.11. Mb, deren Datenabhängigkeit durch die
Relation $\underline{ev}$ ausgedrückt werden kann, dürfen - sofern keine
Ressourcen-Konflikte bestehen - in einer Mi ausgeführt werden,
nicht jedoch Mb, für die die Relation $\underline{uv}$ gilt.

Die Datenabhängigkeiten von Mb eines SMB werden in Form eines
Datenabhängigkeits-Graphen dargestellt.

$\underline{\text{Definition 2.2.3.13:}}$ Ein $\underline{\text{Datenabhängigkeits-Graph}}$ (DAG) eines
SMB ist ein endlicher, gerichteter, azyklischer Graph,
dessen Knoten den Mb des SMB entsprechen und für
dessen Kanten gilt:

1. Es existiert eine mit $\underline{ev}$ markierte Kante von Knoten Mb_i zu Knoten Mb_j, wenn gilt: $Mb_i \; \underline{ev} \; Mb_j$.

2. Es existiert eine mit $\underline{uv}$ markierte Kante von Knoten Mb_k zu Knoten Mb_l, wenn gilt: $Mb_k \; \underline{uv} \; Mb_l$.

Als Beispiel für den Aufbau eines DAG aus einem SMB betrachten wir den SMB_i bestehend aus den - meist trivialen - Mb (2.29)-(2.35) mit Mb (2.29) $\underline{iv}$ Mb (2.30) $\underline{iv}$ ... $\underline{iv}$ Mb (2.35):

SMB_i:

(2.29) $((ADD12,\{R1,R2\},\{R2\},*,\{t_1,t_2\},*))$

(2.30) $((ADD34,\{R3,R4\},\{R4\},*,\{t_1,t_2\},*))$

(2.31) $((SUB45,\{R4,R5\},\{R5\},*,\{t_1,t_2\},*))$

(2.32) $((EXOR25,\{R2,R5\},\{R5\},*,\{t_1,t_2\},*))$

(2.33) $((SHIFT5,\{R5\},\{\underline{trans}\;S\},*,\{t_3\},*),(MOVES,\{\underline{trans}\;S\},$
$\{R5\},*,\{t_4\},*))$

(2.34) $((ADD56,\{R5,R6\},\{R6\},*,\{t_1,t_2\},*))$

(2.35) $((MUL12,\{FP1,FP2\},\{FP2,Q\},*,\{t_1,t_2,t_3,t_4\},*))$

Nach Definition 2.2.3.7 gilt:
Mb (2.29) $\underline{ddv}$ Mb (2.32), Mb (2.30) $\underline{ddv}$ Mb (2.31), Mb (2.31) $\underline{ddv}$ Mb (2.32), Mb (2.32) $\underline{ddv}$ Mb (2.33), Mb (2.33) $\underline{ddv}$ Mb (2.34).

Nach Definition 2.2.3.8 folgt z.B.:
Mb (2.29) $\underline{dv}$ Mb (2.33).

Nach Definition 2.2.3.5: gilt z.B.:
Mb (2.32) $\underline{tv}$ Mb (2.33).

Nach Definitionen 2.2.3.11 und 2.2.3.12 folgt:
Mb (2.29) $\underline{uv}$ Mb (2.32), Mb (2.30) $\underline{uv}$ Mb (2.31), Mb (2.31) $\underline{uv}$ Mb (2.32), Mb (2.32) $\underline{ev}$ Mb (2.33), Mb (2.33) $\underline{uv}$ Mb (2.34).

Schließlich gilt nach 2.2.3.9 z.B.:
Mb (2.35) $\underline{du}$ Mb (2.30).

Der zugehörige DAG ist in Abbildung 2.14 dargestellt. Der Graph ist nicht zusammenhängend, da Mb (2.35) $\underline{du}$ zu allen allen übrigen

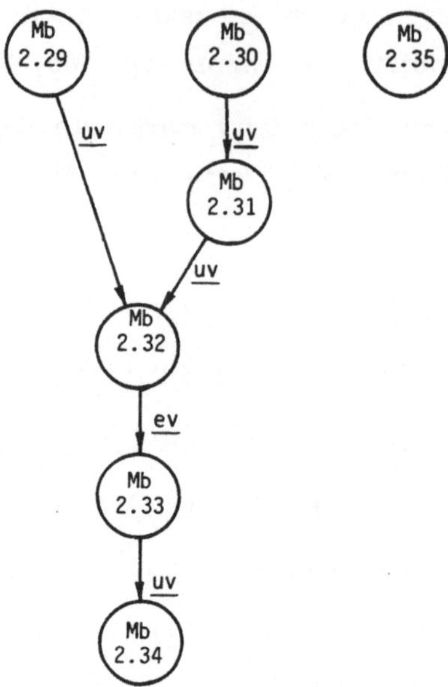

<u>Abbildung 2.14:</u> Datenabhängigkeits-Graph (DAG) für die
Beispiels-Mb (2.29)-(2.35)

Mb des SMB_i. Der Aufbau eines DAG wird nach einem einfachen
Algorithmus durchgeführt, der für alle Mb des SMB die Relationen
<u>uv</u> und <u>ev</u> überprüft (vgl. LANDSKOV et al., 1980, wobei wegen
des dort eingeführten einfacheren Tupelmodells die Relationen <u>uv</u>
und <u>ev</u> etwas abweichend definiert sind).

Der bisher eingeführte DAG kann noch nicht unmittelbar als
Eingabe in einen Optimierungsalgorithmus verwendet werden, da
er das besondere Zeitverhalten von Multizyklen-Mo, im Tupelmodell
beschrieben durch den <u>delay</u>-Operator (vgl. Mo (2.13)-(2.17)), noch
nicht berücksichtigt. Der DAG wird nämlich im folgenden so interpretiert, daß eine gerichtete Kante von Mb_i zu Mb_j bedeutet, daß
Mb_j frühestens genau in der Mi nach der Mi, in der Mb_i ausgeführt wird, ausgeführt werden darf, sofern diese Kante mit <u>uv</u>
markiert ist (entsprechend ... frühestens genau in der Mi ausgeführt ... sofern die Kante durch <u>ev</u> markiert ist). Der <u>delay</u>-
Operator dient jedoch der Beschreibung von Datenabhängigkeiten
über genau einen Mikroinstruktionszyklus hinaus. Für die Darstellung dieser Multizykleneigenschaften in DAG werden sogenannte
<u>dummy</u>-Mo und Mb eingeführt.

<u>Definition 2.2.3.14:</u> Eine <u>dummy-Mo</u> ist die Tupelbeschreibung
einer Mo mit folgenden Eigenschaften: Die dummy-Mo
gehört zu einer Mo mit <u>delay</u>-Operator, ihre Tupelmengen E und A bestehen aus den durch den <u>delay</u>-
Operator gekennzeichneten Speicherressourcen (vom
Typ <u>perm</u>), die Mengen O,T und F sind leer.

Ein <u>dummy-Mb</u> ist ein triviales Mb, das aus einer
<u>dummy</u>-Mo gebildet wird.

<u>Dummy</u>-Mb werden vor der Generierung eines DAG aus einem SMB
hinter jedem Mb, dessen Mo mit einem <u>delay</u>-Operator beschrieben
sind, eingeführt, um die "Reservierung" der Speicherressourcen
darzustellen. Dabei wird eine Folge von <u>dummy</u>-Mb gebildet, deren
Länge der Zyklenanzahl im Argument des <u>delay</u>-Operators entspricht.
Die Spezifikation der Tupelmengen O,T und F als leere Mengen soll
bei der Kompaktifizierung weitere Ressourcen-Konflikte ausschließen.

Ein SMB i bestehe aus den trivialen Mb (2.36) - (2.38).
SMB i: (2.36)   ((ADD,{R1,R3},{R3},*,*,*))

           (2.37)   ((READ,{MAR},{(<u>delay</u>,3,MDR)},*,*,*))

           (2.38)   ((MOVE,{MDR},{R3},*,*,*))

Vor dem Aufbau des DAG wird Mb (2.37) in die Folge Mb (2.37)
- Mb (2.37.3) umgeformt:
           (2.37)   wie oben

           (2.37.1)   ((NOOP,{MDR},{MDR},∅,∅,∅))

           (2.37.2)   ((NOOP,{MDR},{MDR},∅,∅,∅))

           (2.37.3)   ((NOOP,{MDR},{MDR},∅,∅,∅))

Der DAG zu SMB i berücksichtigt die Erweiterung von Mb (2.37)
und ist in Abbildung 2.15 dargestellt.

Die Definition der dummy-Mb geht davon aus, daß die vereinbarten
Zyklen ganz benötigt werden, d.h. die leere Tupelmenge T wird
als ein vollständiger Zyklus interpretiert. Bei komplexeren Zeitver-
hältnissen muß gegebenenfalls das letzte <u>dummy</u>-Mb einer Folge
mit entsprechenden Spezifikationen der Tupelmenge T versehen
werden.

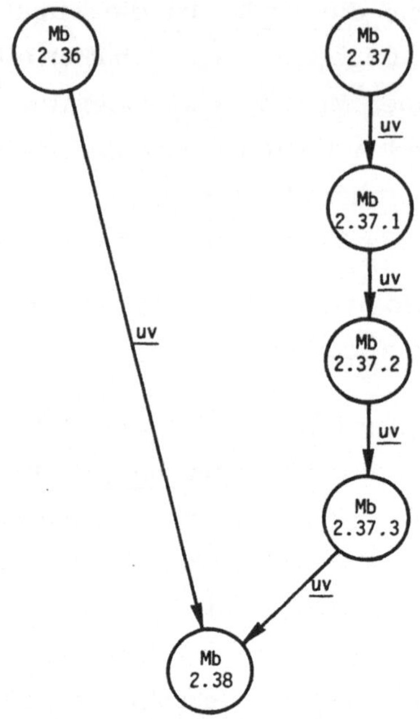

Abbildung 2.15: Darstellung des DAG zu den Mb (2.36) - (2.38) mit dummy-Mb.

Die Definitionen 2.2.3.7 bzw. 2.2.3.11 und 2.2.3.12 definieren eine partielle Ordnung über den Mb eines SMB, die im DAG dargestellt wird. Diese Ordnung basiert auf Definition 2.2.3.6 für Daten-Interaktion, deren Bedingung 1 und 2 zu streng gefaßt ist. In anderen Worten: Es werden Partitionen von Mb in Mikroinstruktionen als nicht gültig ausgeschlossen, obwohl sie die Datenintegrität erhalten. Dies wird kurz für Mo erläutert: Man bildet zunächst in einem SMB alle Schreib-Lese-Mengen, das sind zu jeder Speicherressource eine Mo, die in diese Ressource schreibt (Tupelmenge A), sowie alle Mo, die diese Ressource lesen (Tupelmenge E), bis die Ressource überschrieben wird. Wenn bei der Parallelisierung von Mo eines SMB Schreib-Lese-Mengen sich durchschnittsfrei "überholen", bleibt die Datenintegrität erhalten, obwohl nach den bisher eingeführten Definitionen eine Datenabhängigkeit vorliegt.

Das Problem wurde erstmals von TOKORO et al., 1977 behandelt. Es erscheint jedoch sinnvoll, mit FISHER et al., 1982 zu formulieren, daß die Wahrscheinlichkeit von solchen Überholvorgängen vollständiger Schreib-Lese-Mengen bei der Optimierung von Mikroprogrammen wegen anderer Daten-Interaktionen sehr gering ist. Die Analyse der Daten-

abhängigkeiten wird dagegen durch die partielle Ordnung stark
vereinfacht. Nachfolgend wird das Problem der Schreib-Lese-
Mengen nicht weiter behandelt (dennoch sei erwähnt, daß VEGDAHL,
1982 Bedingung 2 aus Definition 2.2.3.6 <u>"anti-datadependency"</u>
nennt und - allerdings ohne Argument - die Berücksichtigung
dieser Relation in Optimierungsverfahren als wichtig bezeichnet).
Ein Beispiel:

$$(2.39) \qquad (Mo_i, \{W\}, \{Y\}, *, \{t_1\}, *)$$

$$(2.40) \qquad (Mo_j, \{Y\}, \{X\}, *, \{t_1\}, *)$$

$$(2.41) \qquad (Mo_x, \{Z\}, \{Y\}, *, \{t_1\}, *)$$

$$(2.42) \qquad (Mo_y, \{Y\}, \{A\}, *, \{t_1\}, *)$$

$$(2.43) \qquad (Mo_z, \{Y\}, \{B\}, *, \{t_1\}, *)$$

Mo (2.39) - (2.43) bilden triviale Mb eines SMB mit Mo_i <u>iv</u> Mo_j,
Mo_j <u>iv</u> Mo_x, Mo_x <u>iv</u> Mo_y, Mo_y <u>iv</u> Mo_z. Ferner seien die Mo (2.39)
und (2.40) sowie (2.41), (2.42) und (2.43) eine vollständige Schreib-
Lese-Menge. Nach Definition 2.2.3.6 gilt: Mo_i <u>di</u> Mo_j, Mo_j <u>di</u> Mo_x,
Mo_x <u>di</u> Mo_y, Mo_x <u>di</u> Mo_z, sowie entsprechend Mo_i <u>uv</u> Mo_j, ...,
Mo_x <u>uv</u> Mo_z. Dennoch würde eine vollständige Ausführung der
Mo (2.41) - (2.43) vor den Mo (2.39) und (2.40) die Datenintegrität des hypothetischen SMB erhalten.

Für die Untersuchung von Datenabhängigkeiten über die Grenzen
von SMB hinaus, muß eine Reihe zusätzlicher Definitionen eingeführt
werden. Ausgangspunkt ist die Beschreibung des Steuerflusses in
Mikroprogrammen durch MFG (Definition 2.2.3.3). Datenabhängigkeiten
werden hier nur für Pfade durch MFG untersucht. Dabei werden alle
Mb auf dem Pfad so behandelt, als wären sie Teil eines "großen SMB".
Die Definitionen 2.2.3.4 bis 2.2.3.13 sind entsprechend auf Pfade
erweitert zu denken. Ziel der Untersuchung ist es, die Laufzeit
von Mikroprogrammen durch <u>globale Kompaktifizierung</u> zu reduzieren
(vgl. Kapitel 4). Tatsächlich muß die lokale Kompaktifizierung aller
SMB eines MFG noch nicht die günstigsten Laufzeiten eines Mikroprogrammes ergeben. Für sinnvolle Anwendungen der globale Kompaktifizierung wird es notwendig sein, die "wahrscheinlichsten"

Pfade durch den MFG durch Laufzeitanalysen auszuwählen und diese - gegebenenfalls auf Kosten unwahrscheinlicherer Pfade - zu verkürzen (vgl. Kapitel 4). Die nunmehr eingeführten Definitionen gelten aber für alle möglichen Pfade in einem MFG.

Der Einfachheit halber werden im folgenden Schleifen im MFG ausgeschlossen. In Kapitel 4 wird gezeigt, daß diese Einschränkung durch die Technik des "Abrollens" von Schleifen bzw. die Behandlung ganzer Schleifen im MFG als Pseudo-Mb aufgehoben werden kann.

Definition 2.2.3.15: Eine Speicherressource heißt lebendig beim Eintritt in einen SMB eines MFG, wenn der in ihr gespeicherte Wert in diesem SMB oder einem Nachfolger-SMB des MFG gelesen werden kann, ohne vorher überschrieben zu werden.

Eine Speicherressource, die an einem gewissen Punkt des MFG nicht lebendig ist, heißt tot an diesem Punkt.

Beim Eintritt in SMB i (Mb (2.36) - (2.38)) sind beispielsweise R1, R3 lebendig, MDR ist tot.

Definition 2.2.3.16: Ein Mb_i ist frei an der Spitze eines SMB, wenn es kein Mb_j im SMB gibt mit $Mb_j \underline{dv} Mb_i$.

Ein Mb_k ist frei am Ende eines SMB, wenn es kein Mb_l gibt mit $mb_k \underline{dv} Mb_l$.

Ein Mb_i ist frei an der Spitze eines SMB, wenn es eine Wurzel des zugehörigen DAG darstellt, entsprechend frei am Ende, wenn es ein Blatt des DAG ist. Im SMB i aus Mb (2.29) - (2.35) sind die Mb (2.29), (2,30) und (2.35) frei an der Spitze, (2.34) und (2.35) frei am Ende.

Bei der Beschreibung der Datenabhängigkeiten auf Pfaden müssen (zusätzlich zu den Relationen ev und uv) Sprünge gesondert behandelt werden, weil das Verschieben eines Mb aus einem SMB nach dem Sprung in einen SMB vor dem Sprung einen Wert in einem lebendigen Register eines beliebigen Nachfolgers des Sprung-Mb im Mikroprogramm verändern könnte.

<u>Definition 2.2.3.17</u>: In einem Pfad eines MFG sei Mb_i ein bedingter Sprung aus einem SMB_a in einen SMB_b. Für alle Mb_j mit Mb_i <u>iv</u> Mb_j im Pfad gilt:

Mb_i ist <u>direkter Daten-Vorgänger nach der Sprungregel</u> von Mb_j (Mb_i <u>sddv</u> Mb_j) wenn

$\exists\, Mo_{jk} \in Mb_j$ mit $a_{jkl} \in A_{jk}$,

wobei a_{jkl} lebendige Speicherressource in irgendeinem der Nachfolger von Mb_i (auch außerhalb des Pfades) und es gibt keine Sequenz von Mb:

$Mb_0, Mb_1, Mb_2, \ldots, Mb_n \qquad n \geq 0$ mit Mb_i <u>ddv</u> Mb_0,
Mb_0 <u>ddv</u> Mb_1, Mb_1 <u>ddv</u> $Mb_2, \ldots, Mb_n$ <u>ddv</u> Mb_j.

<u>Definition 2.2.3.18</u>: Ein <u>Datenabhängigkeits-Graph für Pfade</u> (DAGP) ist ein DAG für alle Mb eines Pfades sowie zusätzlich mit <u>sddv</u> markierte gerichtete Kanten zwischen den mit Mb_i und Mb_j markierten Knoten, wenn gilt: Mb_i <u>sddv</u> Mb_j und nicht Mb_i <u>ddv</u> Mb_j.

Die letzte Bedingung von Definition 2.2.3.18 sichert, daß der DAGP nicht "doppelte" Kanten aufweist. Es wird in Kapitel 4 gezeigt, daß mit <u>sddv</u> markierte Kanten im DAGP behandelt werden wie Kanten, die mit <u>uv</u> markiert sind.

Für die globale Kompaktifizierung werden ferner noch Beziehungen zwischen SMB in einem MFG betrachtet.

<u>Definition 2.2.3.19</u>: Gegeben sei ein MFG eines schleifenfreien Mikroprogramms. Zwei SMB bilden ein <u>symmetrisches Paar</u>, wenn der erste SMB immer ausgeführt wird, wenn auch der zweite SMB ausgeführt wird und umgekehrt.

SMB zwischen einem symmetrischen Paar von SMB heißen <u>interne SMB</u>.

Beispiele und Anwendungen zu den Definitionen 2.2.3.15 bis 2.2.3.19 finden sich in Kapitel 4.3.

2.2.3.2 Ressourcen-Konflikte

Neben den Datenabhängigkeiten besteht eine Reihe weiterer
Relationen zwischen Mo bzw. Mb, die sich auf die Nutzung von
Ressourcen beziehen.

Definition 2.2.3.20: Zwischen Mo_{kl} und Mo_{nm} besteht ein <u>Konflikt</u>,
wenn beide zum gleichen Zeitpunkt eine nicht mehrfach
nutzbare Ressource aus den Tupelmengen E,A,O oder F
benötigen. Zwischen Mb_i und Mb_j besteht ein <u>Konflikt</u>,
wenn es eine $Mo_{ix} \in Mb_i$ und eine $Mo_{jy} \in Mb_j$ gibt mit
Mo_{ix} in Konflikt mit Mo_{jy}.

Konflikte zwischen Mo über Speicherressourcen wurden im letzten
Abschnitt behandelt. Hier müssen jetzt Konflikte über Funktionseinheiten bzw. Felder des Mikroinstruktionsformates untersucht werden.

Definition 2.2.3.21: Mo_{kl} und Mo_{nm} heißen <u>Feld-kompatibel</u> (<u>fk</u>),
wenn gilt:

$$F_{kl} \cap F_{nm} = \emptyset$$

Mb_i und Mb_j heißen <u>Feld-kompatibel</u> (<u>fk</u>), wenn für alle
$Mo_{ix} \in Mb_i$ und für alle $Mo_{jy} \in Mb_j$ gilt:
$Mo_{ix} \underline{fk} Mo_{jy}$.

Zwei Mo bzw. Mb, die nicht Feld-kompatibel sind, haben
einen <u>Feld-Konflikt</u>.

Da die "Nutzung" eines Feldes des Mikroinstruktionsformates für
die Dauer des gesamten Mikroinstruktionszyklus stattfindet, kann
auch bei Multiphasen-Zyklen keine zweite Steuerinformation in einem
Takt genutzt werden. Die Relation <u>fk</u> kann jedoch erweitert werden,
um den Fall zu berücksichtigen, daß aus einem Feld des Mikroinstruktionsformates zwei Einheiten gesteuert werden können, weil sie
die gleiche Bitkodierung des Steuerkodes benötigen (sofern die
Hardware diesen Fall zuläßt). Es würde dann gelten:

$Mo_{kl} \underline{fk} Mo_{nm}$ d.u.n.d. $F_{kl} \cap F_{nm} \neq \emptyset$ und für alle $f \in F_{kl} \cap F_{nm}$
gilt, der Wert, den $f \in F_{kl}$ annimmt, ist gleich dem Wert, den $f \in F_{nm}$
annimmt. Aus Gründen der Pinersparnis werden solche Mehrfach-
nutzungen bei Bitslice-Bausteinen bisweilen erzwungen (z.B. Baustein
Am 2904).

Die Definition 2.2.3.21 geht vom Fall eines einzigen Mikroinstruktionsformates aus. Es wurde in Abschnitt 2.2.2 gezeigt, daß
Mehrfachformate durch doppelt indizierte Elemente $f_{ij} \in F$ beschrieben
werden können. Ist eine Mo aus verschiedenen Formaten steuerbar,
so wird sie entsprechende Versionen besitzen. Die Erweiterung der
Relation fk auf Mehrfachformate bezieht sich also jeweils auf Versionen
der Mo: Die Versionen von Mikrooperationen bei Mehrfachformaten
Mo_{kl} und Mo_{nm} heißen Feld-kompatibel (fk), wenn für die zugehörigen
Tupelmengen F_{kl} und F_{nm} gilt $k = n$ und $F_{kl} \cap F_{nm} = \emptyset$.

Mo bei Mehrfachformaten sind also nur Feld-kompatibel, wenn sie
aus dem gleichen Format gesteuert werden und die benötigten Felder
des Formates sich nicht überschneiden.

Definition 2.2.3.22: Mo_{kl} und Mo_{nm} heißen Funktions-kompatibel (ok),
wenn gilt:

- entweder $O_{kl} \cap O_{nm} = \emptyset$,

- oder $O_{kl} \cap O_{nm} \neq \emptyset$ und $T_{kl} \cap T_{nm} = \emptyset$.

Mb_i und Mb_j heißen Funktions-kompatibel (ok), wenn für
alle $Mo_{ix} \in Mb_i$ und für alle $Mo_{jy} \in Mb_j$ gilt:
Mo_{ix} ok Mo_{jy}.

Zwei Mo bzw. Mb, die nicht Funktions-kompatibel sind,
haben einen Funktions-Konflikt.

Multizyklen-Mo, die Funktionseinheiten über mehr als genau einen
Zyklus belegen, müssen wiederum gesondert behandelt werden. Wie
in Abschnitt 2.2.2 gezeigt, treten dabei 2 mögliche Fälle auf, von
denen hier nur der zweite zu berücksichtigen ist (Ausschluß zweier
Mo nicht bereits durch "synchronisierende" Register über die Datenabhängigkeit). Ist ein Element der Tupelmenge O mit dem delay-
Operator gekennzeichnet, so wird in Erweiterung von Definition
2.2.3.14 eine entsprechende Anzahl von dummy Mo bzw. Mb gebildet
der Form:

(2.44)   (NOOP,$\emptyset$,$\emptyset$,{Funktionseinheit mit delay},$\emptyset$,$\emptyset$,$\emptyset$).

Die dummy Mo bzw. Mb werden vor der Analyse der Ressourcen-
Konflikte zwischen den Mb eines SMB unmittelbar hinter den Mb mit
der Multizyklen Mo eingeschoben.

Definition 2.2.3.23: Mo_{kl} und Mo_{nm} heißen **parallel** (**pl**), wenn sie Daten-, Feld- und Funktions-kompatibel sind:

$$Mo_{kl} \underline{pl} \ Mo_{nm} \quad \text{d.u.n.d.} \quad Mo_{kl} \underline{dk} \ Mo_{nm}$$

$$\text{und} \ Mo_{kl} \underline{fk} \ Mo_{nm}$$

$$\text{und} \ Mo_{kl} \underline{ok} \ Mo_{nm}.$$

Mb_i und Mb_j heißen **parallel** (**pl**), wenn für alle $Mo_{ix} \in Mb_i$ und für alle $Mo_{jy} \in Mb_j$ gilt:

$$Mo_{ix} \underline{pl} \ Mp_{jy}.$$

Zwei Mo bzw. Mb, die parallel sind, können gemeinsam in einem Mikroinstruktionszyklus ausgeführt werden, da sie in keinem Konflikt zueinander stehen. Damit ist die formale Voraussetzung für die Untersuchung von Optimierungsalgorithmen gegeben.

3. Reduktion der Wortlänge von Mikroinstruktionen

3.1 Motivation und Problemstellung

Die Reduktion der Wortlänge von Mikroinstruktionen ist eine klassische Problemstellung in der theoretischen Betrachtung der Mikroprogrammierung. Ziel dieser Überlegungen ist es immer, durch die Reduktion der Wortlänge der Mi die Größe des Mikroprogrammspeichers und damit den Hardware-Aufwand zu verringern. Die Zugriffszeiten für Mikroprogrammspeicher sind - mit wenigen Ausnahmen - um einen Faktor 5 bis 10 kürzer als diejenigen für Hauptspeicher (Daumenregel), sonst kann das Mikroprogrammwerk den Hauptspeicher nicht auslasten, denn pro Maschinenbefehl müssen nur 1 bis 3 Hauptspeicherzugriffe für die Befehls- und Operanden-Holphase, dagegen aber - je nach Mächtigkeit des Befehls - 5 bis 10 Mikroprogrammspeicherzugriffe für Mikrobefehls-Holphasen ausgeführt werden. Mikroprogrammspeicher sind also sehr schnelle und damit traditionell teure Elemente, deren Verkleinerung zu drastischer Kostenreduzierung führen kann bzw. konnte. Am Beispiel der Großrechnerfamilien IBM 360/370 erkennt man deutlich die Tendenz, nur die leistungsfähigsten, teuren Prozessoren mit (quasi-)horizontalen Mikroinstruktionen (Wortlängen > 100 Bit) auszustatten, während die billigeren Prozessoren - auch unter der Inkaufnahme der geringeren Leistungsfähigkeit - vertikal mikroprogrammiert sind (16 Bit Wortlänge der Mikroinstruktion, vgl. CASE, PADEGS, 1978).

Mit der Entwicklung der Halbleitertechnologie, die es vor allem in letzter Zeit ermöglichte, immer billigere und größere, aber auch schnellere hochintegrierte Speicherbausteine herzustellen, ist das Kostenargument etwas abgeschwächt worden.

Die Verbilligung der Speicherbausteine darf bei der Beurteilung der Relevanz von Verfahren zur Reduktion des Speicherbedarfs allerdings nicht absolut gesetzt werden. Vielmehr muß berücksichtigt werden, daß die Entwicklung der Halbleitertechnologie auch die meisten anderen Hardware-Bestandteile von Rechnern beeinflußt. Prozessor-Bausteine oder Teile davon (Rechenwerke, ALUs u.s.w.), Peripheriesteuerungen

und weitere Teile des Leitwerkes sind in ähnlichem Umfang wie
die Speicher billiger geworden. Relativ zu den Gesamtkosten eines
Rechners kann die Reduktion des Mikroprogramm-Speicherbedarfes
also eine wesentliche Maßnahme der Einsparung sein.

Gleichzeitig hat die Entwicklung der Halbleitertechnologie jedoch
neue Randbedingungen geschaffen, die wieder eine Reduzierung
der Wortlänge von Mikroinstruktionen für die mikroprogrammierten
VLSI-Mikroprozessoren erfordern:

- bei nicht-monolithischen, also Mehrchip-Mikroprozessoren wie
  Bitslice-Mikroprozessoren oder 32-Bit Prozessoren wie der INTEL
  iAPX-432, bei denen das mikroprogrammierte Leitwerk getrennt
  von den zu steuernden Elementen, z.B. dem Rechenwerk realisiert
  ist, muß die gesamte Steuerinformation über die beschränkte Anzahl
  von Anschlüssen (pins) geführt werden. Hier erzwingt also der
  Mangel an pins eine Reduktion der Wortlänge der Mikroinstruktion
  (vgl. BODE, 1978 und 1979, INTEL, 1981),
- bei monolithischen Mikroprozessoren größerer Wortlänge ($\geq$ 16 Bit),
  die mit einer Ausnahme alle mikroprogrammiert sind, besteht die
  Notwendigkeit, die Mikroprogrammspeichergröße möglichst gering
  zu halten, um die gesamte Leit- und Rechenwerkstruktur auf genau
  einem integrierten Baustein unterzubringen (für das Beispiel des
  MOTOROLA 68 000 vgl. STRITTNER, TREDENNICK, 1978, für den
  TEXAS INSTRUMENTS TMS 9900 GUTTAG, 1980).

In diesem Abschnitt soll nun auf systematische Weise die Reduktion
des Mikroprogrammspeicheraufwandes durch verschiedene Verfahren
untersucht werden, wobei als Basis das im letzten Kapitel eingeführte
Tupelmodell dient.

Bei der Aufgabenstellung der Reduktion der Wortlänge der Mikroinstruktionen ist zunächst eine prinzipielle Unterscheidung bezüglich
der Mikroprogrammierbarkeit zu beachten:

- Wortlängenreduktion bei <u>mikroprogrammierten</u> Rechnern (Mikroprogrammspeicher: ROM bzw. PROM)
- Wortlängenreduktion bei <u>mikroprogrammierbaren</u> bzw. <u>dynamisch</u>
  <u>mikroprogrammierbaren</u> Rechnern (Mikroprogrammspeicher: RAM).

Im Falle mikroprogrammierter Rechner muß der Entwurf des Mikroinstruktionsformates im Prinzip erst <u>nach</u> der Erstellung der Mikroprogramme durchgeführt werden. Ausgangspunkt für die Problemstellung ist hier also ein fest vorgegebener Satz von Mikroprogrammen,
die als Folgen von (ggf. parallelen Mengen von) Mo bzw. Mb der
Maschine dargestellt sind.

Bei (dynamisch) mikroprogrammierbaren Rechnern kann dagegen
nicht von vorgegebenen Mikroprogrammen ausgegangen werden. Der
Entwurf des Mikroinstruktionsformates ist also ohne Kenntnis und
<u>vor</u> der Erstellung der Mikroprogramme auszuführen. Ausgangspunkt
für die Problemstellung bei dieser Art von Rechnern ist also die
Menge aller möglichen Mo bzw. Mb dieser Maschine und ihre
"Beziehungen" (im folgenden beschrieben durch die Relationen im
Tupelmodell).

Zunächst müssen die in Abschnitt 2.1.3 eingeführten Beschreibungen
für vertikale, horizontale und quasihorizontale Mikroprogrammierung
genauer gefaßt werden.

3.2 Varianten der Kodierung der Steuerinformation

Im Abschnitt 2.1.3 wurde gezeigt, daß die verschiedenen Varianten
der Kodierung Einfluß auf die Faktoren
- Hardware-Aufwand,
- Geschwindigkeit,
- Mikro-Programmierfreundlichkeit
des Rechners haben. Getrennt für mikroprogrammierte und mikroprogrammierbare Rechner werden die verschiedenen Kodierungs-
varianten und ihre Auswirkungen auf die Faktoren nunmehr untersucht.

Für die gesamte Betrachtung muß eine leichte Änderung der
Interpretation von Definition 2.2.2.1 berücksichtigt werden:
Die Tupelmenge F beschreibt hier nicht die Positionen der für
die Steuerung der zu beschreibenden Mo benötigten Steuerbits
in einem vorgegebenen Mikroinstruktionsformat, sondern lediglich
die Steuerbits, für deren Angabe erst noch geeignete Mikroinstruktionsformate gefunden werden müssen.

3.2.1 Mikroprogrammierte Rechner

Ausgangspunkt der Betrachtung ist ein fester Satz von Mikroprogrammen, definiert als Folgen von Mikroinstruktionen, die
aus Mengen von ggf. trivialen Mb bestehen (sind die Mikroprogramme
als Folgen von SMB vorgegeben, können die Mi als Mengen paralleler
Mb aufgefaßt werden).

Unter dieser Annahme lassen sich drei wesentlich unterschiedliche
Grade der Kodierung der Mi unterscheiden, die mit leichten Ab-
änderungen den Kategorien vertikale, horizontale und quasihorizontale
Mikroprogrammierung entsprechen:
- vollständige Kodierung
- keine Kodierung
- minimale Kodierung.

Es wird sich zeigen, daß für die formale Behandlung nur der letzte
Fall interessant ist, die beiden anderen Extreme werden daher nur
kurz behandelt.

3.2.1.1 Vollständige Kodierung der Mikroinstruktion

Der Satz vorgegebener Mikroprogramme umfasse W Mi. Die Menge
der aus jeder Mi angestoßenen Mb läßt sich als Zustand der Mi
auffassen. Sei r die Anzahl unterschiedlicher Zustände der W Mi
mit $r \leq W$, so lassen sich die Zustände durch $\lceil \log_2 r \rceil$ Bit kodieren.
Eine solche Kodierung der Mikroinstruktion mit $\lceil \log_2 r \rceil$ Bitstellen
heißt vollständige Kodierung. Es folgt, daß die Größe des gesamten

Mikroprogrammspeichers bei vollständiger Kodierung $W \cdot \lceil \log_2 r \rceil$
Bit beträgt (im Prinzip gilt diese Betrachtung sowohl für den
Adreß- als auch für den Steuerteil von Mi).

Die Folgen dieser absoluten Minimierung des Mikroprogrammspeicherplatzes führen jedoch zu gravierenden Nachteilen, die dieses Extrem
für die Praxis wenig sinnvoll machen:

- Der Hardware-Aufwand für die Dekodierung und die Verbindung
  der Dekoderausgänge mit den zu steuernden Mb bzw. Mo ist
  enorm: Für den oben genannten Fall wird ein Dekoder mit $\lceil \log_2 r \rceil$
  Eingängen und r Ausgängen benötigt. Entspricht ein Ausgang
  u dem Zustand v einer Mikroinstruktion Mi_v, so muß er mit allen
  in dieser Mi angestoßenen Mo verbunden werden. Für die Dekodierung ist neben dem Hardwareaufwand auch eine zusätzliche
  Dekoder-Laufzeit zu berücksichtigen.

- Die vollständige Kodierung ist völlig unflexibel gegenüber Änderungen oder Erweiterung von Mikroprogrammen. Sie verstößt gegen
  das Prinzip der Orthogonalität (BODE, HÄNDLER, 1980) auf der
  Ebene der mikroprogrammierten Steuerung insofern, als eine
  Änderung einer Mi möglicherweise einen vollständigen Neuentwurf
  des Mikroprogrammwerkes erfordert. Zwei Fälle sind dabei zu
  unterscheiden. Wird eine Mi_v in dem Sinne geändert, daß sie
  andere Mb anstößt, so muß der Dekoder-Ausgang v mit anderen
  Steuerpunkten der Mikroarchitektur verbunden werden. Wird die
  "alte" Mi_v jedoch dennoch (ggf. durch ein anderes Mikroprogramm)
  benötigt, so muß eine zusätzliche Mi_{r+1} vorgesehen werden, was
  ebenso wie im Fall der Erweiterung der Mikroprogramme dazu führen
  kann, daß anstelle eines Dekoders mit $\lceil \log_2 r \rceil$ Eingängen ein solcher
  mit $(\lceil \log_2 r \rceil + i)$ Eingängen vorgesehen werden muß. In diesem Fall
  muß dann auch der Mikroprogrammspeicher auf die Wortlänge
  $(\lceil \log_2 r \rceil + i)$ Bit erweitert werden und alle Mi erhalten neue Kodierungen.

In Kapitel 2.1.3 wurde der Begriff vertikale Mikroprogrammierung als
eine Mikroprogrammtechnik mit stark kodiertem Format eingeführt.
Dieser Begriff beschreibt Techniken der Mikroprogrammierung, die
in realen Rechnern verwendet werden, die in jeder Mi im wesentlichen

nur genau ein Mb ansprechen und insofern einem Maschinenbefehlsformat ähneln (auch in der Wortlänge mit 16-32 Bit, vgl. DASGUPTA, 1979). Im Sinne der kurzen Wortlänge ist auch die in der Praxis aus den oben genannten Gründen sicher nie verwendete Technik der vollständigen Kodierung eine Variante vertikaler Mikroprogrammierung.

3.2.1.2 Keine Kodierung der Mikroinstruktion

Als extreme Alternative zur vollständigen Kodierung ist der Fall zu betrachten, daß die Steuerinformation völlig unkodiert aus der Mikroinstruktion übernommen wird, d.h. daß für jedes Steuersignal im Rechner eine separate Bitstelle im Mikroinstruktionsformat vorgesehen wird. Man spricht dann von keiner Kodierung der Mikroinstruktion. Bei dieser Technik entfällt die Stufe der Dekodierung zwischen MIR und der zu steuernden Hardware (DASGUPTA, 1979 spricht daher von "direct control"). Die Anzahl der Bitstellen des Mikroinstruktionsformates ist hier also völlig unabhängig von den Eigenschaften des als bekannt vorausgesetzten Satzes von Mikroprogrammen. Diese Technik ist also gleichzeitig auf mikroprogrammierbare Maschinen anwendbar, bei denen eine Kenntnis der Mikroprogramme nicht vorausgesetzt werden kann. Vor- und Nachteile dieser Lösung sind evident:

- Änderungen und Erweiterungen von Mikroprogrammen führen nur zu Änderungen in den betroffenen Mi; diese Lösung ist aus der Sicht der Mikroarchitektur also voll orthogonal.
- Die Länge der Mikroinstruktionen entspricht hier der Kardinalität der Menge M plus zusätzlicher Bitstellen für Direktdatenfelder (z.B. Adressen), wenn M die Menge aller Mikrooperationen eines Rechners ist. Schon für recht einfache Mikroarchitekturen wird diese Zahl weit über 250 Bit betragen (vgl. KLAR, WICHMANN, 1975), wobei pro Mi jedoch erfahrungsgemäß nur ein Bruchteil der Bitstellen relevante Steuerinformation beinhaltet. Die benötigte Mikroprogrammspeicherkapazität und damit der Hardware-Aufwand sind sehr groß, wobei der größte Teil des Speichers redundante Information beinhaltet.

Rechner mit völlig unkodierten Mikroinstruktionen werden aus
dem genannten Grund nicht anzutreffen sein. Der in Kapitel 2.1.3
eingeführte Begriff der horizontalen Mikroprogrammierung bezieht
sich auf reale Rechner, bei denen zumindestens einige Gruppen
von Mo, die sich auf gemeinsame Funktionseinheiten beziehen
(z.B. alle Operationen der ALU, Adressen von Registern aus
einem Registerfeld), in getrennten Feldern des Mikroinstruktionsformates kodiert sind. Interpretiert man horizontale Mikroprogrammierung als Steuerung mit sehr großen Wortlängen der Mikroinstruktionen, so ist die unkodierte Technik eine hypothetische
Variante dieser Klasse.

3.2.1.3 Minimale Kodierung der Mikroinstruktion

Wird die Kodierung der Mikroinstruktion auf der Basis "sich
wechselseitig ausschließender" Mikrooperations-Bündel
durchgeführt, die in getrennten Feldern kodiert werden, so spricht
man von minimaler Kodierung. Der wechselseitige Ausschluß zweier
Mb ist dabei so definiert, daß sie nie gleichzeitig ausgeführt werden.
Jede solche Menge von n sich wechselseitig ausschließenden Mb kann
in $\lceil \log_2(n+1) \rceil$ Bit kodiert werden, bei k Mengen ergibt sich also die Länge
des Mikroinstruktionsformates aus $\sum_{i=1}^{k} \lceil \log_2(n_i+1) \rceil$ Bit. Das zusätzlich
zu berücksichtigende Element jeder Menge ist das "Nullelement",
ein Steuersignal, das besagt, daß in der speziellen Mi keine der Mb
aus der Menge angestoßen werden soll (NOOP;"no operation").

Die Bestimmung des wechselseitigen Ausschlusses von Mb kann auf
zwei verschieden strenge Arten geschehen:

- durch Untersuchung der vorgegebenen Mikroprogramme
- durch Untersuchung der Relationen zwischen allen Mb der zugrunde-
  gelegten Mikroarchitektur ("Datenfluß-Analyse").

Bei der Untersuchung des Satzes der vorgegebenen Mikroprogramme
ist der Ausschluß wie folgt definiert: Mb_i schließt Mb_j aus, wenn für
alle Mi_k der vorgegebenen Mikroprogramme gilt $Mb_i \in Mi_k \Leftrightarrow Mb_j \notin Mi_k$.

Im Falle der Untersuchung aller Mb der <u>Mikroarchitektur</u> gilt:
Mb_i schließt Mb_j aus, wenn es einen Ressourcen-Konflikt zwischen
Mb_i und Mb_j gibt (für die exakte Definition des Ressourcen-Kon-
fliktes vgl. Abschnitt 3.3).

Für beide Arten der Bestimmung gilt: Für eine vorgegebene
Menge von Mi (d.h. den vorausgesetzten Satz von Mikroprogrammen)
bzw. für eine vorgegebene Menge von Relationen zwischen Mb einer
Mikroarchitektur kann es mehrere minimale Kodierungen geben.
Für diese minimale Lösung gilt, daß der Ausdruck
$\sum_{i=1}^{k} \lceil \log_2(n_i+1) \rceil$ Bit (also die Anzahl der benötigten Bitstellen für
das gesamte Mikroinstruktionsformat) einen minimalen Wert annimmt.

Die Lösung dieses Optimierungsproblems ist für die Praxis aus einer
Reihe von nachfolgend dargestellten Gründen am relevantesten. Im
Rahmen dieser Arbeit wird das Problem daher in einem gesonderten
Abschnitt (3.3) formal behandelt.

Die minimale Kodierung als Verfahren zum Entwurf des Mikroinstruktionsformates versucht, die Vorteile der Verfahren vollständige
Kodierung und keine Kodierung zu vereinigen:

- die Wortlänge der Mikroinstruktion wird durch die vollständige
  Kodierung der Gruppen sich wechselseitig ausschließender Mb
  gegenüber dem unkodierten Fall drastisch reduziert, damit der
  Aufwand für den Mikroprogrammspeicher verringert wird,
- die für die Entschlüsselung jedes Feldes des Formates benötigten
  Dekoder sind weniger komplex als diejenigen bei vollständiger
  Kodierung, da die Feldbreite i.a. recht gering sein wird (Reduktion des Hardwareaufwandes für die Dekoder und Verringerung
  der Zeit für die Dekodierungsphase),
- die durch die Mikroarchitektur angebotene bzw. die für die
  Mikroinstruktionen benötigte Parallelität wird durch diese Form
  der Kodierung des Mikroinstruktionsformates nicht eingeschränkt,
  d.h. bis auf die Dekodierungszeit (die i.a. durch Pipelining des
  Mikroinstruktionszyklus als Durchsatz-hemmender Faktor ausgeschlossen werden kann) bietet das Verfahren gleiche Geschwindigkeit wie im unkodierten Fall,

- die Flexibilität gegenüber Änderungen oder Erweiterungen ist
abhängig von der Art der Bestimmung des wechselseitigen Ausschlusses der Mb. Bei der Bestimmung aus der Analyse der
vorgegebenen Mikroprogramme kann die Änderung einer einzelnen
Mi die Zusammensetzung eines oder mehrer Felder verändern
(Nachteil der nicht orthogonalen Lösung). In der Praxis wird
man dann jedoch nicht die Kodierungen ändern, sondern - falls
möglich - die im Prinzip in einer Mi benötigten Mb, die jedoch
im gleichen Feld kodiert sind, in aufeinanderfolgenden Mi ausführen (Verlängerung der Laufzeit der Mikroprogramme). Bei
der Bestimmung aus der Analyse der Relationen zwischen allen
Mb einer Mikroarchitektur kann dieser Fall nicht eintreten, d.h.
es ist die volle Flexibilität gegenüber Änderungen und Erweiterungen
von Mikroprogrammen gegeben (orthogonale Lösung).

Die minimale Kodierung des Mikroinstruktionsformates entspricht
weitgehend der Definition für die quasihorizontale Mikroprogrammierung
aus Kapitel 2.1.3. Dieser Begriff soll jedoch wiederum reale Maschinen
beschreiben, die im allgemeinen nicht im strengen Sinne minimal
kodiert sind, sondern sowohl - um Dekoder zu sparen - gewisse Mb
auch dann nicht zusammenfassen, wenn sie sich wechselseitig ausschließen, als auch - insbesondere bei langen Direktdatenfeldern -
Überlagerungen sich nicht ausschließender Informationen zum Zwecke
der Wortlängenreduzierung durchführen. Minimal kodierte Maschinen
sind also streng quasihorizontal (DASGUPTA, 1979 nennt als Beispiele
einige Prozessoren des IBM System /360 sowie den Rechner Honeywell
H 4200).

3.2.2 Mikroprogrammierbare und dynamisch mikroprogrammierbare Rechner

Für mikroprogrammierbare Rechner gilt, daß beim Entwurf des Mikroinstruktionsformates kein Wissen über spätere Mikroprogramme vorausgesetzt werden kann. Die Variante "vollständige Kodierung" ist hier
also nicht durchführbar. An ihre Stelle tritt die Variante vertikale
Mikroprogrammierung (DASGUPTA, 1979 spricht von "starker Kodierung").

Die vertikale Mikroprogrammierung ist hier im wesentlichen gekennzeichnet durch ein Mikroinstruktionsformat kurzer Bitlänge (16-32 Bit),
das stark einem Maschinenbefehlsformat ähnelt mit Mikrooperationskode, Operanden und Modifikatoren. Damit wird in jeder Mi meist
nur genau eine Mo angestoßen, d.h. der wesentliche Nachteil
dieser Art der Kodierung ist die geringe Leistungsfähigkeit der
Mikroprogramme. Diese Maschineneigenschaft wird aus zwei Gründen
in Kauf genommen. Zunächst, um - durch das Format bedingt - dem
Benutzer eine gewisse Mikroprogrammierfreundlichkeit auch ohne
umfangreiche Softwarehilfsmittel zur Verfügung zu stellen. Ferner
ist der Mikroprogrammspeicheraufwand wegen der kurzen Wortlänge
sehr gering, dagegen der Dekodierungsaufwand wegen meist mehrstufiger Entschlüsselung leicht erhöht (häufige Verwendung der
Technik des "bit-steering", vgl. Kapitel 2.1.2). Eine größere Anzahl
mikroprogrammierbarer Rechner (Burroughs B 1700, Data General
ECLIPSE, MICRODATA 1600, MLP 900) benutzt daher diese Technik.

Die Variante keine Kodierung wird für mikroprogrammierbare Rechner
wegen des hohen Mikroprogrammspeicheraufwandes praktisch ebenso-
wenig verwendet wie bei mikroprogrammierten Rechnern.

Die Technik der minimalen Kodierung ist wegen ihrer Kombination
der Vorteile Geschwindigkeit und relative Speicherplatzersparnis
für den Rahmen dieses Kapitels am interessantesten. Für den Entwurf
des minimal kodierten Mikroinstruktionsformates muß hier das in
Abschnitt 3.2.1.3 genannte Optimierungsproblem gelöst werden, wobei
als Vorgabe jedoch nur die Relationen zwischen allen Mb einer Mikroarchitektur in Frage kommt (Mikroprogramme à priori unbekannt).
Vor der gemeinsamen Behandlung dieses Optimierungsproblems für
mikroprogrammierte und mikroprogrammierbare Rechner im Abschnitt
3.3 soll hier noch auf ein weiteres Problem hingewiesen werden: Die
Mikroprogrammierfreundlichkeit minimal kodierter Maschinen.

Minimal kodierte Mikroinstruktionen stellen hohe Anforderungen an den
Mikroprogrammierer. Erst in den letzten fünf Jahren sind jedoch Vor-
arbeiten für entsprechende Programmierhilfsmittel wie maschinenunabhängige höhere Mikroprogrammiersprachen und deren Übersetzer

durchgeführt worden, da hier komplexe Optimierungsprobleme zu
lösen sind, die in Kapitel 4 dieser Arbeit dargestellt werden. Wenn
die Arbeiten dazu führen, daß höhere Mikroprogrammiersprachen
mehr als akademisches Interesse erreichen, so werden auch in
größerem Umfang minimal kodierte bzw. quasihorizontal mikroprogrammierbare Rechner angeboten und - aus Leistungsgründen -
eingesetzt werden.

3.3 Bestimmung der minimalen Kodierung von Mikroinstruktionen

("optimale Verzonung")

Ziel der Bestimmung der minimalen Kodierung von Mikroinstruktionen
(oft auch optimale Verzonung genannt, vgl. HÄNDLER, 1980) ist es,
die Menge der Mb für einen Rechner so zu partitionieren, daß

1. die Summe der für die Kodierung der Teilmengen benötigten
   Bitstellen minimal ist,
2. durch die Teilmengenbildung keine Einschränkung der Paralleli-
   tätseigenschaften der Mb gegeben ist.

Die in der Literatur angegebenen Verfahren zur Lösung dieser
Aufgabe gehen von einer Reihe meist stark vereinfachender Annahmen
aus. Die erste Arbeit zu diesem Thema stammt von SCHWARTZ, 1968,
wobei folgende Annahmen unterstellt sind:

- Mikroprogramme sind als Folgen von Mikroinstruktionen vorgegeben
  (nur mikroprogrammierte Rechner werden betrachtet),
- Mikroinstruktionen werden als Mengen von Mo ohne Adreßinformation
  definiert (Untersuchung bezieht sich nur auf den Steuerteil),
- Monophasentakt wird vorausgesetzt.

SCHWARTZ, 1968 gibt kein Verfahren für die minimale Anzahl der
Bitstellen, sondern lediglich für die minimale Anzahl der Teilmengen an.

GRASSELLI, MONTANARI, 1970 zeigen, daß die minimale Anzahl von
Teilmengen nicht notwendig zu einer minimalen Zahl von Bitstellen
für die Mikroinstruktion führt. Sie formulieren das Problem neu im
Rahmen der Schaltkreistheorie, wobei das Minimalisierungsproblem auf
ein Überdeckungsproblem vom Prim-Implikanten-Typ reduziert wird.

Eine Verringerung des Aufwandes gegenüber dem Algorithmus von GRASSELLI, MONTANARI, 1970 ergibt die Arbeit von DAS, et al., 1973, die nur maximale Partitionen betrachten (der Algorithmus wird nachfolgend geschildert).

Allgemein gilt jedoch, daß die Lösung des Problems "NP-hart" ist (ROBERTSON, 1977), d.h. das Problem enthält NP-vollständige Algorithmen (für die Definition der NP-Vollständigkeit vgl. AHO, HOPCROFT, ULLMAN, 1974 bzw. MEHLHORN, 1977).

DASGUPTA, TARTAR, 1975 zeigen, daß sich auch erweiterte Aufgabenstellungen auf den Algorithmus von DAS et al. zurückführen lassen:

- für den Fall mikroprogrammierter Rechner werden die vorgegebenen Mikroprogramme auch als Folgen von SMB zugelassen und der Polyphasentakt wird einbezogen,
- erstmalig wird auch die Untersuchung mikroprogrammier<u>barer</u> Rechner auf der Basis der Beschreibung der Menge aller Mo einbezogen, wobei ebenfalls Polyphasentakt Berücksichtigung findet.

In beiden Fällen wird als Beschreibung der Mo ein einfaches Tupelmodell nach JACKSON, DASGUPTA, 1974 verwendet, das viele hardwarenahe Eigenschaften mikroprogrammierbarer Rechner nicht zu beschreiben gestattet (keine Multiphasen-, Multizyklen-Mo, keine unterschiedlichen Speicherressourcen, keine Mb etc).

Neuere Arbeiten bauen auf den Annahmen von DASGUPTA, TARTAR, 1975 auf, versuchen jedoch, den Aufwand für das Auffinden einer Lösung zu reduzieren, um die Verfahren auch für die Praxis relevant zu machen (z.B. SRIMANI, SINHA, 1980). Solche Verfahren liefern nicht notwendig das Optimum, sondern "good engineering solutions", d.h. gute Lösungen vom Standpunkt einer ingenieurwissenschaftlichen Fragestellung, die den Ertrag eines Verfahrens sehr stark an den für es zu treibenden Aufwand mißt. Wie AGERWALA, 1976 bereits bemerkt, sind für die Praxis jedoch durchaus auch heuristische Verfahren von Interesse, wie diejenigen, die in Abschnitt 3.4 geschildet werden.

Es folgt nunmehr eine Darstellung der grundlegenden Begriffe
und Verfahren, die jedoch auf das gegenüber der Literatur
erweiterte Tupelmodell aus Kapitel 2 bezogen sind. Die Definition
2.2.2.1 muß dabei insofern verändert werden, als die Tupelmenge
F nicht spezifiziert ist. Die Bestimmung des Mikroinstruktionsformates
ist das Ziel der Untersuchungen dieses Abschnittes, es kann also
nicht als bereits bekannt vorausgesetzt werden. Für die Darstellung
dieses Kapitels wählen wir daher folgende Schreibweise - gezeigt
am Beispiel der Mo ADD (3.1):

(3.1) $(ADD, \{R, S\}, \{F\}, \{ALU\}, \{t_3\}, ?)$

wobei das Fragezeichen die Spezifikation von F ersetzt. Die Darstellung beginnt mit der Problemstellung für die minimale Kodierung
mikroprogrammierter Rechner, wobei die Mikroprogramme als Folgen
von Mi vorgegeben sind, die gemäß Definition 2.2.2.6 aus Mengen
von Mb bestehen. Jedes Mb besteht gemäß Definition 2.2.2.5 aus
Mengen (gekoppelter) Mo, so daß sich o.E.d.A. die Mi als Mengen
von Mo darstellen lassen.

<u>Definition 3.1</u>:   Sei $M = \{Mo_1, Mo_2, \ldots, Mo_m\}$ die Menge von m Mo
eines mikroprogrammierten Rechners, $W = \{Mi_1, Mi_2, \ldots, Mi_w\}$
die Menge der w Mi, die unter Verwendung der Mo
gebildet wurden und einen Satz von Mikroprogrammen beschreiben. Zwei Mikrooperationen $Mo_i, Mo_j \in M$ sind
<u>kompatibel</u> $Mo_i \, \underline{k} \, Mo_j$, wenn für alle $k = 1, 2, \ldots, w$ gilt:

(1) $Mo_i \in Mi_k \; \Rightarrow \; Mo_j \notin Mi_k$ und

(2) $T_i = T_j$

Die Kompatibilität von Mo ist definiert in Bezug auf die Möglichkeit
der gemeinsamen Kodierung in einem Feld der Mi. Eine entsprechende
Definition für Mb ist einfach abzuleiten: Zwei Mikrooperations-Bündel
Mb_i, $Mb_j \in Mi$ sind kompatibel, wenn für alle $Mo_{ix} \in Mb_i$ und
$Mo_{jy} \in Mb_j$ gilt: $Mo_{ix} \, \underline{k} \, Mo_{jy}$. Die Betrachtung für Mb soll wegen
der einfacheren Darstellung hier jedoch nicht weiter verfolgt werden.

Definition 3.1 berücksichtigt den Polyphasentakt insofern, als in Bedingung (2) gefordert wird, daß die Mo in gleichen Phasen ausgeführt werden. Fordert man - wie im Fall des Monophasentaktes sinnvoll - für die Kompatibilität nur Bedingung (1), so würden in einem Feld einer minimal kodierten Mikroinstruktion Mo zusammengefaßt, die zu unterschiedlichen Phasen des Taktes ausgeführt werden. Dies würde zu hoher Komplexität des Dekodierungsteiles des Leitwerkes führen, da die Verzögerungsglieder nicht für jedes Feld nur genau einmal (<u>vor</u> der Dekodierung), sondern für jede Mo getrennt (<u>nach</u> der Dekodierung) anfiele. Daher wurde in Definition 3.1 Bedingung (1) <u>und</u> (2) gefordert, prinzipiell ist jedoch auch eine Beschränkung auf Bedingung (1) möglich (der letztere Fall führt zu keiner Modifikation der nachfolgenden Betrachtung).

Definition 3.2: Eine <u>kompatible Klasse</u> (kK) von Mo ist eine Teilmenge K_1 von M, so daß für alle Elemente der kK gilt, daß sie paarweise kompatibel sind:

$$Mo_{li}, Mo_{ly} \in K_1 \Rightarrow Mo_{li} \underline{k} Mo_{ly}.$$

Definition 3.3: Eine <u>maximal kompatible Klasse</u> (mkK) ist eine kK, für die gilt, daß keine Mo der Menge zugefügt werden kann, ohne gegen die paarweise Kompatibilität zu verstoßen.

Definition 3.4: Unter den <u>Kosten einer kK</u> K_1 versteht man die zu ihrer Kodierung benötigte Anzahl von Bitstellen $B_1 = \lceil \log_2(|K_1|+1) \rceil$, mit $|K_1|$: Kardinalität von K_1.

Jedes Feld der Mi benötigt $|K_1|+1$ unterschiedliche Kodierungen, da neben allen Elementen der kK auch das "Nullelement" berücksichtigt werden muß, d.h. in einer Mi wird keine Mo aus der kK benötigt. Diese Kodierung wird oft als NOOP (<u>no</u> <u>op</u>eration) bezeichnet.

Mit Definition 3.1 - 3.4 läßt sich das Problem des Auffindens einer minimalen Kodierung unter den angegebenen Randbedingungen wie folgt formulieren: Gesucht wird eine Menge von kK, die die gesamte Menge M abdeckt und deren Kostensumme minimal ist.

Definition 3.5: Gegeben sei eine Menge S von kK

$$S = \{ K_1, K_2, \ldots, K_l \} \quad \text{mit}$$

$$\bigcup_{i=1}^{l} K_i = M$$

dann heißt S eine <u>Mikrooperations-Überdeckung</u>.

Die Mo-Überdeckung läßt zu, daß die Teilmengen nicht elementfremd sind, d.h. daß eine Mo in mehreren kK vorkommt. Man spricht in diesem Fall später von "redundanten" kK. Hardwaremäßig würde dies dazu führen, daß eine Mo aus mehreren Feldern des Mikroinstruktions-formates alternativ steuerbar ist, was zu zusätzlicher Komplexität des Leitwerkes führt und daher im allgemeinen nicht vorkommt (vgl. dazu auch Erläuterungen zu Definition 2.2.2.8: ODER-Listen in der Tupelmenge F).

Definition 3.6: Gegeben sei eine Menge Δ von kK

$$\Delta = \{ K_1, K_2, \ldots, K_n \} \quad \text{mit}$$

$$\bigcup_{i=1}^{n} K_i = M \quad \text{sowie} \quad \bigcap_{i=1}^{n} K_i = \emptyset$$

dann heißt Δ eine <u>Mikrooperations-Partition</u>.

Die Mo-Partition hat also die Eigenschaft, daß jede Mo in genau einer kK vorkommt. Das ist auch hardwaremäßig sinnvoll, da jede Mo nur höchstens einmal in einer Mi angestoßen werden kann.

Definition 3.7: Die <u>Kosten einer Mikrooperations-Partition</u> werden definiert als die Summe der Kosten aller kK der Partition:

$$B = \sum_{i=1}^{n} \left\lceil \log_2(|K_i| + 1) \right\rceil$$

Die Lösung des Problems der minimalen Kodierung eines Mikroinstruktions-formates besteht also darin, eine Mikrooperations-Partition Δ mit minimalen Kosten B_Δ zu finden. Bevor Verfahren zur Lösung dieses Problems dargestellt werden, soll gezeigt werden, daß sich die minimale Kodierung mikroprogrammierter Rechner, wobei die Mikroprogramme in Form von SMB vorgegeben sind, sowie die minimale Kodierung mikroprogrammier-barer Rechner auf die eben gestellte Aufgabe zurückführen lassen.

Für die Betrachtung mikroprogrammierter Rechner, deren Mikroprogramme als Folgen von SMB vorgegeben sind, müssen ebenfalls
alle Definitionen so interpretiert werden, daß die Tupelmenge F für
die Mo nicht bekannt ist. Insbesondere die Relation $\underline{pl}$ zwischen Mo
(Definition 2.2.3.33) muß neu gefaßt werden.

__Definition 3.8:__ Zwei Mikrooperationen Mo_{kl}, Mo_{nm} heißen __parallel__
__ohne Formatbetrachtung__ (__plF__), wenn sie Daten- und
Funktionskompatibel sind.

$$Mo_{kl} \;\underline{plF}\; Mo_{nm} \quad d.n.u.d. \quad Mo_{kl} \;\underline{dk}\; Mo_{nm}$$
$$Mo_{kl} \;\underline{ok}\; Mo_{nm}.$$

Zwei Mikrooperations-Bündel Mb_i, Mb_j heißen __parallel__
__ohne Formatbetrachtung__ $Mb_i \;\underline{plF}\; Mb_j$, wenn für alle
$Mo_{ix} \in Mb_i$ und für alle $Mo_{jy} \in Mb_j$ gilt:
$Mo_{ix} \;\underline{plF}\; Mo_{jy}$.

Die durch Definition 3.8 eingeführte Parallelität zwischen Mo fordert
also keine Feldkompatibilität, sondern nur die Konfliktfreiheit bezüglich
der Daten- und Funktions-Ressourcen.

In Kapitel 4 dieser Arbeit werden Verfahren dargestellt, die aus
Mikroprogrammen, die als Folgen von SMB vorgegeben sind, entweder
getrennt für jeden SMB (lokale Kompaktifizierung) oder für ausgewählte
Pfade durch alle SMB von Mikroprogrammen (globale Kompaktifizierung)
Mengen paarweise paralleler Mb zu bestimmen gestatten. Dabei wird
versucht, eine minimale bzw. nahezu minimale Anzahl solcher Mengen
von Mb zu bestimmen. Diese Mengen entsprechen den Steuerteilen von
Folgen von Mi, die semantisch äquivalent zur Menge der vorgegebenen
SMB sind.

Werden diese Verfahren auf SMB angewendet, für deren Mo die Tupelmenge F noch nicht spezifiziert ist, so erhält man als Ergebnis Mengen
von Mb, für die paarweise die Relation $\underline{plF}$ gilt, wenn man annimmt, daß
für alle auftretenden Mo paarweise die Relation $\underline{fk}$ gilt (das Mikroinstruktionsformat soll ja so bestimmt werden, daß keine Feld-Konflikte
auftreten). Ersetzt man in den Ergebnis-Mengen die Mb durch die in
ihnen enthaltenen Mo, so erhält man Spezifikationen für Mi, für die
dann die Definitionen für Kompatibilität, kompatible Klassen etc. (3.1 -
3.7) entsprechend angewendet werden können.

Für die minimale Kodierung von mikroprogrammierbaren Rechnern
sind keine Mikroprogramme bekannt, auf deren Basis die Kompatibilität von Mo definiert werden könnte. Anstelle von Mengen
paralleler Mo werden hier daher Mengen potentiell paralleler
Mo eingeführt, die sich ausschließlich aus der Analyse der Mikroarchitektur, repräsentiert durch die Menge M aller Mo in Tupelbeschreibung, ergeben.

Definition 3.9: Zwei Mikrooperationen Mo_i, Mo_j heißen <u>Speicher-</u>
<u>ressourcen-kompatibel</u>, wenn sie keine Daten-Interaktion
haben:

$$Mo_i \; \underline{sk} \; Mo_j \quad d.u.n.d. \quad \neg \, (Mo_i \; \underline{di} \; Mo_j).$$

Definition 3.10: Zwei Mikrooperationen Mo_i, Mo_j heißen <u>potentiell</u>
<u>parallel</u> (ohne Formatbetrachtung), wenn sie entweder
zu unterschiedlichen Phasen des Taktzyklus ausgeführt
werden oder wenn sie Speicherressourcen- und funktions-
kompatibel sind:

$$Mo_i \; \underline{ppl} \; Mo_j \quad d.u.n.d. \quad entweder$$

$$(1) \quad T_i \cap T_j = \emptyset,$$

oder

$$(2) \quad Mo_i \; \underline{sk} \; Mo_j \quad und$$

$$Mo_i \; \underline{ok} \; Mo_j.$$

Definition 3.11: Zwei Mikrooperationen Mo_i, Mo_j heißen <u>potentiell</u>
<u>kompatibel</u>, wenn sie nicht potentiell parallel sind:

$$Mo_i \; \underline{pk} \; Mo_j \quad d.u.n.d. \quad \neg \, (Mo_i \; \underline{ppl} \; Mo_j).$$

Definition 3.12: Eine <u>potentiell kompatible Klasse</u> (pkK) ist eine
Teilmenge K_l von M, so daß für alle Elemente der pkK
gilt, daß sie paarweise potentiell kompatibel sind:

$$Mo_{li}, \; Mo_{lj} \in K_l \Rightarrow Mo_{li} \; \underline{pk} \; Mo_{lj}.$$

Definition 3.13: Eine <u>maximale potentiell kompatible Klasse</u> (mpkK)
ist eine pkK, für die gilt, daß keine Mo der Menge zuge-
fügt werden kann, ohne gegen die paarweise potentielle
Kompatibilität zu verstoßen.

Die mpkK enthalten also Mo, die zur gleichen Zeit ausgeführt werden (sonst wären sie $\underline{ppl}$) und die Hardware-Konflikte haben. Sie entsprechen damit den kK bzw. mkK aus Definition 3.2 und 3.3 und können daher wie diese behandelt werden. Die folgende Darstellung bezieht sich also O.E.d.A. nur noch auf kK und mkK.

DASGUPTA, 1969 zeigt, daß bereits das Problem der Bestimmung der mkK NP-vollständig ist, da es äquivalent zum Problem der Bestimmung der maximalen Cliquen in einem Graphen ist. Ausgangspunkt sind die vorgegebenen Mi, aus denen zunächst alle Paare kompatibler Mo gebildet werden. Aus diesen Paaren werden dann die mkK abgeleitet. In gleicher Weise kann bei mikroprogrammierbaren Rechnern von einer Liste aller Mo in Tupelnotation ausgegangen werden, aus der dann durch Vergleich aller Paare von Mo die (potentiell) kompatiblen Paare ermittelt werden.

3.3.1 Lösungen im Rahmen der Schaltkreistheorie

Die mkK sind Ausgangspunkt für das von DAS et al., 1973 aus der Schaltkreistheorie übernommene Tabellenverfahren.

$\underline{\text{Definition 3.14:}}$ Sei $M = \{Mo_1, Mo_2, \ldots, Mo_k\}$ eine Menge von Mo, $K = \{Km_1, Km_2, \ldots, Km_n\}$ eine Menge von mkK, die aus M abgeleitet wurden. Eine Matrix, deren oberste Zeile $Mo_1, Mo_2, \ldots, Mo_k$ enthält, und in deren Spalten unter Mo_i Km_j eingetragen wird, wenn $Mo_i \in Km_j$ gilt, heißt $\underline{\text{MPS-Überdeckungstabelle}}$ ($\underline{\text{M}}$ikro$\underline{\text{p}}$rogramm$\underline{\text{s}}$peicher-).

Die Spalten der MPS-Überdeckungstabelle umfassen also all jene mkK, die die entsprechende Mo enthalten. Zur Erläuterung wird das klassische Beispiel von SCHWARTZ, 1968 dargestellt, das auch bei fast allen nachfolgenden Autoren verwendet wird. Gegeben seien die Mengen $M = \{Mo_1, Mo_2, Mo_3, Mo_4, Mo_5, Mo_6, Mo_7, Mo_8, Mo_9, Mo_{10}, Mo_{11}\}$ und $W = \{Mi_1, Mi_2, Mi_3, Mi_4, Mi_5\}$ mit

$$(3.2) \qquad Mi_1 = \{ Mo_1, Mo_2, Mo_3, Mo_4, Mo_5, Mo_6 \}$$
$$Mi_2 = \{ Mo_3, Mo_7, Mo_8, Mo_9 \}$$
$$Mi_3 = \{ Mo_1, Mo_2, Mo_8, Mo_9, Mo_{10} \}$$
$$Mi_4 = \{ Mo_4, Mo_8, Mo_{11} \}$$
$$Mi_5 = \{ Mo_6, Mo_8 \}$$

Daraus läßt sich die Menge $K = \{ Km_1, Km_2, \ldots, Km_{10} \}$ aller mkK ableiten mit

$$(3.3) \qquad Km_1 = \{ Mo_1, Mo_7, Mo_{11} \}$$
$$Km_2 = \{ Mo_2, Mo_7, Mo_{11} \}$$
$$Km_3 = \{ Mo_3, Mo_{10}, Mo_{11} \}$$
$$Km_4 = \{ Mo_4, Mo_7, Mo_{10} \}$$
$$Km_5 = \{ Mo_4, Mo_9 \}$$
$$Km_6 = \{ Mo_5, Mo_7, Mo_{10}, Mo_{11} \}$$
$$Km_7 = \{ Mo_5, Mo_8 \}$$
$$Km_8 = \{ Mo_5, Mo_9, Mo_{11} \}$$
$$Km_9 = \{ Mo_6, Mo_7, Mo_{10}, Mo_{11} \}$$
$$Km_{10} = \{ Mo_6, Mo_9, Mo_{11} \}$$

Gemäß Definition 3.14 entsteht die in Abbildung 3.1 dargestellte MPS-Überdeckungstabelle.

Definition 3.15: Eine mkK, die als einziger Eintrag in einer Spalte der MPS-Überdeckungstabelle unter einer Mo steht, wird essentielle mkK genannt, die zugehörige Mo heißt ausgezeichnete Mo.

Ausgezeichnete Mo werden in der MPS-Überdeckungstabelle durch * (über der Mo) gekennzeichnet, im Beispiel sind dies Mo_1, Mo_2, Mo_3 und Mo_8. Die mkK Km_1, Km_2, Km_3 und Km_7 sind also essentiell.

							*			
*	*	*								
Mo_1	Mo_2	Mo_3	Mo_4	Mo_5	Mo_6	Mo_7	Mo_8	Mo_9	Mo_{10}	Mo_{11}
Km_1	Km_2	Km_3	Km_4	Km_6	Km_9	Km_1	Km_7	Km_5	Km_3	Km_1
			Km_5	Km_7	Km_{10}	Km_2		Km_8	Km_4	Km_2
			Km_8			Km_4		Km_{10}	Km_6	Km_3
						Km_6			Km_9	Km_6
						Km_9				Km_8
										Km_9
										Km_{10}

<u>Abbildung 3.1:</u>   MPS-Überdeckungstabelle für das klassische
Beispiel (3.2) nach SCHWARTZ, 1968.

<u>Definition 3.16:</u>   Eine <u>nichtredundante Lösung</u> α einer MPS-Über-
deckungstabelle ist eine Menge von mkK (oder ihrer Unter-
mengen), die eine Mikrooperations-Überdeckung bilden. Die
Lösung α heißt <u>minimal</u>, wenn die Kosten der daraus abge-
leiteten Partition minimal sind.

Eine nichtredundante Lösung α hat also die Eigenschaft, daß jede
Mo in mindestens einer kK vorkommt und daß, sobald man von α
eine der kK entfernt, mindestens eine Mo nicht überdeckt ist. Aus
der Lösung muß dann eine Partition abgeleitet werden.

DAS et al., 1973 führen eine Reihe heuristischer Regeln ein, um die
Größe der MPS-Überdeckungstabelle zu verringern, die für die
Suche nach einer minimalen Lösung bearbeitet werden muß.

<u>Theorem 3.17:</u>   Sei Km_i eine essentielle mkK in einer Spalte einer
MPS-Überdeckungstabelle unter Mo_j. Dann <u>muß</u> Km_i oder
eine Untermenge von Km_i, die Mo_j enthält, in jeder Lösung
für die MPS-Überdeckungstabelle enthalten sein.

Der Beweis von Theorem 3.17 ist unmittelbar einleuchtend, da Mo_j
ja in keiner anderen mkK enthalten sein darf (Definitionen 3.16, 3.6).

Definition 3.18: Enthalten Spalten der MPS-Überdeckungstabelle
mkK, die eine echte Untermenge derjenigen mkK darstellen, die in einer anderen Spalte enthalten sind, so
tritt das Phänomen der Spalten-Dominanz auf, wobei
Spalten mit geringerer Anzahl von mkK diejenigen mit
größerer Anzahl dominieren.

Theorem 3.19: Gibt es in einer MPS-Überdeckungstabelle Spalten
mit a) essentiellen mkK,
b) identischen Mengen von mkK,
c) Spalten, die andere Spalten dominieren,
so kann die Tabelle nach folgenden Regeln reduziert werden:

1) Auswählen der essentiellen mkK und Streichen der
zugehörigen Spalten.
2) Streichen aller Spalten, die identische mkK enthalten,
bis auf eine einzige.
3) Streichen aller Spalten, die dominiert werden.

Der Beweis für Theorem 3.19 ist unmittelbar einleuchtend:
1) folgt aus Theorem 3.17, 2) und 3) folgen aus der Tatsache, daß
die Mo aus den gestrichenen Spalten über die mkK aus den Spalten
mit geringerer oder identischer Anzahl von Einträgen abgedeckt werden.

Definition 3.20: Gegeben sei eine MPS-Überdeckungstabelle. Werden
einige ihrer Spalten gestrichen, so nennt man die resul-
tierende Tabelle eine reduzierte MPS-Überdeckungstabelle.

Die MPS-Überdeckungstabelle aus Abbildung 3.1 kann nach Theorem 3.19
wie folgt reduziert werden: Streichen der Spalten Mo_1, Mo_2, Mo_3, Mo_8, da
es sich um essentielle mkK handelt, ferner gilt: Spalte Mo_1 dominiert
Spalte Mo_7 und Mo_{11}, Spalte Mo_3 dominiert Spalte Mo_{10}, Spalte Mo_8
dominiert Spalte Mo_5, also können die Spalten der Mo_7, Mo_{11}, Mo_{10}
und Mo_5 gestrichen werden. Es entsteht die reduzierte MPS-Überdeckungstabelle in Abbildung 3.2.

Mo$_4$	Mo$_6$	Mo$_9$
Km$_4$	Km$_9$	Km$_5$
Km$_5$	Km$_{10}$	Km$_8$
		Km$_{10}$

Abbildung 3.2:   Reduzierte MPS-Überdeckungstabelle

Alle Lösungen einer MPS-Überdeckungstabelle können nunmehr nach einem der bekannten Verfahren für das Aufsuchen aller nichtredundanten Primimplikanten-Überdeckungen von Schaltkreisfunktionen gefunden werden. Die Verfahren arbeiten durch Vollenumeration. Für das Beispiel folgen als Lösungen für die reduzierte MPS-Überdeckungstabelle aus Abbildung 3.2:

$$(3.4) \qquad \beta_1 = \{ Km_4, Km_{10} \}$$

$$\beta_2 = \{ Km_4, Km_8, Km_9 \}$$

$$\beta_3 = \{ Km_5, Km_{10} \}$$

$$\beta_4 = \{ Km_5, Km_9 \}$$

Kombiniert man diese Lösungen mit den essentiellen mkK Km_1, Km_2, Km_3, Km_7, so entstehen die Lösungen für die ursprüngliche MPS-Überdeckungstabelle aus Abbildung 3.1:

$$(3.5) \qquad \alpha_1 = \{ Km_1, Km_2, Km_3, Km_4, Km_7, Km_{10} \}$$

$$\alpha_2 = \{ Km_1, Km_2, Km_3, Km_4, Km_7, Km_8, Km_9 \}$$

$$\alpha_3 = \{ Km_1, Km_2, Km_3, Km_5, Km_7, Km_{10} \}$$

$$\alpha_4 = \{ Km_1, Km_2, Km_3, Km_5, Km_7, Km_9 \}$$

Um aus den (nicht notwendig minimalen) Lösungen α_i eine minimale Lösung und damit eine geeignete Mo-Partition zu finden, werden die gefundenen Überdeckungen α_i weiter analysiert, wobei in ähnlicher Weise vorgegangen wird wie beim Auffinden der nicht minimalen Lösungen.

<u>Definition 3.21:</u> Gegeben sei eine Lösung α_i einer MPS-Überdeckungstabelle. Erstellt man eine Tabelle nach den gleichen Regeln wie für die MPS-Überdeckungstabelle, wobei jedoch nur von den mkK aus α_i ausgegangen wird, so entsteht eine <u>Lösungs-MPS-Überdeckungstabelle</u>, die alle Eigenschaften einer MPS-Überdeckungstabelle haben kann.

Abbildung 3.3 zeigt die Lösungs-MPS-Überdeckungstabelle für die Lösung $\alpha_1 = \{Km_1, Km_2, Km_3, Km_4, Km_7, Km_{10}\}$ des Ausgangsbeispiels (3.1) mit den Lösungen (3.5).

<u>Definition 3.22:</u> In einer Lösungs-MPS-Überdeckungstabelle können zusätzlich zu den essentiellen mkK weitere mkK als einzige Einträge in Spalten unter Mo auftreten. Diese mkK heißen <u>lokal essentielle</u> mkK, die zugehörigen Mo heißen <u>lokal ausgezeichnete</u> Mo.

Lokal ausgezeichnete Mo werden durch einen tiefgestellten $*$ in der Lösungs-MPS-Überdeckungstabelle gekennzeichnet. In Abbildung 3.3 sind dies $Mo_1, Mo_2, Mo_3, Mo_4, Mo_5, Mo_6, Mo_8$ und Mo_9.

Wie für die MPS-Überdeckungstabelle wird auch für die Lösungs-MPS-Überdeckungstabelle eine reduzierte Tabelle gebildet, aus der dann zunächst die Mo-Überdeckungen, dann die Mo-Partitionen abgeleitet werden können. Für die Lösungs-MPS-Überdeckungstabelle zu

${}^*Mo_1^*$	${}^*Mo_2^*$	${}^*Mo_3^*$	Mo_4^*	Mo_5^*	Mo_6^*	Mo_7	${}^*Mo_8^*$	Mo_9^*	Mo_{10}	Mo_{11}
Km_1	Km_2	Km_3	Km_4	Km_7	Km_{10}	Km_1	Km_7	Km_{10}	Km_3	Km_1
						Km_2			$Km4$	Km_2
						Km_4				Km_3
										Km_{10}

<u>Abbildung 3.3:</u> Lösungs-MPS-Überdeckungstabelle für Lösung
$\alpha_1 = \{Km_1, Km_2, Km_3, Km_4, Km_7, Km_{10}\}$ (3.5)

Lösung α_1 (3.5) entsteht die reduzierte Tabelle in Abbildung 3.4, aus der die Lösungen

$$(3.6) \qquad \gamma_{11} = \{Km_1, Km_3\}$$
$$\gamma_{12} = \{Km_1, Km_4\}$$
$$\gamma_{13} = \{Km_2, Km_3\}$$
$$\gamma_{14} = \{Km_2, Km_4\}$$
$$\gamma_{15} = \{Km_3, Km_4\}$$
$$\gamma_{16} = \{Km_4, Km_{10}\}$$

durch Vollenumeration zu erhalten sind.

Für jede dieser Lösungen (3.6) werden nun folgende Schritte ausgeführt:

1. Bilden disjunkter kK aus den mkK der Lösung α_i, um eine Partition zu erhalten.
2. Bestimmung der Kosten für die Partition.

Werden diese Schritte für alle Lösungen α_i (3.5) und für alle γ_{ij} (3.6) durchgeführt, so können durch Vergleich die minimalen Kosten bestimmt werden und damit die Mo-Partition für die minimale Kodierung des Mikroinstruktionsformates.

Als Beispiel wählen wir die Lösung γ_{16}, bei der Mo_7, Mo_{10}, Mo_{11} durch die mkK Km_4 und Km_{10} überdeckt werden. Aus der Lösung

Mo_7	Mo_{10}	Mo_{11}
Km_1	Km_3	Km_1
Km_2	Km_4	Km_2
Km_4		Km_3
		Km_{10}

Abbildung 3.4:   Reduzierte Tabelle zu Lösung α_1 in Abbildung 3.3.

$\alpha_1 = \{Km_1, Km_2, Km_3, Km_4, Km_7, Km_{10}\}$ (3.5) werden durch Streichen dieser Mo in den übrigen mkK neue disjunkte kK gebildet.

(3.7) $\alpha'_1 = \{K'_1, K'_2, K'_3, K'_4, K'_7, K'_{10}\}$ mit

$K'_1 = \{Mo_1\}$

$K'_2 = \{Mo_2\}$

$K'_3 = \{Mo_3\}$

$K'_4 = Km_4 = \{Mo_4, Mo_7, Mo_{10}\}$

$K'_7 = \{Mo_5, Mo_8\}$

$K'_{10} = Km_{10} = \{Mo_6, Mo_9, Mo_{11}\}$.

Die Kosten für die Mo-Partition α'_1 betragen

$$B(\alpha'_1) = B(K'_1) + B(K'_2) + B(K'_3) + B(K'_4) + B(K'_7) + B(K'_{10})$$

$$= 1 \quad + \quad 1 \quad + \quad 1 \quad + \quad 2 \quad + \quad 2 \quad + \quad 2$$

$$= 9$$

Bei der Berechnung für γ_{15} entsteht entsprechend

(3.8) $\alpha''_1 = \{K''_1, K''_2, K''_3, K''_4, K''_7, K''_{10}\}$ mit

$K''_1 = \{Mo_1\}$

$K''_2 = \{Mo_2\}$

$K''_3 = Km_3 = \{Mo_3, Mo_{10}, Mo_{11}\}$

$K''_4 = Km_4 - \{Mo_{10}\} = \{Mo_4, Mo_7\}$

$K''_7 = \{Mo_5, Mo_8\}$

$K''_{10} = \{Mo_6, Mo_9\}$

oder

(3.9) $K''_3 = Km_3 - \{Mo_{10}\} = \{Mo_3, Mo_{11}\}$

$K''_4 = Km_4 = \{Mo_4, Mo_7, Mo_{10}\}$

wobei in beiden Fällen gilt:

$$B(\alpha''_1) = 10$$

Für die vollständige Durchführung des vorliegenden Beispiels müssen also die Berechnungen der Partitionen und der zugehörigen Kosten zunächst für die Lösungen γ_{11} bis γ_{16} zur Überdeckung α_1 durchgeführt werden, danach entsprechend für alle γ_{2j} zu α_2 u.s.w. bis zur Überdeckung α_4. Aus allen berechneten Kosten lassen sich dann durch Vergleich die minimalen Kosten ableiten.

Für das vorliegende Beispiel stellt die Lösung α'_1 (3.7) eine minimale Lösung dar (9 Bit werden zur Kodierung benötigt). Gegenüber einem Mikroinstruktionsformat mit keiner Kodierung, das 11 Bit benötigen würde, sind also 2 Bit durch die minimale Kodierung einzusparen.

Man erkennt den enormen Aufwand für das Verfahren, das NP-hart ist (ROBERTSON, 1977). DASGUPTA, 1979 vermerkt, daß die von DAS et al., 1973 für die Reduktion des Berechnungsaufwandes angegebenen Bedingungen für die mkK der Lösungen nicht allgemein gegeben sind.

GRASSELLI, MONTANARI, 1970 arbeiten anstelle der von DAS et al., 1973 benutzten mkK mit Prim-kK.

<u>Definition 3.23:</u> Eine kK K_i heißt <u>Prim-kK</u>, wenn gilt entweder
1) K_i ist nicht maximal und $|K_i| = 2^k-1$ mit $k = 1,2,\ldots$, oder
2) K_i ist maximal und $|K_i| \neq 2^k$ mit $k = 1,2,\ldots$.

Es wird gezeigt, daß aus allen kK nur Prim-kK als minimale Lösung in Frage kommen. Nach Ermittlung aller Prim-kK wird dann ebenfalls eine MPS-Überdeckungstabelle konstruiert, wobei deren Einträge nicht mkK (wie in Definition 3.14), sondern Prim-kK entsprechen.

Der Aufwand für dieses Verfahren ist jedoch deutlich höher als für das eben geschilderte:

- die Ermittlung der Prim-kK ist i.a. aufwendiger als das Verfahren für mkK,
- die Anzahl der Prim-kK ist i.a. größer als diejenigen der mkK (für das angegebene Beispiel: 10 mkK, jedoch 24 Prim-kK!), so daß die MPS-Überdeckungstabelle größer wird.

3.3.2 Lösungen im Rahmen der linearen Programmierung

Untersucht man das Ergebnis des Beispiels aus dem letzten Abschnitt,
so zeigt sich, daß das Ergebnis vom ingenieurmäßigen Standpunkt
sehr schlecht ist. Berücksichtigt man nämlich die technologische
Randbedingung, daß ROM-Speicherbausteine meist in Vielfachen
von 8 Bit Wortlänge angeboten werden, so ergibt sich, daß zwar
theoretisch die Wortlänge der Mi von 11 auf 9 Bit reduziert wurde
(hier ohne Berücksichtigung des Adreßteils), daß für die Implementierung aber in jedem Fall eine Wortlänge von 16 Bit vorgesehen
werden muß (gilt für den Fall mikroprogrammierter Rechner). Um
von vorneherein auszuscheiden, daß aufwendige Minimisierungen
ohne ingenieurmäßig sinnvolles Ergebnis ausgeführt werden bzw.
um auch im Rahmen des allgemeinen Verfahrens bei den Kosten
einer Mo-Partition zu wissen, wie nahe diese am theoretisch minimalen Ergebnis liegen, ist es wertvoll, dieses auf einfache Weise
im voraus berechnen zu können.

Die Berechnung der minimalen Kosten auf einfache Weise liefert
die Formulierung des Problems im Rahmen der linearen Programmierung
(JAYASRI, BASU, 1976). Damit lassen sich sinnvolle Abbruchkriterien
für den Algorithmus aus Kapitel 3.3.1 bestimmen, z.B.: Berechnung
bis zum ersten gefundenen Kosten-Minimum, Berechnung bis zur
ersten Lösung, deren Kosten noch innerhalb der nächsten durch
8 teilbaren Wortlänge liegen ... .

Allerdings erlaubt das Verfahren nur die Bestimmung der minimalen
Kosten, nicht jedoch der zugehörigen Partition, die jedoch aus einer
deutlich reduzierten Anzahl von Kandidaten ermittelt werden kann.
Das Modell basiert auf dem Simplex-Verfahren (COLLATZ, WETTERLING,
1966).

<u>Definition</u> 3.24:   Zwei Mikrooperationen $Mo_i, Mo_j \in M$ sind <u>inkompatibel</u>
$Mo_i \text{ ik } Mo_j$, wenn sie nicht kompatibel sind.

Eine <u>inkompatible Klasse</u> (iK) von Mo ist eine Teilmenge
Ki_l von M, so daß für alle Elemente der iK gilt, daß sie
paarweise inkompatibel sind:

$$Mo_i, Mo_j \in Ki_l \Rightarrow Mo_i \text{ ik } Mo_j.$$

Eine maximale inkompatible Klasse (miK) ist eine iK,
für die gilt, daß keine Mo der Menge zugefügt werden
kann, ohne gegen die paarweise Inkompatibilität zu
verstoßen.

Alle Mo innerhalb einer Mi sind ik, jede Mi ist eine iK und Mi_1 aus Beispiel (3.2) (Abschnitt 3.3.1) ist eine miK.

Definition 3.25: Eine Haupt-Klasse (hK) ist eine kompatible Klasse Kh_i mit der Eigenschaft

$$|Kh_i| \neq 2^j; \quad j = 1,2,3,\ldots$$

Theorem 3.26: Eine Lösung mit minimalen Kosten kann immer aus einer Menge von disjunkten Hauptklassen gebildet werden.

Der Beweis von JAYASRI, BASU, 1976 zeigt zunächst, daß die Lösung aus hK gebildet werden kann: angenommen, eine Lösung enthalte eine kompatible Klasse K_1, die keine hK ist, also $|K_1| = 2^k$, $B(K_1) = k+1$, so läßt sich K_1 ohne Vergrößerung der Kosten in die $hK:Kh_1'$ und Kh_1'' teilen mit $|Kh_1'| = 2^k-1$, $|Kh_1''| = 1$ und $B(Kh_1',Kh_1'') = k+1$.

Daß die kH disjunkt sein sollten, folgt unmittelbar aus der Tatsache, daß Klassen mit gemeinsamen Elementen nie zu niedrigeren Kosten führen können als entsprechende elementfremde Klassen.

Für die Formulierung der Minimisierungsaufgabe als Modell der linearen Programmierung verwenden wir aus Gründen der Verträglichkeit eine gegenüber JAYASRI, BASU, 1976 leicht veränderte Nomenklatur:

(3.10) Y: Kardinalität der größten mkK

$$Y = |Km_{max}|$$

$$n = \begin{cases} Y & ; \text{ wenn } Km_{max} \text{ eine hK} \\ Y-1 & ; \text{ wenn } Km_{max} \text{ keine hK} \end{cases}$$

X: Kardinalität der größten miK

$$X = |Ki_{max}|$$

Z: Kardinalität der Menge M von Mo

$$Z = |M|$$

a_i: Anzahl der kK mit Kardinalität i für i = 1, 2, ..., n.

Nach Theorem 3.26, das besagt, daß nur disjunkte hK betrachtet werden müssen, gilt:

(3.11)
$$\sum_{i=1}^{n} i\, a_i = Z$$

$$i \neq 2^j, \quad j = 1, 2, \ldots, \lceil \log_2 n \rceil - 1$$

Da ferner die Gesamtzahl von hK nie geringer sein kann als die Anzahl der Elemente in Ki_{max} (mindestens für jedes Element muß es eine eigene kK geben), gilt:

(3.12)
$$\sum_{i=1}^{n} a_i \geq X$$

$$i \neq 2^j, \quad j = 1, 2, \ldots, \lceil \log_2 n \rceil - 1$$

Durch Einführung einer Schlupf-Variable a_t kann die Ungleichung (3.12) als Gleichung geschrieben werden:

(3.13)
$$\sum_{i=1}^{n} a_i - a_t = X$$

Die zu minimisierende Zielfunktion ist die Kosten-Funktion:

(3.14)
$$B = \sum_{i=1}^{n} \lceil \log_2(i+1) \rceil\, a_i$$

$$i \neq 2^j, \quad j = 1, 2, \ldots, \lceil \log_2 n \rceil - 1,$$

die unter den Randbedingungen (3.11) und (3.13) gelöst werden muß. Dieses Problem wird nach dem Simplex-Verfahren gelöst, dessen Lösung in 9 Schritten bei JAYASRI, BASU, 1976 ausführlich dargestellt ist.

Es ergeben sich unterschiedliche Lösungen in Abhängigkeit der
Größen r,K,p:

$$(3.15) \qquad p = \lceil \log_2(n+1) \rceil$$

$$K = 2^{p-1} - 1$$

$$r = n - K$$

Die Lösungen sind in Tabellenform in Abbildung 3.5 zusammengefaßt,
wobei die a_i wie in (3.10) definiert sind, B die minimalen Kosten
angibt.

Allgemein führt das Verfahren zu gebrochenen Werten von a_i, jedoch
sind hier natürlich nur ganze Zahlen sinnvoll. JAYASRI, BASU, 1976
führen ein Verfahren an, das aus den Lösungen in Abbildung 3.5 zu
ganzzahligen Werten für die a_i führt, wobei die Bedingungen (3.11),
(3.13) erfüllt bleiben und B minimal ist.

Die Lösungen des Simplex-Verfahrens führen zu den minimalen Kosten,
nicht jedoch zur minimalen Lösung. Diese kann jedoch gegenüber den
in 3.3.1 angegebenen Verfahren aus einer geringeren Anzahl möglicher
kK berechnet werden. Ferner kann das Verfahren sofort abgebrochen
werden, wenn eine Lösung gefunden wird, deren Kosten den hier
errechneten minimalen Kosten entsprechen (d.h. ein Abbruchkriterium
ist gegeben). Diese Lösung ist dann eine minimale. JAYASRI, BASU,
1976 weisen darauf hin, daß bei der Wandlung in ganzzahlige Lösungen
minimale Kosten errechnet werden können, für die keine Mo-Partition
existiert. In diesem Fall müssen dann die minimalen Kosten um 1
erhöht werden. Für diesen neuen Ansatz, der den Gleichungen (3.11),
(3.13) genügt, muß dann nach der entsprechenden Lösung gesucht
werden. Ist auch diese nicht vorhanden, so müssen die Kosten erneut
um 1 erhöht werden, u.s.w. bis eine Lösung gefunden wird. Zur
Erläuterung des Verfahrens soll hier wiederum das klassische
Beispiel (3.2) dienen.

Aus (3.3), Menge der mkK folgt:

$$(3.16) \qquad Y = 4 \qquad (Km_6 \text{ und } Km_9)$$

Bedingungen		Lösungen
1. $nX \geq Z$		
	1.1 $r \geq \frac{n-1}{p-1}$	$a_1 = \frac{nX-Z}{n-1}$; $\quad a_n = \frac{Z-X}{n-1}$; $\quad B = a_1 + \lceil \log_2(n+1) \rceil a_n$;
	1.2 $r < \frac{n-1}{p-1}$; $KX \geq Z$	$a_1 = \frac{KX-Z}{K-1}$; $\quad a_n = \frac{Z-X}{K-1}$; $\quad B = a_1 + \lceil \log_2(K+1) \rceil a_K$;
	1.3 $r < \frac{n-1}{p-1}$; $KX < Z$	$a_K = \frac{nX-Z}{n-K}$; $\quad a_n = \frac{Z-KX}{n-K}$; $\quad B = \lceil \log_2(K+1) \rceil a_K + \lceil \log_2(n+1) \rceil a_n$;
2. $nX < Z$		
	2.1 $r \geq \frac{n}{p}$	$a_n = \frac{Z}{n}$; $\quad a_t = \frac{Z-nX}{n}$; $\quad B = \lceil \log_2(n+1) \rceil a_n$;
	2.2 $r < \frac{n}{p}$	$a_K = \frac{Z}{K}$; $\quad a_t = \frac{Z-KX}{K}$; $\quad B = \lceil \log_2(K+1) \rceil a_K$;

<u>Abbildung 3.5:</u> Minimale Kosten B nach Simplex-Verfahren in Abhängig-
keit der verschiedenen Anfangswerte nach JAYASRI,
BASU, 1976

Aus Definition 3.25 und (3.10) folgt:

(3.17) $n = Y-1 = 3$; $(Km_6, Km_9$ keine hK$)$

Aus der Berechnung aller miK folgt:

(3.18) $X = 6$;

Aus (3.2) folgt:

(3.19) $Z = |M| = 11$;

Aus (3.15) lassen sich die Hilfsgrößen r,K,p ableiten:

(3.20) $p = 2$;   (nach (3.17))

$\qquad\quad K = 1$;

$\qquad\quad r = 3$;

Setzt man die Größen in die Lösungstabelle von Abbildung 3.5 ein, so zeigt sich, daß die Anfangsbedingungen der Ungleichung $n \cdot X \geq Z$ genügen sowie die Ungleichung $r \geq \frac{n-1}{p-1}$, d.h. es gilt der Fall 1.1. Damit ergeben sich folgende Lösungen:

$$(3.21) \qquad a_1 = 3,5;$$
$$a_3 = 2,5;$$
$$B = 8,5;$$

Gemäß dem Verfahren zur Umwandung der a_i in Ganzzahlen ergeben sich aus (3.21) die Werte

$$(3.22) \qquad a_1 = 3;$$
$$a_2 = 1;$$
$$a_3 = 2;$$
$$B = 9;$$

wobei der Wert für a_2 ebenfalls bei der Wandlung anfällt (JAYASRI, BASU, 1976).

Die Interpretation dieses Ergebnisses nach dem Simplex-Verfahren besagt für die Lösung zu unserem Beispiel: die Kosten der minimalen Lösung betragen 9, wobei die Lösung aus den folgenden disjunkten Mengen gefunden wird: 3 disjunkte hK der Kardinalität 1, zwei disjunkte hK der Kardinalität 3, eine kK der Kardinalität 2. Aus dieser Spezifikation ergibt sich die tatsächliche Lösung durch Vollenumeration: aus der Liste der mkK (3.3) ergeben sich folgende hK der Kardinalität 3:

$$(3.23) \qquad Km_1, Km_2, Km_3, Km_4, Km_8, Km_{10}$$

Als disjunkte Paare sind daraus nur zwei mögliche Paare abzuleiten:

$$(3.24) \qquad (Km_4, Km_{10}), \quad \text{oder}$$
$$(3.25) \qquad (Km_4, Km_8)$$

Die einzige mkK der Kardinalität 2, die keine gemeinsamen Elemente
mit den mkK aus (3.24) hat, ist Km_7. Das Paar (3.25) entfällt, da
es keine "passende" disjunkte mkK dazu gibt. Damit erhalten wir
das Tripel

$$(3.26) \qquad (Km_4, Km_{10}, Km_7).$$

Es fehlen lediglich die 3 einelementigen Klassen, die sich aus den in
(3.26) noch fehlenden Mo ergeben. Die so gefundene minimale Lösung
lautet also:

$$(3.27) \qquad \{\{Mo_4, Mo_7, Mo_{10}\}, \{Mo_6, Mo_9, Mo_{11}\}, \{Mo_5, Mo_8\}, \{Mo_1\}, \{Mo_2\}, \{Mo_3\}\}$$

Aus dem Beweis zu Theorem 3.26 folgt ferner eine weitere minimale
Lösung, bei der Km_7 in zwei einelementige hK aufgespalten ist.

$$(3.28) \qquad \{\{Mo_4, Mo_7, Mo_{10}\}, \{Mo_6, Mo_9, Mo_{11}\}, \{Mo_5\}, \{Mo_8\}, \{Mo_1\}, \{Mo_2\}, \{Mo_3\}\}$$

JAYASRI, BASU, 1976 zeigen an einem größeren Beispiel mit 31 Mi
und 25 Mo, daß das Verfahren der Linearen Programmierung mit
erträglichem Aufwand zu einer Lösung führt. Dagegen würden die
Verfahren aus dem Bereich der Schaltkreistheorie zu sehr großen
MPS-Überdeckungstabellen führen (660 Prim-kK x 25 Mo!).

Die Ermittlung eines Abbruchkriteriums, gegebenenfalls mit einem
vereinfachten Verfahren, das mit geringerem Aufwand zu einer
"guten", wenn auch nicht minimalen Lösung führt (z.B. SRIMANI,
SINHA, 1980) erscheint als der richtige Weg, wenn auch aus der
Praxis kaum Anwendungen der Verfahren bekannt sind. Tatsächlich
muß für "realistische" Aufgabenstellungen (1000-4000 Mi, einige
Hundert Mo) mit sehr hohem Aufwand gerechnet werden, denn schon
die Ermittlung der mkK ist - wie gezeigt - NP-vollständig.

Andererseits sind die in der Praxis verwendeten pragmatischen Verfahren, die im Abschnitt 3.4 geschildert werden, meist ebenfalls
sehr aufwendig, unübersichtlich und von ganz speziellen Annahmen
abhängig. Vielleicht wäre hier ein gut implementiertes systematisches
Verfahren mit Heuristiken durchaus konkurrenzfähig.

3.4 Pragmatische Ansätze zur Wortlängenreduktion

Eine größere Anzahl pragmatischer Ansätze zur Wortlängenreduktion
von Mi sind in der Literatur bekannt geworden. Sie sind durch zwei
wesentliche Eigenschaften gekennzeichnet:

- Die Ansätze führen zu keiner optimalen Lösung im Sinne der
  minimalen Wortlänge von Kapitel 3.3, sondern erlauben unter
  bestimmten Umständen eine Reduktion der Ausgangs-Wortlänge der Mi.

- Die zu erzielende Wortlängen-Reduktion hängt von bestimmten Eigenschaften der Mikroarchitektur oder der zu implementierenden Mikroprogramme ab, die nicht notwendig allgemeingültig sind.

Ziel dieses Abschnittes ist es, neben der Übersicht über die Verfahren
vor allem auf deren Abhängigkeit von ganz bestimmten Bedingungen
hinzuweisen, so daß die Übertragbarkeit auf einfache Weise abgeschätzt
werden kann. Ein Schwerpunkt wird dabei auf die Schilderung von
Verfahren gelegt, die bei der Mikroprogrammierung von monolithischen
16/32-Bit Mikroprozessoren angewendet wurden, da hier praktische
Anwendungen und Erfahrungen aus jüngster Zeit vorliegen.

3.4.1 Grundlegende Verfahren zur Wortlängenreduktion

Eine häufig verwendete Technik zur Wortlängenreduktion ist die in
Kapitel 2.1.4 bereits eingeführte mittelbare Steuerung (residual control,
FLYNN, ROSIN, 1971). Dabei werden für Funktionseinheiten des
Rechners, deren Steuerinformation relativ statisch ist, d.h. häufig
über viele Zyklen unverändert bleibt, zwischen dem MIR und der
Funktionseinheit sogenannte "set-up"-Register vorgesehen. Die
Steuerinformation für diese Funktionseinheiten wird dann nicht aus
dem MIR direkt, sondern aus dem "set-up"-Register übernommen
(Abbildung 3.6). Umfaßt eine Mikroarchitektur mehrere solcher
statischer Funktionseinheiten, so liegt es nahe, die Steuerinformation
für alle zugehörigen "set-up"-Register aus einem gemeinsamen Feld
des Mikroinstruktionsformates zu übernehmen, da diese ja nur dann
neu geladen werden müssen, wenn sich die Steuerinformationen für
die Funktionseinheiten ändern. Diese Technik hat zur Voraussetzung,

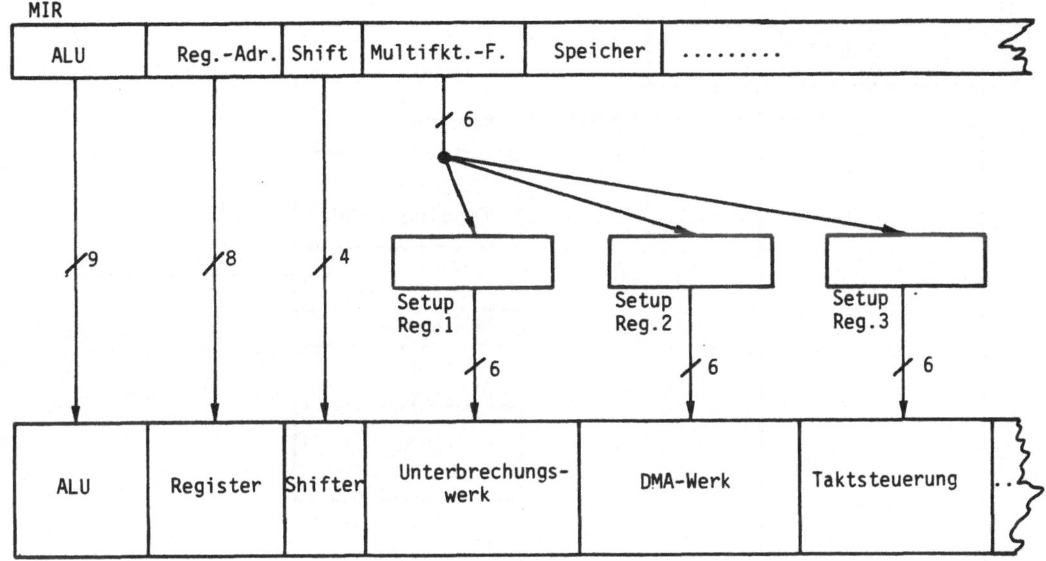

Abbildung 3.6: Mittelbare Steuerung für drei Teilwerke eines Rechners

daß es mehrere Funktionseinheiten mit statischem Verhalten innerhalb der Mikroarchitektur gibt und daß die Inhalte der zugehörigen "set-up"-Register in der Regel nicht in gleichen Mikroinstruktionszyklen geändert werden müssen. Da sich die Aktivitäten der Funktionseinheiten meist nicht wechselseitig ausschließen, nimmt man aus Gründen der Wortlängenreduktion in Kauf, daß anstatt logisch gleichzeitig möglicher Änderung mehrerer Steuerregister diese physikalisch in aufeinanderfolgenden Zyklen überschrieben werden. Es wird also potentieller Parallelismus der Mikroarchitektur durch Anordnung des Mikroinstruktionsformates eingeschränkt.

Eine der mittelbaren Steuerung verwandte Technik bei der Anwendung der Mikroprogrammierung für die Implementierung von Maschinenbefehlssätzen besteht darin, soviel wie möglich maschinenbefehls-statische Steuerinformation nicht durch ein Feld des Mikroinstruktionsformates, sondern durch entsprechende Bitstellen des Maschinenbefehls zu übernehmen (STRITTNER, TREDENNICK, 1978 beschreiben das Verfahren für den Mikroprozessor MOTOROLA 68 000). Die Steuerinformation für die Mikroarchitektur wird also teilweise aus dem MIR, teilweise aber auch aus dem IR übernommen: man kann also von gemischter Steuerung sprechen, vgl. Abbildung 3.7. Diese Technik hat Rück-

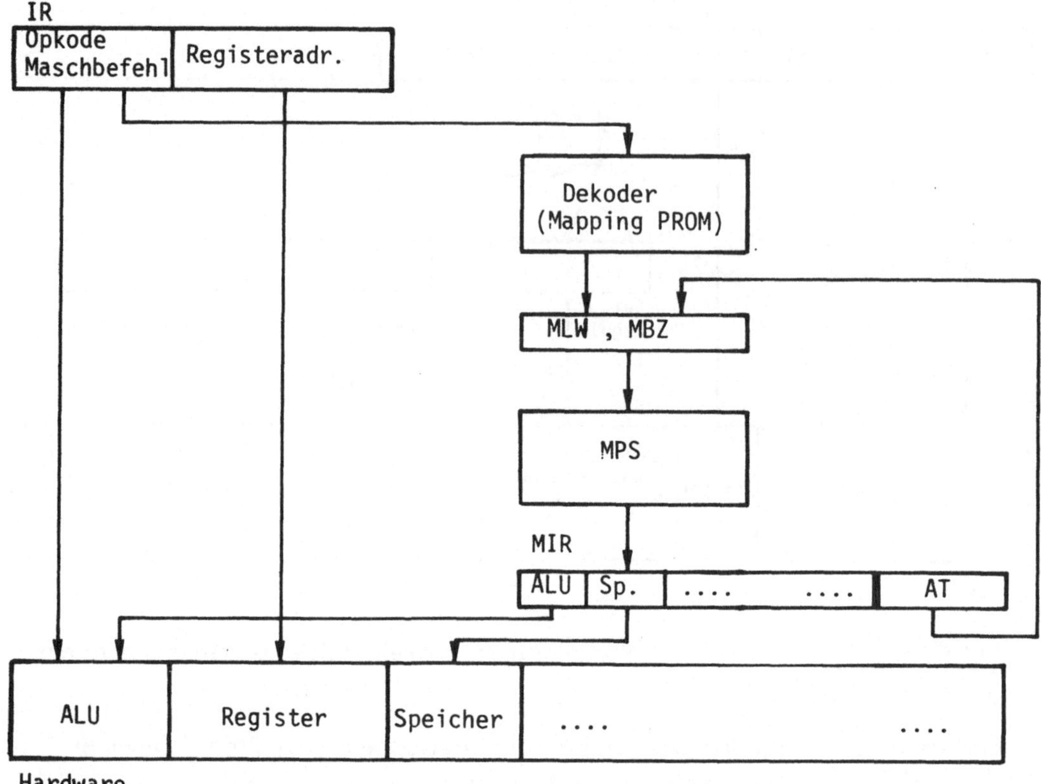

Abbildung 3.7:   Gemischte Steuerung aus IR und MIR.

wirkungen auf das Maschinenbefehlsformat, reduziert die Flexibilität
der Mikroprogrammierung und ist daher nur für die Implementierung
genau eines Maschinenbefehlssatzes auf einem mikroprogrammierten -
nicht mikroprogrammierbaren - Rechner geeignet.

Ein Verfahren zur Reduktion der Bitlänge des Adreßteiles von Mi
durch Verkürzung des Feldes für eine Sprungadresse besteht darin,
den Mikroprogrammspeicher-Adreßraum in Abschnitte gleicher Länge
zu unterteilen: Blockbildung im Mikroprogrammspeicher. Je nach
Hersteller spricht man auch von Blöcken, Segmenten, Seiten, Gruppen
u.s.w.. Sprünge werden nur noch innerhalb von Segmenten zugelassen.
Die Adresse des Sprungzieles wird hier durch Adreßrechnung aus
einer in der Hardware geführten Block-Basisadresse und dem im
Mikroinstruktionsformat vorgesehenen Offset gebildet (Beispiel:
AEG 80-60, vgl. AEG, 1974). Eine ähnliche Technik beruht darauf,
den Mikroprogrammspeicher als dreidimensionales Element zu inter-

pretieren, wobei die Adresse einer Mi aus einem Paar (x,y)-Adresse (manchmal auch; Zeile, Spalte) gebildet wird, die Mi selbst in der dritten Dimension gedacht ist: mehrdimensionale Adressierung, vgl. Abbildung 3.8). Sprünge werden dann jeweils nur in einer der Dimensionen x oder y zugelassen, der jeweils andere Wert bleibt konstant (Beispiel: INTEL 3001, vgl. INTEL, 1978). Beide Verfahren werden häufig verwendet, teilweise in Kombination mit sehr skurilen Verfahren zur automatischen Fortschaltung der Basisadresse. Bei "lokalem Verhalten" der Mikroprogramme (wenig Sprünge, Verzweigungen) sind sie angemessen. Sobald jedoch häufige Sprünge in den Mi auftreten, wird die Mikroprogrammierung stark erschwert. Die implizite Fortschaltung der Basisadresse kann ebenfalls die leichte Erstellung und Lesbarkeit von Mikroprogrammen stark einschränken.

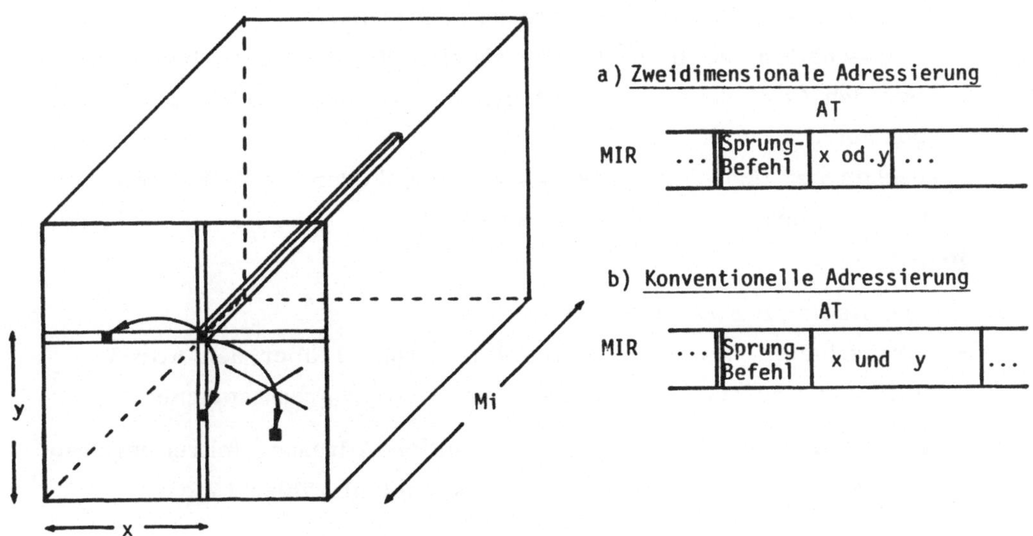

Abbildung 3.8: Zweidimensionale Adressierung (x,y) zur Reduktion der Länge des Adreßteiles von Mi. Sprünge nur innerhalb der x Koordinate oder der y Koordinate erlaubt.

Für den Benutzer von Bitslice-Mikroprozessoren bieten diese
hochintegrierten Bausteine einige Techniken zur Reduktion der
Wortlänge an. Zunächst werden einige Bausteine nicht durch unkodierte Mo bzw. Mb gesteuert, sondern durch eine Art Mikroinstruktions-Kode, der voll verschlüsselt aus dem MIR übernommen wird
und erst bausteinintern durch ein PLA dekodiert wird. Ein Beispiel ist
das in Abbildung 2.12 dargestellte Mikroleitwerk Am 2910, das aus
einem 4-Bit Mikroinstruktions-Kode (Feld f_{11}, 2910 INST in Abbildung
2.12) gesteuert wird. Die durch die Dekodierung eines einzigen Kodes
angesteuerten Aktivitäten können dabei recht umfangreich sein, wie
am Beispiel eines Kodes CJPP (conditional jump pipeline and pop)
bedingtes Verlassen eines Schleifenkonstruktes, gezeigt werden soll.

Im einzelnen steuert dabei die bausteininterne Dekodierung des Kodes
1011 die folgenden Schritte:

1. Abfrage des Bedingungs-Kodes am CC-Eingang

2. Ist die Bedingung wahr:
   - Ansteuern des Folgeadreßfeldes im MIR (OE_{PL}).
     Durchschalten der über den D-Eingang übernommenen Zieladresse
     über den Adreßmultiplexer auf den Y-Ausgang zum Mikroprogramm-
     speicher .
   - Löschen des obersten Eintrages im Adreßkeller (STACK) und
     Dekrementieren des Kellerzeigers (STP).
   Weiter bei 4.

3. Ist die Bedingung nicht wahr:
   - Durchschalten des Mikrobefehlszählers (MPC) über den Adreß-
     multiplexer auf den Y-Ausgang zum Mikroprogrammspeicher.

4. Abgreifen der auf den Y-Ausgang gelegten Adresse, Inkrementieren
   der Adresse und Schreiben in den Mikrobefehlszähler (MPC).

Diese in Abbildung 3.9 schematisch dargestellte Technik des Mikro-
instruktionskodes ist zunächst eingeführt worden, um mit der beschränkten Anzahl von Anschlüssen an den Bausteinen auszukommen,
sie führt jedoch zu reduzierter Wortlänge. Dabei wird bewußt in Kauf

genommen, daß im Prinzip verträgliche Mo durch Kodierung ausgeschlossen werden (Beispiel: die Auswahl der Quelloperanden
für die ALU im Rechenwerkbaustein Am 2901 - Abbildung 2.11 -
durch das Feld f_1, ALU source, im Multiplexer IMUX erlaubt von
den aus den fünf möglichen Quellen: trans A, trans B, Q, intf D
und Ø prinzipiell zu bildenden 20 Operandenpaaren nur 8 verschiedene
Varianten).

Die Technik der Mikroinstruktions-Kodes für Bausteine wird ergänzt
durch die in Abschnitt 2.1.2 eingeführte Maßnahme des Bit-Steering,
die dadurch ermöglicht wird, daß zusätzlich zum Mikroinstruktions-
Kode ein getrenntes Aktivierungsbit für jeden Baustein geführt
wird (meist IEN, instruction enable, vgl. Abbildung 3.10). Gleichlange
Kodes für verschiedene Bausteine werden aus einem multifunktionalen
Überlagerungsfeld des Mikroinstruktionsformates parallel angesteuert,
dekodiert wird der entsprechende Kode nur in demjenigen Baustein,
dessen IEN-Bit gesetzt ist. Da die Aktivitäten verschiedener Bausteine
meist verträglich sind, führt die Anwendung dieser Technik meist
zur Einschränkung der potentiell parallelen Aktivitäten.

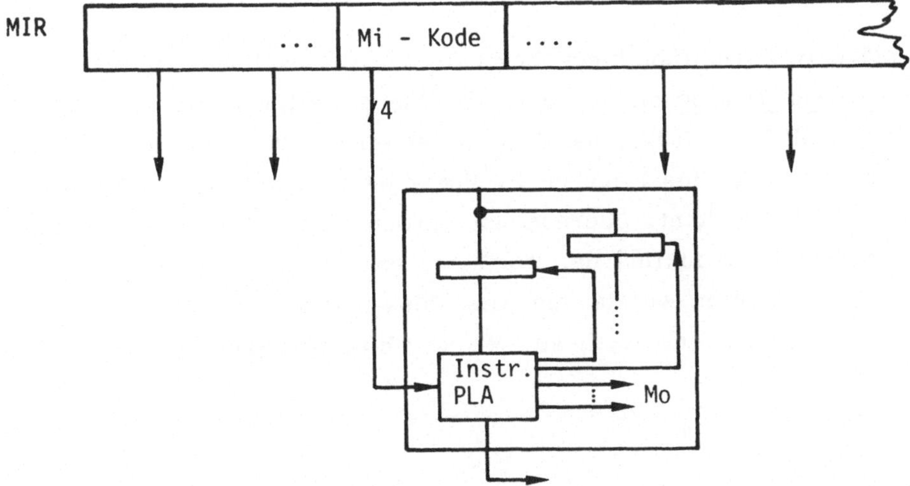

Abbildung 3.9: Baustein-interne Dekodierung von Mikroinstruktions-
Kodes durch PLA.

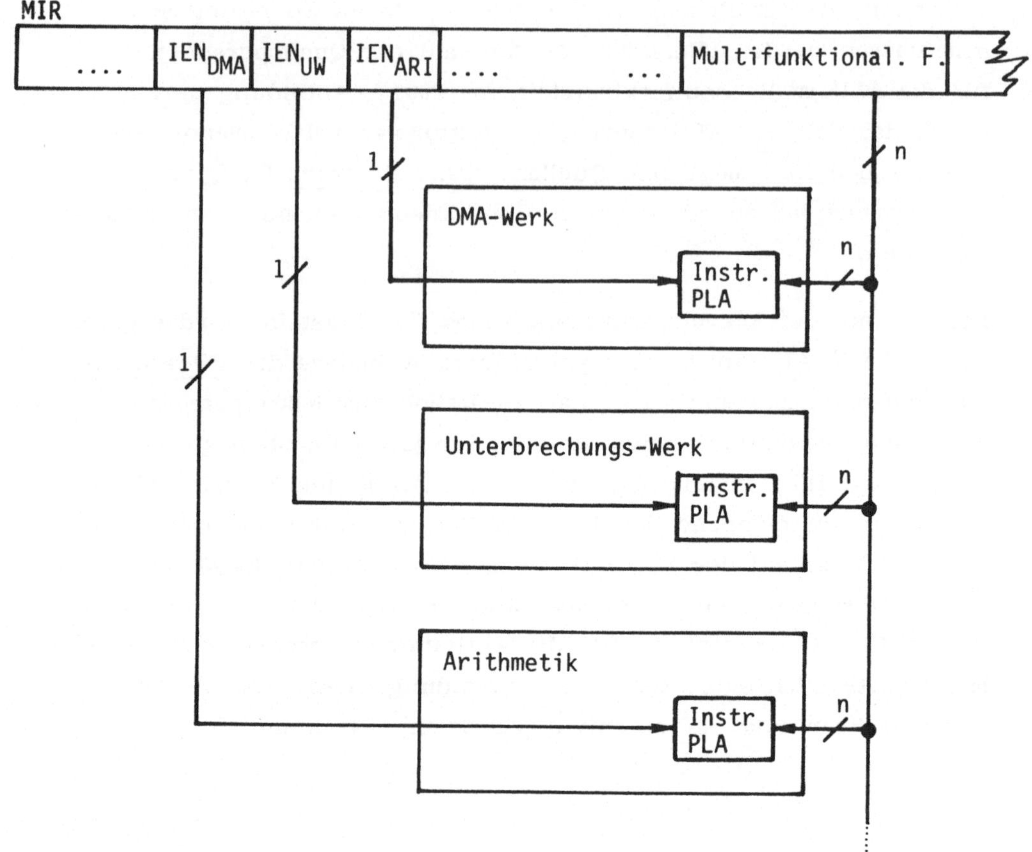

<u>Abbildung 3.10:</u> Überlagerung gleichlanger Steuerfelder (Bit-steering)

Noch stärkere Einschränkungen ergeben sich bei expliziten <u>Zwei-Zyklen-Mikroinstruktionskodes</u> wie beim Rechenwerkbaustein Am 29116 (HARMON, MILLER, 1982), bei dem aus einem multifunktionalen 16-Bit-Feld des MIR im Zyklus i ein 16-Bit Mikroinstruktionskode, im Zyklus i+1 eine 16-Bit Konstante übernommen werden muß. Diese in Abbildung 3.11 dargestellte Reduktion der Wortlänge erklärt sich ausschließlich aus der beschränkten Anzahl von Anschlüssen des Bausteins, d.h. aus technologischen und nicht aus Mikroarchitektur-Gründen.

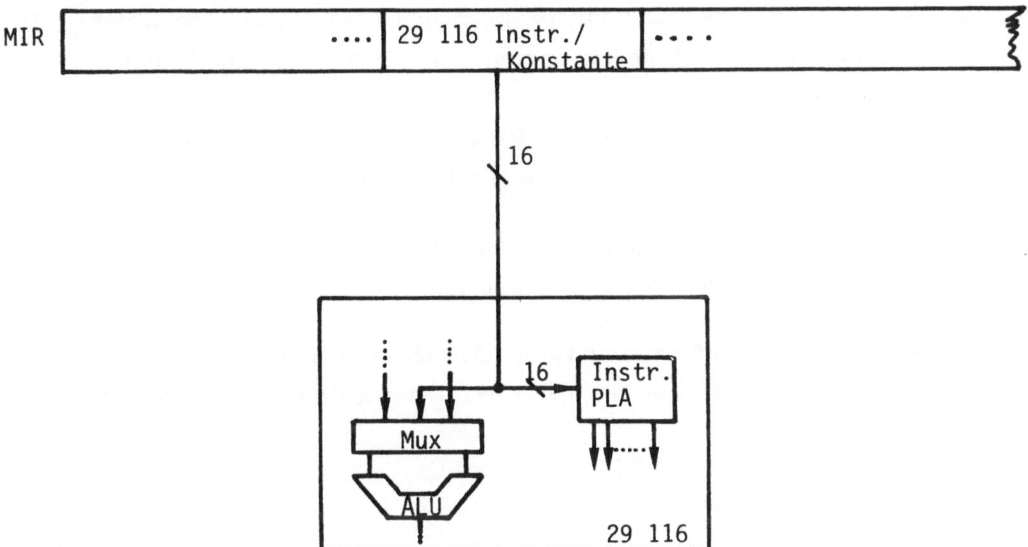

Abbildung 3.11: Zwei-Zyklen-Mikroinstruktionskodes (Befehl in Zyklus i, Konstante in Zyklus i+1)

3.4.2 Verfahren zur Reduktion des Mikroprogrammspeicherplatzes für VLSI-Bausteine

Die folgenden Verfahren sind primär auf das Ziel der Reduktion des Mikroprogrammspeicherplatzes zugeschnitten, wobei die Reduktion der Wortlänge der Mi mehr als "Nebenprodukt" anfällt.

Von größter Bedeutung für die Implementierung der Maschinenbefehlssätze monolithischer 16-Bit Mikroprozessoren ist eine möglichst kompakte Mikroprogrammspeichertechnik. Für den Mikroprozessor MOTOROLA 68 000 wurde daher auf die in Kapitel 2.1.3 eingeführte Quasinanoprogrammierung zurückgegriffen (STRITTER, TREDENNICK, 1978, NASH, SPAK, 1979). Die Mi besteht dabei lediglich aus 2 Adreßteilen für die Mikroprogrammfortschaltung und die Adresse des Steuerteiles im Quasinanoprogrammspeicher (vgl. Abbildung 2.8). Diese Technik führt unter zwei Voraussetzungen zur Speicherplatzersparnis:

1. Die Anzahl der im Quasinanoprogrammspeicher benötigten unterschiedlichen Steuerteile ist gering gegenüber der Anzahl der möglichen Steuerteile.

2. Die benötigten Steuerteile werden auf der Ebene der Mikroprogrammierung redundant (mehrfach) benutzt.

Sei n: Anzahl der Bitstellen des Steuerteiles
    k: Anzahl der Mi für die gesamte Implementierung.

Bei einfachster Adreßfortschaltung (Adreßteil besteht nur aus der Folgeadresse) ergibt sich für die Anzahl der Bitstellen des Adreßteiles m

$$(3.29) \qquad m = \lceil \log_2 k \rceil$$

und als Mikroprogrammspeicher-Aufwand H für eine einstufige (horizontale) Lösung

$$(3.30) \qquad H = k \cdot (n + \lceil \log_2 k \rceil)$$

Sei l: Anzahl unterschiedlicher Steuerteile, die in den k Mi vorkommen, so gilt

$$(3.31) \qquad k \geqq l.$$

Für eine Implementierung der gleichen Mikroprogramme in Quasinanoprogrammtechnik ergibt sich der Speicheraufwand für den Quasinanoprogrammspeicher N

$$(3.32) \qquad N = l \cdot n$$

und für den Mikroprogrammspeicherteil M

$$(3.33) \qquad M = k \cdot (\lceil \log_2 k \rceil + \lceil \log_2 l \rceil)$$

bzw. für den Gesamtspeicheraufwand Q

$$(3.34) \qquad Q = N + M = k(\lceil \log_2 k \rceil + \lceil \log_2 l \rceil) + n \cdot l$$

Sei α : das Verhältnis der Anzahl unterschiedlicher Steuerteile zur Anzahl aller Steuerteile des gesamten Mikroprogramms, so gilt:

$$(3.35) \qquad 1 = \alpha \cdot k.$$

Wir interessieren uns für die Frage, in welchem Verhältnis die Größen n,k und α stehen müssen, damit die zweistufige Lösung geringeren Mikroprogrammspeicheraufwand benötigt als die einstufige. Wir setzen also die Bedingung

$$(3.36) \qquad Q < H$$

Durch Einsetzen von (3.30), (3.34) und (3.35) ergibt sich

$$(3.37) \qquad k(\lceil \log_2 k \rceil + \lceil \log_2 \alpha\, k \rceil) + n\,\alpha\, k < k(n + \lceil \log_2 k \rceil)$$

Durch Vereinfachung ergibt sich

$$(3.38) \qquad \lceil \log_2 \alpha\, k \rceil + n\,\alpha < n$$

und die Bedingung für n bzw. k

$$(3.39) \qquad n > \frac{\lceil \log_2 \alpha k \rceil}{1-\alpha};$$

$$(3.40) \qquad k > \frac{1}{\alpha}\, 2^{n(1-\alpha)};$$

Für den Mikroprozessor MOTOROLA 68 000 gelten nach STRITTER, TREDENNICK, 1978 die folgenden Größen:

$n \approx 70$

$k \approx 650, \quad 1 \approx 270$

$\alpha \approx 0,4$

Es gelten also die Ungleichungen (3.39), (3.40), die exakten Zahlen für die Implementierung lauten:

$Q = 30\ 550$ Bit;

$H = 52\ 400$ Bit.

Mit der zweistufigen Implementierung konnten also nahezu 40 % des benötigten Mikroprogrammspeicherplatzes eingespart werden.

Diese Methode der Speicherplatzreduzierung setzt die beiden eingangs genannten Bedingungen (wenige unterschiedliche Steuerteile, mehrfache Nutzung dieser Steuerteile) voraus, deren Erfüllung nur bekannt ist, wenn auch die Mikroprogramme bekannt sind. Für mikroprogrammierbare Maschinen wäre die Methode nur dann anwendbar, wenn auch der Quasinanoprogrammspeicher ladbar ist. Allerdings ist α nicht allgemein vorhersagbar und wahrscheinlich sowohl von den zu implementierenden Algorithmen als auch von der verwendeten Mikroarchitektur abhängig.

Der Nachteil, daß durch den zusätzlichen Speicherzugriff (neben dem Mikroprogrammspeicher - auch der Quasinanoprogrammspeicher-Zugriff) die Dauer des Mikroinstruktionszyklus verlängert wird, kann durch Überlappung im Sinne eines erweiterten Mikroinstruktionspipelining verhindert werden, wobei dann jedoch gesonderte Maßnahmen bei der Ausführung bedingter Aktionen (Pipeline-Hemmnisse) berücksichtigt werden müssen (z.B. Einschub von NOOPs etc.).

Die besonders günstigen Verhältnisse beim Mikroprozessor MOTOROLA 68 000 erklären sich aus einer Reihe sicher nicht allgemein übertragbarer Maßnahmen beim Entwurf:

1. Die Steuerteile auch im Quasinanoprogrammspeicher sind noch nicht voll horizontal: aus 68 Bit Quasinanoinstruktion werden durch Dekodierung 172 verschiedene Steuerpunkte angestoßen (NASH, SPAK, 1979).

2. Die Anzahl benötigter Steuerteile (1) wurde durch Handoptimierung der Ausgangsmikroprogramme reduziert, wobei versucht wurde, Mo zwischen den Mi so zu verschieben, daß eine möglichst geringe Zahl unterschiedlicher Steuerteile entsteht (STRITTER, TREDENNICK, 1978).

Einen ähnlichen Ansatz zweistufiger Mikroprogrammierung, jedoch mit Nanoprogrammierung, beschreibt BURKE, 1982 für die Mikroprogrammierung eines speziellen Arithmetik-Prozessors F 9443 zum 16 Bit Mikroprozessor FAIRCHILD F 9445.

Eine sehr stark auf die (VLSI-)Hardware bezogene Methode zur Reduzierung des Mikroprogrammspeicheraufwandes schlägt GUTTAG, 1980 mit der CCROM-Technik vor (compressed control ROM). Diese Technik wurde bei der Implementierung des Maschinenbefehlssatzes des 16 Bit Mikroprozessors TEXAS INSTRUMENTS 9995 angewendet. Ausgangspunkt ist eine einstufige Mikroprogrammtechnik mit fast unkodiertem Steuerteil (89 Bit Steuerteil werden auf 145 Steuerpunkte dekodiert). Der zunächst unveränderte horizontale Mikroprogrammspeicherinhalt wird auf der Basis der Kenntnis der Implementierung von ROMs als MOS-Speicher (auf dem Prozessorchip) reduziert.

ROM-Speicher sind physikalisch so organisiert, daß die vollständige Mikroprogrammspeicheradresse in zwei Hälften, die Zeilen (X)- und die Spalten (Y)-Adresse aufgeteilt wird. X und Y sind dabei die dekodierten Darstellungen der beiden Adreßteile; die Y-Eingänge wirken wie Ausgabemultiplexer für die einzelnen Bitstellen der Mi (vgl. Abbildung 3.12).

Bei selten benutzten Mo (d.h. Kodierung der entsprechenden Bitstellen im Mikroprogrammspeicher oft "0"), ist es recht wahrscheinlich, daß für alle Zeilenadressen X eine vollständige Spalte Y_i völlig unbesetzt ist. Im Beispiel von Abbildung 3.12 sind dies alle durch B markierten Spalten. Diese Spalten des ROM und der jeweils zugehörige Y Multiplexer Transistor können ohne Änderung des Mikroprogramms einfach entfernt werden.

Für größere Speicher wird die Wahrscheinlichkeit, daß eine Spalte unbesetzt bleibt, natürlich geringer. GUTTAG, 1980 gibt eine allgemeine Formel für die Wahrscheinlichkeit des Auftretens leerer Spalten an.

Sei W: Anzahl der Mi
    X: Häufigkeit des Auftretens der "1" für die entsprechende Mo
    Z: Anzahl der Bitstellen in der ROM-Spalte

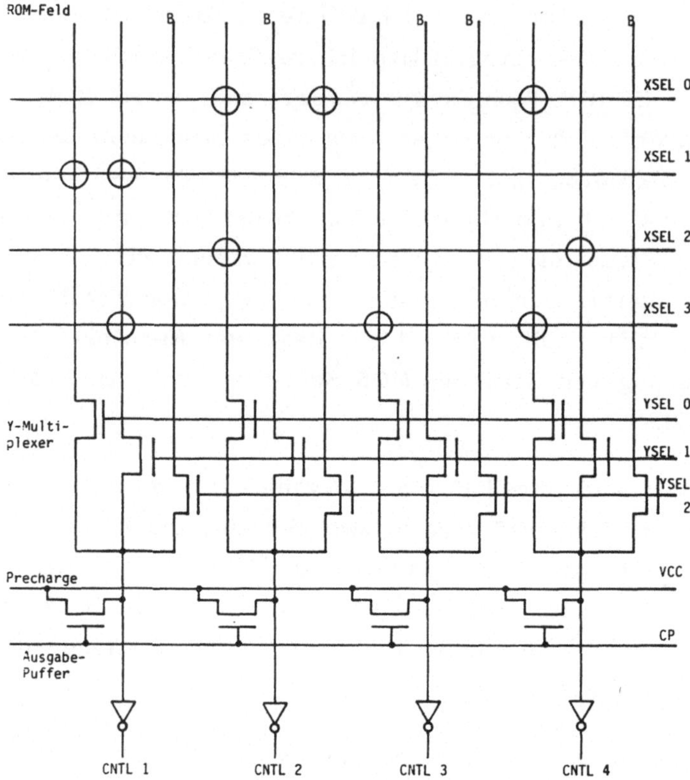

Abbildung 3.12: ROM Speicherimplementierung für hochintegrierte MOS-Bausteine. CNTL: Ausgänge zum MIR, XSEL: Zeilenadresse, YSEL: Spaltenadresse. Die Kreise stellen Transistorverbindungen für die Ausgabe der "1" dar.

Dann gilt für die Wahrscheinlichkeit P, daß eine zugehörige Spalte im ROM gestrichen werden kann.

$$(3.41) \qquad P = \frac{[(W-X)!]\,[(W-Z)]!}{[(W-X-Z)!]\,[W!]} ;$$

Für das Beispiel eines ROM mit W = 256 Mi, in dem ein bestimmtes Signal X = 10 mal auftritt und dessen Spalten Z = 64 Bit tief sind, ergibt sich eine Wahrscheinlichkeit P von 5 %, daß eine der Spalten gelöscht werden kann.

Diese geringe Wahrscheinlichkeit kann jetzt durch eine Reihe von Maßnahmen drastisch erhöht werden:

1. Reduktion von Z, d.h. Veränderung der "ROM-Geometrie" im Sinne eines breiteren, aber weniger tiefen ROM.

2. Umordnen der Adressen der Mi im Ausgangs-Mikroprogramm,
   so daß Mi mit "0" in gleichen Bitstellen den gleichen Y zugeordnet werden.

3. Wahl geeigneter "default"-Werte für jede Mo: bei meist gesetzten
   Bitstellen ist es sinnvoller, im ROM die Bitstelle nicht zu setzen
   und das Signal im Ausgabepuffer zu invertieren.

Insbesondere die Maßnahmen 1 und 2 haben jedoch auch entgegengesetzte Wirkungen, so daß jeweils ein optimaler Punkt bezüglich
der Speicherplatzreduktion ermittelt werden muß.

Wird am obigen Beispiel für den Wert Z statt 64 nur die Tiefe 16
verwendet, steigt die Wahrscheinlichkeit P von 5 % auf 52 %. Jedoch
wird durch die "Verbreiterung" des ROM die Anzahl der Y Multiplexer Transistoren erhöht. Es muß also konkret abgewogen werden,
ob die Spalteneinsparung durch Verbreiterung den erhöhten Tran-
sistor-Aufwand lohnt.

Bei der Adreßumordnung (Maßnahme 2) bleibt zwar der Steuerteil
jeder Mi unverändert, jedoch ändert sich gegebenenfalls die Sprungadresse im Adreßteil. Dieser Effekt kann jedoch aufgefangen werden,
wenn es bei der Umordnung möglich ist, nur den X-Teil der Adresse
zu verändern.

GUTTAG, 1980 berichtet, daß mit Hilfe der CCROM-Methode die
Mikroprogramme für den Mikroprozessor 9995 von 144 Mi zu 89 Bit
(Speicherfläche = 12 816 Bit) auf ein CCROM mit nur 4 800 Bit
reduziert werden konnte (mit Z = 16). Ferner wurde abgeschätzt,
daß für ein noch horizontaleres Format mit 120 Bit Wortlänge eine
noch höhere Einsparung hätte erzielt werden können.

Prinzipiell ist diese Methode mit der vorhergenannten Methode der
Quasinanoprogrammierung kombinierbar, wobei es sinnvoll erscheint,
nur die horizontalere, untere Ebene zu komprimieren.

Die CCROM-Methode hat gegenüber systematischen Verfahren
(Abschnitt 3.3) den Vorteil, daß sie die technologischen Randbedingungen einbezieht: der Speicherplatzaufwand wird reduziert, ohne

dadurch den Dekoderaufwand zu erhöhen. Dies ist deshalb wichtig, weil komplexe Dekoder schlechter hochintegriert realisierbar sind als große Speicher.

Allerdings gehen durch die genannten ad-hoc Verfahren, die immer von vorgegebenen Mikroprogrammen ausgehen, viele der Vorteile der Mikroprogrammierung tendenziell verloren, insbesondere ihre Flexibilität gegenüber Änderungen und Erweiterungen.

3.4.3 Ein Verfahren zur Reduktion der Zustände von Leitwerken

Zum Abschluß sei der Vollständigkeit halber noch ein Verfahren, das mehr theoretisches Interesse hat, dargestellt. Die Arbeiten von CASAGLIA et al., 1971 (zitiert nach AGERWALA, 1976) sind orientiert an der Darstellung mikroprogrammierter Rechner durch zwei gekoppelte endliche Automaten (MOORE- bzw. MEALY-Automaten) CP und OP, die deren Leitwerk (control part) und Rechenwerk (operation part) entsprechen, wie sie ursprünglich von GLUSHKOV, 1965 mit dem Ziel der Reduktion der Zustände durch bekannte Techniken aus der Automatentheorie eingeführt wurden. CASAGLIA et al., 1971 betrachten nur das Leitwerk CP, das als Mikroprogramm beschrieben werden kann, das entweder in einer Phrasen-strukturierten Sprache (ps) oder einer Mikroinstruktions-strukturierten Sprache (ms) ausgedrückt wird.

Die Eingaben für CP seien y_i, die Ausgaben a_i (Mo des OP), dann lassen sich unbedingte Mi durch den Ausdruck

$$(3.42) \qquad |h| \; a_j \, k$$

beschreiben, mit $|h|$: Marke der Mi, k: Marke der nächsten auszuführenden Mi. Bedingte Mi werden durch Ausdrücke der Form

$$(3.43) \qquad |h| \; (X_1)a_{j_1}k_1; \quad (X_2)a_{j_2}k_2; \dots; \quad (X_p)a_{j_p}k_p;$$

beschrieben mit (X_r): logische Bedingung bezüglich eines Eingabesignals y_i und, $a_{j_r}k_r$ wird ausgeführt, wenn (X_r) wahr ist. Entsprechend heißt $a_j k$ eine Phrase, $(X_r)a_{j_r}k_r$ eine bedingte Phrase.

Eine ps-Sprache ist definiert als Folge von Mi, die entweder aus genau einer Phrase oder aus einer Menge bedingter Phrasen bestehen, für die gilt, daß alle X_r und alle Phrasen unterschiedlich sind, und daß nur genau eine der Bedingungen X_r erfüllt ist.

Eine ms-Sprache ist eine ps-Sprache, für deren bedingte Mi gilt, daß alle bedingten Phrasen innerhalb einer Mi sich nur bezüglich ihrer k_r unterscheiden. Die bedingte Mi einer ms-Sprache erhält damit die Form

$$(3.44) \qquad |h|a_i \ (X_1)k_1; \ (X_2)k_2; \ldots; \ (X_p)k_p.$$

Aus den Mikroprogrammbeschreibungen in ps- bzw. ms-Sprache können CP-Automaten abgeleitet werden, die die Mikroprogramme ausführen (vgl. Abbildung 3.13). Aus den angegebenen Regeln für die Reduktion des CP betreffen zwei insbesondere die Reduktion der Wortlänge.

1. Die Reduktion der Anzahl zulässiger $(X_i)k_i$ in einer ms-Sprache reduziert die Wortlänge des ROM in Abbildung 3.13 b.
2. Beziehen sich bei einer ms-Sprache alle k_i auf eine Basis-Adresse im ROM, kann die Wortlänge ebenfalls reduziert werden.

Alle weiteren angegebenen Regeln zur Reduktion des CP beziehen sich auf die Anzahl der Mi, die sich immer dann verringern läßt, wenn Teile der vollständigen Mikroprogramme aus "ähnlichen" Mi bestehen, die dann auf genau eine Mi reduziert werden können, die die gleichen Teile umfaßt, sowie ein kombinatorisches Netz, das die restlichen unterschiedlichen Teile produziert.

Die Arbeiten von CASAGLIA et al., 1971 sind wohl lediglich von theoretischem Interesse, da sie nicht nur spezielle Leitwerkstrukturen voraussetzen, sondern auch die Kenntnis der Mikroprogramme, die zudem in ps- oder ms-Sprache vorliegen müssen. Ferner müssen diese Programme dann sogar noch ganz bestimmten Bedingungen genügen. Durch die Einführung der kombinatorischen Netze geht ferner die Flexibilität der Mikroprogramme verloren.

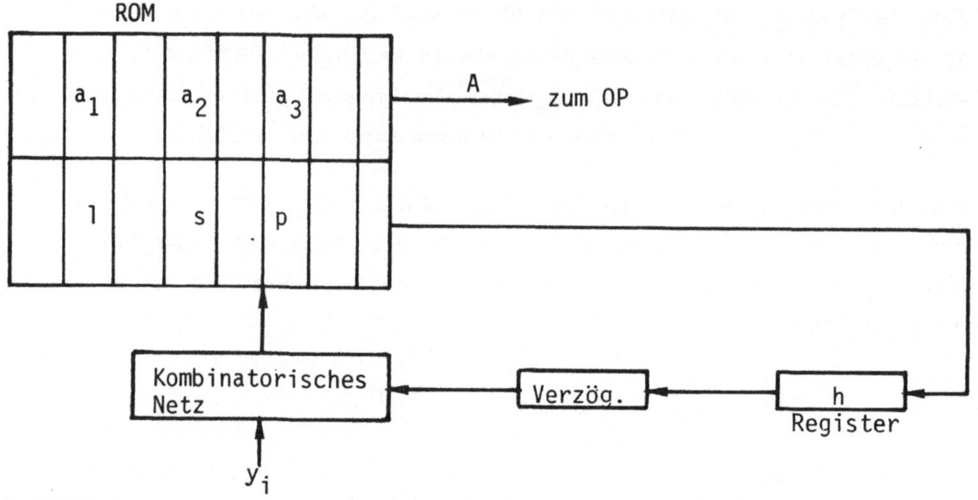

a) MEALY-Automat CP, der die folgende Mi in ps-Sprache ausführt:

ıhı $(X_1)a_1$l; $(X_2)a_2$s; $(X_3)a_3$p.

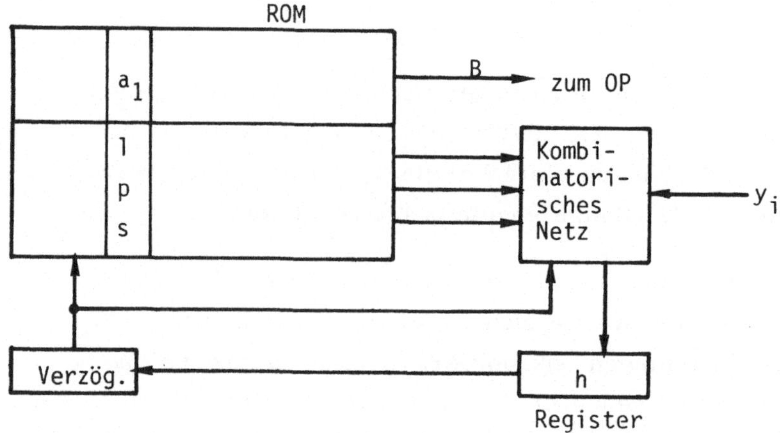

b) MOORE-Automat CP, der die folgende Mi in ms-Sprache ausführt:

ıhı a_1 (X_1)l, (X_2)p, (X_3)s.

Abbildung 3.13: Endliche Automaten zur Ausführung von Mikroprogrammen in der Darstellung durch ps- bzw.
ms-Sprachen.

4. Reduktion der Anzahl von Mikroinstruktionen in Mikroprogrammen: lokale und globale Kompaktifizierung

4.1 Motivation und Problemstellung

Nachdem in Kapitel 3 mit den Verfahren zur Reduktion der Wortlänge von Mi die Breite des Mikroprogrammspeichers verringert wurde, betrifft die in diesem Kapitel behandelte Reduktion der Anzahl der Mi von Mikroprogrammen die Tiefe des Mikroprogrammspeichers. Diese Kompaktifizierung von Mikroprogrammen kann aus zwei unterschiedlichen Gründen angestrebt werden:

- Reduktion des benötigten Mikroprogrammspeicherplatzes, also Verringerung des Hardware-Aufwandes,
- Reduktion der Laufzeit von Mikroprogrammen, also Leistungssteigerung.

Für rein sequentielle Mikroprogramme würden beide Ziele zusammenfallen, es wird jedoch später gezeigt, daß im allgemeinen Fall verzweigter Mikroprogramme Leistungssteigerungen oft auf Kosten des Speicheraufwandes gehen bzw. umgekehrt (z.B.: Verlagerung einer für einen häufig benutzten Pfad redundanten Mo bzw. Mb in mehrere, nicht so häufig benutzte Pfade, für die sie nicht redundant ist).

Allerdings tritt der bei den Verfahren in Kapitel 3 besonders betonte statische Aspekt der Speicherplatzreduzierung hier weitgehend hinter den dynamischen Aspekt der Leistungssteigerung des Laufzeitverhaltens von Mikroprogrammen zurück, weil damit die Voraussetzung für ein weiteres Ziel gegeben ist: die Übersetzung von Quellprogrammen, die in - möglichst maschinenunabhängiger - Höherer Mikroprogrammiersprache (muHMS) formuliert sind, in effizienten, maschinenbezogenen Zielkode.

Die Bereitstellung von muHMS ist wiederum eine wesentliche Voraussetzung für eine weitere Verbreitung der (Benutzer-) Mikroprogrammierung überhaupt (DAVIDSON, SHRIVER, 1980, RICHTER, 1980b, DASGUPTA, 1980), da einer größeren Anzahl von Anwendern die Hardware-nahe Programmierung aus Zeit-, Kosten- und Zuverlässigkeitsgründen nicht zugemutet werden kann. Drei weitere Gründe in

der Entwicklung der Rechnerarchitektur sprechen für die absolute
Notwendigkeit höhersprachlicher Mikroprogrammierungs-Hilfsmittel
im Sinne des Firmware-Engineering:

- Die Entwicklung der Hochintegration erlaubt den Aufbau immer
  komplexerer Rechnerstrukturen mit horizontaleren Mikroarchitekturen
  (z.B. die ELI-Maschine: enormous longword instruction, mit einem
  Mikroinstruktionsformat der Länge 512 Bit, vgl. FISHER, 1982). Je
  horizontaler jedoch das Mikroinstruktionsformat ist, d.h. je mehr
  unabhängige Mo oder Mb in einer Mi parallel angestoßen werden
  können, desto "unprogrammierbarer" wird die Maschine ohne höher-
  sprachliche Hilfsmittel.

- Durch die Einführung von Spezialschaltkreisen für komplexe
  Kontrollfunktionen und das weite Gebiet der digitalen Signalpro-
  zessoren in die Bitslice-Mikroprozessor-Familien liegt es nahe, relativ
  umfangreiche Algorithmen mikroprogrammiert zu implementieren.

- Allgemein trägt die Technik der Vertikalen Verlagerung, ob aus
  Geschwindigkeits- oder aus Schutzgründen verwendet, dazu bei,
  daß komplexere Algorithmen als bei der reinen Implementierung von
  Maschinenbefehlen mikroprogrammiert werden.

Die Entwicklung von muHMS und ihren Übersetzern wird also notwendig, weil Maschinen und Algorithmen komplexer werden. Ferner
gelten für die Forderung nach muHMS die gleichen Gründe, die im
Zusammenhang des Software-Engineering genannt wurden: die (Mikro-)
Programmerstellung soll schneller, billiger und zuverlässiger werden
(DAVIDSON, SHRIVER, 1980). Bei der Übersetzung von Quellkode
in muHMS ist es jedoch nicht möglich, direkt den Zielkode in Form
von Folgen von Mi aus den einzelnen Quellstatements zu generieren,
weil auf dieser Ebene zu wenig globale Information für eine effiziente
Mikrokodegenerierung zur Verfügung steht. Vielmehr wird zunächst
eine Übersetzung in Folgen von Mo bzw. Mb durchzuführen sein,
wobei die in Compilern für Höhere Programmiersprachen üblichen
semantischen Optimierungsverfahren Anwendung finden können. Aus
dieser Darstellung wird dann ein MFG gebildet und das Mikroprogramm
in SMB zerlegt (alle Definitionen vgl. Kapitel 2). Erst auf der Basis
dieser Darstellung findet dann die eigentliche Kompaktifizierung statt:
aus Folgen von Mo bzw. Mb werden möglichst wenige Mi generiert,
wobei die Semantik des Programms unverändert bleiben muß.

Diese **Kompaktifizierung** besteht im wesentlichen aus zwei Teilen:

- Datenabhängigkeits-Analyse
- Analyse der Ressourcen-Konflikte und Bilden der Mi.

Je nach dem angewendeten Verfahren bzw. Algorithmus unterscheiden sich diese beiden Schritte, wie später dargestellt wird. Prinzipiell zeigt jedoch Abbildung 4.1 die einzelnen Schritte bei der Übersetzung von muHMS. Es zeigt sich, daß die drei wesentlichen Schritte des

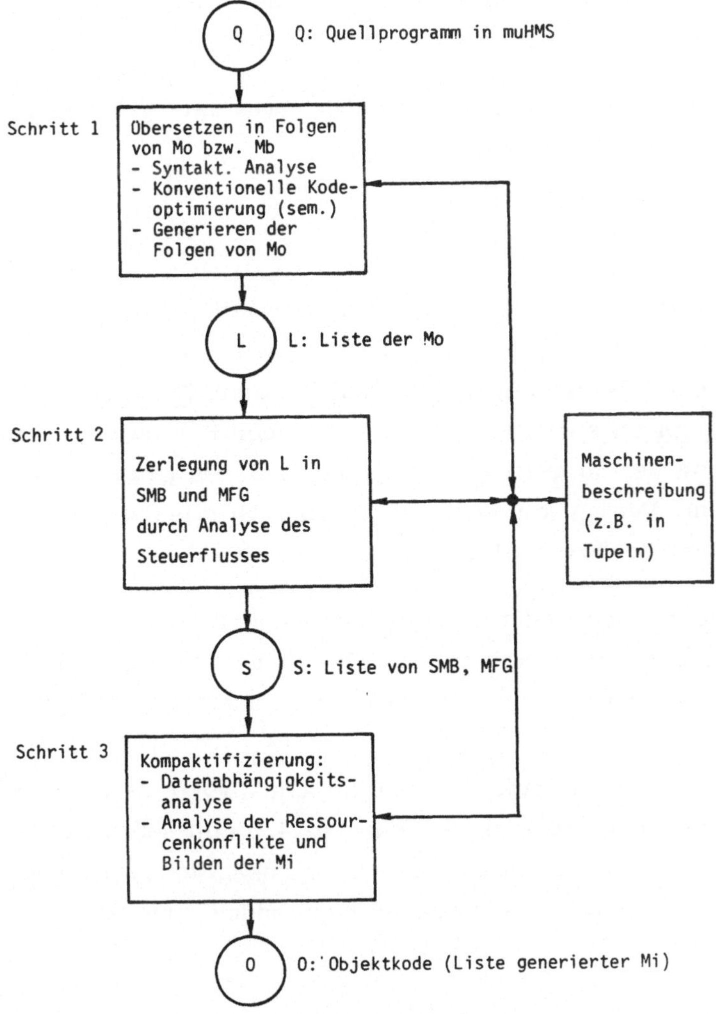

Abbildung 4.1: Vereinfachte Darstellung der Übersetzung von maschinenunabhängigen Höheren Mikroprogrammiersprachen.

Übersetzungsvorganges jeweils Zugriff auf eine Maschinenbeschreibung benötigen, die sinnvollerweise auf dem in Kapitel 2 eingeführten Tupelmodell basiert, da damit alle Informationen über die Mikroarchitektur gegeben sind, die insbesondere bei der Kompaktifizierung benötigt wird.

Nachfolgend wird nunmehr zunächst ausschließlich der Schritt der Kompaktifizierung näher betrachtet. Die Darstellung der Probleme der Übersetzung Höherer Mikroprogrammiersprachen sind daher hier nur sehr knapp und stark vereinfacht dargestellt. Eine etwas umfassendere Behandlung findet sich am Ende dieses Kapitels in Abschnitt 4.4.

Bei der Kompaktifizierung unterscheidet man zwei grundsätzlich unterschiedliche Ansätze:

- die lokale Kompaktifizierung,
- die globale Kompaktifizierung.

Beide Ansätze gehen jedoch von einer Darstellung des zu kompaktifizierenden Mikroprogramms als Liste von SMB aus (Ergebnis von Schritt 2 der Übersetzung). Die lokale Kompaktifizierung führt die Datenabhängigkeits-Analyse, die Analyse der Ressourcenkonflikte und Bildung der Mi getrennt für jeden SMB des gesamten Mikroprogramms aus. Verschiebungen von Mo über Grenzen von SMB hinweg werden nicht berücksichtigt.

Die globale Kompaktifizierung führt eine mikroprogrammweite Kompaktifizierung unter Berücksichtigung des Steuerflusses im MFG durch. Sie ist aufwendiger, aber gegebenenfalls wesentlich ertragreicher.

Da für beide Ansätze eine Reihe unterschiedlicher Algorithmen existiert, werden diese in getrennten Abschnitten 4.2 und 4.3 behandelt. Dabei wird gezeigt, daß die aus der Literatur bekannten Verfahren für das in Kapitel 2 eingeführte erweiterte Tupelmodell angepaßt werden können.

Bereits das Problem der lokalen Kompaktifizierung, d.h. das Bilden einer minimalen Anzahl von Mi aus einer sequentiellen Folge von Mo bzw. Mb unter Berücksichtigung von Datenabhängigkeiten und

Ressourcen-Konflikten (beinhaltet auch Zeitbetrachtungen) ist
NP-vollständig (DeWITT, 1976). DAVIDSON et al., 1980 zeigen,
daß die lokale Kompaktifizierung mit Berechnung der optimalen
Lösung bereits für einfachste Modelle NP-vollständig ist (d.h.
ohne Polyphasen-Mi, Multizyklen-Mo u.ä.), da diese sich auf das
Funktionseinheit-Zeit-Zuordnungsproblem zurückführen läßt (ULLMAN,
1973). Dies ist der Grund, weswegen man eine effiziente Übersetzung
von muHMS lange für unmöglich hielt, da allein die Phase der Kompaktifizierung auf minimale Länge exponentiell komplex ist. Gegen
Ende der 70er Jahre wurden dann jedoch für einfache Architektur-
Modelle eine Reihe von verschiedenen Algorithmen entwickelt, die
eine gute, wenn auch nicht notwendig minimale Lösung für die lokale
Kompaktifizierung ergeben. Die besten dieser Algorithmen (vgl. Abschnitt 4.2) arbeiten mit einem Aufwand von $O(n^2)$, wenn n die
Anzahl der Mo bzw. Mb des SMB bezeichnet.

Vergleichbar günstige Aussagen über den Aufwand für die sehr
viel weniger intensiv untersuchte, aber potentiell ertragreichere
globale Kompaktifizierung liegen zur Zeit nicht vor. Dieses letztere
Gebiet wird wohl erst in der nächsten Zukunft intensiver untersucht
werden.

In Abschnitt 4.2 und 4.3 wird gezeigt, daß auch die Aufwandsbe-
trachtungen bei der Anwendung der Algorithmen auf der Basis des
erweiterten Tupelmodells übertragbar sind. Damit erscheint die
Aussage gerechtfertigt, daß es möglich ist, Übersetzer für muHMS
zu entwickeln, die auch für größere Mikroprogramme bei erträglichem
Übersetzungsaufwand (auf einem Großrechner) gute Objektkodes
produzieren und dies auch für realistische Mikroarchitekturen (Poly-
phasen-Takt, Multi-Zyklen-Mo, transiente Speicherressourcen etc...,
vgl. alle Eigenschaften des Tupelmodells aus Kapitel 2). Wie Abschnitt
4.4 zeigen wird, hat sich trotz dieser Aussage bis heute keine muHMS
allgemein durchgesetzt, Fortschritte sind jedoch zu erwarten. Nach
DAVIDSON et al., 1981 befindet sich die Forschung im Bereich der
Mikroprogrammierung in einem vergleichbaren Zustand wie die Programmierung zur Zeit des ersten FORTRAN-Compilers.

Als Maß für den Erfolg der lokalen Kompaktifizierung kann der
Quotient aus der Anzahl der Mo bzw. Mb des SMB und der Anzahl
der gebildeten Mi gelten (bei globaler Optimierung entsprechend
die Anzahl der Mo bzw. Mb auf einem Pfad statt im SMB). Bei
vorgegebenem Algorithmus wird dieser Quotient von einer Reihe
von Eigenschaften beeinflußt sein:

- Grad des Parallelismus der Mikroarchitektur,
- Grad der Kodierung der Mikroinstruktionen,
- Art und Umfang der zu mikroprogrammierenden Algorithmen.

Je mehr potentiell parallele Aktivitäten in der <u>Mikroarchitektur</u>
ausführbar sind, d.h. je mehr unabhängige Werke und Teilwerke
ein Rechnersystem umfaßt, desto größer ist die Chance, viele
Mo bzw. Mb zu einer Mi zusammenzufassen.

Der Grad der <u>Kodierung</u> der Mi bestimmt, ob der durch die Mikroarchitektur gegebene potentielle Parallelismus überhaupt angesteuert
- also genutzt - werden kann.

<u>Stark kodierte</u> bzw. <u>vertikale</u> Mi, die meist nur eine oder einige
wenige Mo aus jeder Mi anzusteuern gestatten, werden einen Kompaktifizierungsquotienten nahe der Zahl eins erhalten, d.h. der Aufwand
lohnt nicht. Übersetzer für solche Systeme bieten, wie das von KLEIR,
RAMAMOORTHY, 1971 geschilderte Projekt für die Reduktion der
Anzahl der Mi nur die üblichen konventionellen Optimierungsschritte
an wie Elimination redundanter Ausdrücke, Elimination negierter
Ausdrücke und Kode-Verschiebungen.

Andererseits ist auch die Programmierung solcher Maschinenbefehls-
ähnlicher Mikroinstruktionsformate nicht so schwierig, so daß die
Forderung nach höhersprachlichen Hilfsmitteln hier weniger dringlich
erscheint. Übersetzer für solche vertikal mikroprogrammierten Systeme
könnten gegebenenfalls auf die Kompaktifizierung verzichten.

Günstige Quotienten sind also nur bei <u>schwach bis nicht kodierten</u>
bzw. <u>quasihorizontalen bis horizontalen</u> Mi zu erwarten.

Bei zweistufigen Techniken (Nanoprogrammierung) gelten die
Aussagen über die Kompaktifizierung in Abhängigkeit des Grades
der Kodierung entsprechend für die untere (Nanoprogramm-) Stufe.

In Abschnitt 4.2 wird gezeigt, daß die Verfahren prinzipiell für
alle Grade der Kodierung formulierbar sind, auch wenn sie ursprünglich
nicht für Mehrfachformate entwickelt wurden.

Je länger schließlich die zu übersetzenden Mikroprogramme sind,
desto günstigere Kompaktifizierungsquotienten sind zu erwarten. Bei
der lokalen Kompaktifizierung gilt zudem, daß der Erfolg der Kompaktifizierung stark von der Verzweigungshäufigkeit abhängt (gilt eingeschränkt auch für die globale Kompaktifizierung). Je mehr Verzweigungen und Sprünge das Mikroprogramm enthält, desto kürzer
sind die SMB, desto geringer die Chance für das "Packen" der Mo
in Mi.

Für konventionelle quasihorizontale Mikroarchitekturen sind mit lokaler
Kompaktifizierung Quotienten zwischen 3 und 20 zu erwarten (DAVIDSON
et al., 1981, ALBERT, BODE, 1983). Dagegen nennen NICOLAU,
FISHER, 1981 aufgrund von Simulationsergebnissen für extrem horizontale Architekturen und globale Kompaktifizierung Erwartungswerte
von bis zu 1000!

Die Länge automatisch kompaktifizierter Mikro-Objektprogramme für
kurze Sequenzen wird bis auf wenige Ausnahmen insgesamt meist
(geringfügig) größer sein als entsprechende "handkodierte" Programme
eines erfahrenen Mikroprogrammierers. Es liegt daher nahe zu fordern,
daß Übersetzer von muHMS das Anbinden handkodierter Mikroprogramm-
stücke für extrem zeitkritische Sequenzen an automatisch kompaktifizierte Objektprogramme unterstützen. Gegebenenfalls kann die Generierung der Mi als Ausgabe mnemotechnisch verschlüsselte Mikroprogramme als Zwischensprache, die auch für den Mikroprogrammierer
zugänglich ist, produzieren, die dann in einem letzten Lauf des
Übersetzers durch einen Mikroassembler übersetzt werden.

Schließlich sei noch darauf hingewiesen, daß die Kompaktifizierung
im Sinne der Abschnitte 4.2 und 4.3 algorithmisch nicht vergleichbar
ist mit der Phase der semantischen Optimierung in Compilern für
Höhere Programmiersprachen. Während letztere eine Transformation
des Quellprogramms durchführt, stellt die Kompaktifizierung ein
Reihenfolgeproblem, das eher den Methoden der Ressourcen-Zuteilung
ähnelt (GONZALES, 1977).

4.2 Lokale Kompaktifizierung

Ausgangspunkt für die lokale Kompaktifizierung ist ein SMB (Definition
2.2.3.1), ein daraus gebildeter DAG (Definition 2.2.3.13) und eine
Beschreibung der Mikroarchitektur im Sinne einer Tabelle aller Mo
bzw. Mb in Tupelnotation. Gesucht wird nach einer möglichst kurzen
Folge von Mi, die semantisch äquivalent zum SMB ist.

Dabei wird angenommen, daß im SMB nur gebundene Mo und Mb
(Definition 2.2.2.9) auftreten, d.h. die Zuordnung der Speicherressourcen (insbesondere der Register) und aller übrigen Elemente
des Tupelmodells wird bereits vorausgesetzt (diese Voraussetzung
führt ggf. zu einer ungünstigen Lösung, weil andere Versionen der
Mb besser in eine bereits vorhandene Mi "gepaßt" hätten. Die Annahme
wird jedoch gemacht, um die Algorithmen etwas übersichtlicher darzustellen. Das Problem der Kopplung der verschiedenen Phasen bei der
Übersetzung von muHMS wird in Abschnitt 4.4 näher behandelt).

Bei allen Verfahren wird ferner davon ausgegangen, daß vollständige
Rechnerbeschreibungen vorliegen (keine Tupelelemente vom Typ intf).
Schließlich wird vorausgesetzt, daß bei Multizyklen-Mo bereits entsprechende "dummy-Mo" in die zu kompaktifizierenden Mikroprogramme
eingesetzt wurden.

Für die Lösung des Kompaktifizierungs-Problems werden vier
Verfahren dargestellt, die - in ihrer ursprünglichen Form - für
einfachere Mikroarchitekturmodelle beschrieben wurden:

- Branch and bound-Algorithmus nach YAU, SCHOWE, TSUCHIYA, 1974 zur Berechnung der minimalen Anzahl von Mi mit exponentiellem Aufwand,

- Branch and bound-Algorithmus mit Heuristiken nach YAU, SCHOWE, TSUCHIYA, 1974 und WOOD, 1978, FISHER, 1979 (nicht minimal),

- kritischer Pfad-Algorithmus nach RAMAMOORTHY, TSUCHIYA, 1974 sowie TOKORO et al., 1977 (nicht minimal),

- First-come-first-served (FCFS-) Algorithmus nach DASGUPTA, TARTAR, 1976 (nicht minimal).

Für alle Algorithmen konnte gezeigt werden, daß sie zumindest gute Lösungen (z.T. sogar minimale Lösungen) liefern (DAVIDSON et al., 1981), wobei jedoch einfache Tupelmodelle vorausgesetzt wurden. DASGUPTA, TARTAR, 1976 gingen davon aus, daß der in der Arbeit dargestellte Algorithmus immer minimale Lösungen liefert. BARNES, 1978 und DASGUPTA, 1978 zeigen jedoch Gegenbeispiele (das Verfahren würde sonst eine Lösung nicht exponentieller (polynomialer) Komplexität für ein mindestens NP-vollständiges Problem liefern).

4.2.1 Branch and bound-Algorithmus

Der von YAU, SCHOWE, TSUCHIYA, 1974 angegebene Branch and bound-Algorithmus gehört in die Klasse der Zuordnungsalgorithmen, die einen Suchbaum aufbauen ("tree searching scheduling algorithms"). Der Algorithmus baut einen Baum auf, dessen Knoten als Mi interpretiert werden. Ein Pfad von der Wurzel des Baumes zu einem Blatt des Baumes ist eine geordnete Liste von Mi. Eine Verzweigung entsteht beim Aufbau des Baumes immer dann, wenn es mehr als genau eine Mi gibt, die an einer bestimmten Stelle in der Liste der Mi stehen könnte. Ein vollständiger Baum schließlich repräsentiert jede mögliche gültige Liste von Mi.

Der Algorithmus liefert ein optimales Ergebnis und führt zu exponentiellem Aufwand. Das Wachsen des Suchbaumes kann jedoch durch zwei Überlegungen eingeschränkt werden:

1. Es wird zunächst eine <u>untere Schranke</u> für die Anzahl der Mi
   zu einem SMB bestimmt. Diese untere Schranke ergibt sich aus
   der Anzahl der Knoten auf dem längsten Pfad im DAG zum SMB
   (ohne Verletzung der Datenabhängigkeiten kann keine kürzere
   Folge von Mi zum SMB angegeben werden). Wird im Suchbaum
   ein Pfad dieser Länge gefunden, so liegt eine optimale Lösung vor
   die Suche kann abgebrochen werden.

   In der Literatur werden noch andere, jedoch nicht realistische
   Größen als untere Schranke angegeben, z.B. das Maximum aus
   der hier genannten Schranke und dem Quotienten aus der Anzahl
   der Mb des SMB und der Anzahl aller Funktionseinheiten der
   betrachteten Mikroarchitektur (Vereinigung aller Tupelmengen O_i
   für alle Mb_i einer Maschine).

2. Ein weiteres, lokales Abbruchkriterium liefert die minimale Länge
   der bereits gefundenen Pfade im Suchbaum. Überschreitet die
   Länge eines noch nicht vollständigen Pfades im Baum dieses
   Minimum, so kann dieser Pfad gestrichen werden.

Für die exakte Beschreibung des Algorithmus werden einige weitere
Definitionen benötigt.

<u>Definition 4.1:</u> Gegeben sei ein SMB = $\{Mb_1, Mb_2, \ldots, Mb_m\}$ mit
$Mb_i \underline{iv} Mb_{i+1}$ für $i = 1, 2, \ldots, m-1$ und eine geordnete Liste
von Mi : $Mi_1, Mi_2, \ldots, Mi_z$, die aus einigen der Mb des SMB
aufgebaut wurden. Mb_i heißt <u>Daten-bereit</u> bezüglich Mi_j,
$Mb_i \underline{db} Mi_j$, wenn gilt:

1. Jedes Mb_k des SMB mit $Mb_k \underline{dv} Mb_i$ steht in einer Mi
   vor Mi_j in der geordneten Liste der Mi, oder in Mi_j selbst
2. Für alle Mb_n aus Mi_j gilt:

$$\neg \, (Mb_n \underline{uv} Mb_i)$$

Eine Menge von Mb_i, die Daten-bereit bezüglich einer Mi_j
sind, heißt <u>db-Menge</u>.

Definition 4.2: Eine Mi_j heißt <u>vollständig</u> bezüglich einer Menge von Mb, wenn kein Element Mb_k dieser Menge existiert, für das gilt:

$$Mb_k \ \underline{pl} \ Mb_x \ \text{ für alle } Mb_x \text{ aus } Mi_j.$$

Eine Mi_j, die nicht vollständig bezüglich einer Menge von Mb ist, heißt <u>unvollständig</u>.

Eine Mi ist also vollständig, wenn ihr kein weiteres Mb ohne Daten- oder Ressourcen-Konflikt zugefügt werden kann. Beim Aufbau des Suchbaumes für den Branch and bound-Algorithmus müssen aus dem SMB und dem DAG und unter Berücksichtigung der Ressourcen-Konflikte alle vollständigen Mi gebildet werden. Da die Datenabhängigkeiten die stärkere Bedingung darstellen als die Ressourcen-Konflikte, geht man dabei zunächst von den db-Mengen aus und überprüft dann erst die Ressourcen-Konflikte. Bezüglich der db-Mengen benötigen wir einige weitere Definitionen.

Definition 4.3: Die Elemente einer db-Menge bezüglich einer Mi_j können in diese aufgenommen werden (wenn sie Feld- und Funktions-kompatibel mit allen Mb der Mi_j sind) bzw. ausgeschlossen werden (anderenfalls). Mb aus der db-Menge, für die die Aufnahme oder der Ausschluß aus der Mi noch nicht entschieden ist, heißen <u>Rest-Mb</u>.

Die Menge aller Rest-Mb einer db-Menge heißt <u>Rest-db-Menge (rdb-Menge)</u>.

Für die Berücksichtigung der Relation <u>ev</u> (Definition 2.2.3.11) muß die Rest-db-Menge noch erweitert werden.

Definition 4.4: Eine <u>erweiterte Rest-db-Menge</u> (erdb-Menge) besteht aus der Vereinigung der rdb-Menge und allen Mb_i, die im DAG unterhalb der Elemente der rdb-Menge stehen und für die jeder ihrer Väter Mb_j im Graph einer der beiden folgenden Bedingungen genügt:

1. der Vater ist oberhalb der ursprünglichen db-Menge,
   oder

2. der Vater ist Element der erdb-Menge und es gilt
   Mb_j __ev__ Mb_i.

__Definition 4.5:__ Eine Mi, für die noch Rest-Mb existieren, heißt
__partielle Mi__.

Beim Aufbau vollständiger Mi sind die Mi also jeweils solange partiell,
bis für alle Mb der erdb-Menge die Aufnahme oder der Ausschluß in
die Mi entschieden ist. Für die Entscheidung, ob eine partielle Mi
unvollständig ist, wird der Begriff der Sub-Mi eingeführt.

__Definition 4.6:__ Eine partielle Mi_i heißt __Sub-Mi__ zu einer Mi_j, wenn
die Vereinigung von Mi_i und aller Mb der erdb-Menge,
die in Mi_i aufgenommen werden können, eine Untermenge
von Mi_j darstellt.

Eine partielle Mi, die Sub-Mi einer früher generierten Mi ist, ist
immer unvollständig.

__Definition 4.7:__ Eine partielle Mi, die keine Sub-Mi zu einer bereits
generierten vollständigen Mi ist, heißt __potentiell vollständig__.

Das Ziel der Untersuchung, die minimale Anzahl von Mi zu einem vorgegebenen SMB, kann als Partition der Menge der Mb des SMB gefaßt
werden.

__Definition 4.8:__ Eine __optimale SMB-Partition__ ist eine Partition der
Menge der Mb des SMB in eine minimale Anzahl gültiger
Mi, d.h. Mb_i, $Mb_j \in Mi_k$ => Mb_i __pl__ Mb_j.

Damit ist es möglich, den Branch und bound-Algorithmus zu formulieren, der für jeden SMB eine optimale SMB-Partition liefert. Die
Darstellung folgt in Anlehnung an YAU, SCHOWE, TSUCHIYA, 1974,
jedoch mit einigen Änderungen (der dort angegebene Algorithmus
enthält einige (Schreib-)Fehler).

Algorithmus 4.9: <u>Branch and bound-Algorithmus zur Bestimmung</u>
<u>der optimalen SMB-Partition:</u>   Sei $S = \{ Mb_1, Mb_2, \ldots, Mb_n \}$
der zu bearbeitende SMB mit $Mb_1 \underline{iv} Mb_2$, $Mb_2 \underline{iv} Mb_3$, $\ldots$
$\ldots Mb_{n-1} \underline{iv} Mb_n$, AP die laufende SMB-Partition (Arbeitspartition), MP die laufende (bisher gefundene) minimale
SMB-Partition und D die db- bzw. rdb-Menge.

1. $AP = \emptyset$ Anfangswert der Arbeitspartition

   $MP = \{ Mi_x | Mi_x = \{ Mb_x \}, Mb_x \in S, x = 1,2,\ldots, \}$ Bilden
   der Anfangspartition, wobei jede Mi_x genau ein Mb aus S
   enthält (obere Schranke).

2. Bilden des DAG für S gemäß Definition 2.2.3.13.

3. Bilden der unteren Schranke k für die Anzahl der Mi
   der SMB-Partition (Länge des längsten Pfades im DAG).

4. Bilden der Anfangs-db-Menge D
   $D = \{ Mb_i | Mb_i$ ist Wurzel im DAG$\}$ und der Menge S'
   (restliche Mb)
   $S' = \{ Mb_j | Mb_j \in S\text{-}D \}$.

5. Wenn $S' = \emptyset$ und $|D| \leqq 3$: weiter bei 8.

6. Bilden der Liste (LMi) aller vollständigen Mi aus D
   unter Berücksichtigung der Ressourcen-Konflikte
   (vergleiche dazu gesonderte Beschreibung).

   Wähle aus LMi eine Mi_x (entspricht Bildung eines
   Knotens im Suchbaum). $x = 0,1,\ldots,n$ ist laufender
   Index aller gebildeten vollständigen Mi im Algorithmus.
   Ist Mi_x einziges Element von LMi: weiter bei 7. Bilde
   $AP_x = AP$; $D_x = D$ und merke AP_x, D_x und LMi_x (ohne
   Mi_x) für die spätere Generierung alternativer SMB-
   Partitionen.

7. Bilde $AP = AP \cup Mi_x$, $D = D\text{-}Mi_x$. Streiche alle $Mb_{xi} \in Mi_x$
   aus dem DAG, erweitere D um die dadurch zusätzlich
   datenbereiten Mb und streiche diese aus S'.
   Wenn $D \neq \emptyset$ und $|AP| < |MP|\text{-}1$: weiter bei 5.

8. Wenn $D = \emptyset$: weiter bei 10.

9. Generiere eine vollständige Mi_y aus D unter Berücksichtigung der Ressourcen-Konflikte. Bilde $AP = AP \cup Mi_y$,
   $D = D - Mi_y$.

   Wenn $D \neq \emptyset$ und $|AP| < |MP| - 1$: weiter bei 9.
   Wenn $D = \emptyset$ und $|AP| < |MP|$: weiter bei 10.
   Sonst: weiter bei 11.

10. Wenn $|AP| < |MP|$ bilde $MP = AP$
    Wenn $|MP| = k$: MP ist eine optimale SMB-Partition,
    Abbruch des Verfahrens.

11. Enthält LMi_x (Schritt 6.) keine weitere Mi: MP ist eine
    optimale SMB-Partition, Abbruch des Verfahrens.

    Sonst: wähle neue Mi_y aus LMi_x. Bilde entsprechende
    $AP = AP_x$ und $D = D_x$ aus den in Schritt 6. gemerkten
    Größen. Bilde $S' = \{ Mb_i | Mb_i \in S - (AP \cup D) \}$.
    Weiter bei 7.

Die Schritte 1. bis 4. sind vorbereitende Tätigkeiten. In Schritt 5.
wird abgefragt, ob die db-Menge höchstens drei Elemente umfaßt,
da dann eine beliebige Anordnung der Mb zur optimalen Lösung
führt (Satz nach YAU, SCHOWE, TSUCHIYA, 1974 wird in den
Schritten 8. und 9. benutzt). Der eigentliche Aufbau des Suchbaumes
geschieht in Schritt 6., wobei alle vollständigen Mi gebildet werden.
Dieser Schritt, in der ursprünglichen Arbeit von YAU, et al., wegen
des dort vorausgesetzten einfachen Mikroprogrammierungs-Modells
nicht weiter beschrieben, ist wegen der Unterscheidung zwischen den
Relationen uv und ev im hier verwendeten Tupelmodell umfangreicher
und wird daher später getrennt beschrieben. AP ist im strengen
Sinne keine SMB-Partition zum SMB S, sondern lediglich eine Partition
der bisher betrachteten ("laufenden") Teilmenge von S.

Für die Berücksichtigung von Multizyklen-Mo ist vorausgesetzt, daß
der Eingangs-SMB bereits durch entsprechende dummy-Mb (Definition
2.2.3.14) ergänzt wurde.

Der Algorithmus arbeitet zunächst in die Tiefe ("depth first"),
um die Abbruchkriterien nutzen zu können. Die Wahl einer vollständigen Mi in den Schritten 6. und 11. erfolgt hier völlig
beliebig (meist Indexreihenfolge). Es wird später gezeigt, daß
Heuristiken für eine besonders günstige Wahl aus LMi den Such-
aufwand verringern können.

Das Verfahren erfordert exponentiellen Aufwand, weswegen zur
Erläuterung nur ein sehr einfaches Beispiel (abgewandelt aus YAU,
SCHOWE, TSUCHIYA, 1974) dargestellt wird.

Gegeben sei ein SMB S = $\{Mb_1, Mb_2, Mb_3, Mb_4\}$ mit Mb_1 $\underline{iv}$ Mb_2 $\underline{iv}$
Mb_3 $\underline{iv}$ Mb_4. Es gelte Mb_1 $\underline{uv}$ Mb_2, Mb_3 $\underline{uv}$ Mb_4. Funktions- oder
Feldkonflikte bestehen zwischen den folgenden Paaren von Mb:
$(Mb_1, Mb_3), (Mb_2, Mb_3), (Mb_2, Mb_4)$. Wir verfolgen den Algorithmus 4.9
(die Zahl am Zeilenanfang gibt jeweils die Nummer des Schrittes des
Algorithmus an):

1. AP = $\emptyset$
   MP = $\{Mi_1, Mi_2, Mi_3, Mi_4\} = \{\{Mb_1\}, \{Mb_2\}, \{Mb_3\}, \{Mb_4\}\}$

2. DAG vgl. Abbildung 4.2

3. k = 2

4. D = $\{Mb_1, Mb_3\}$ aus DAG
   S' = $\{Mb_2, Mb_4\}$

5. Bedingung nicht erfüllt, weiter bei 6.

6. LMi = $\{Mi_5, Mi_6\} = \{\{Mb_1\}, \{Mb_3\}\}$, da (Mb_1, Mb_3) einen Konflikt
   haben, können beide nicht in einer vollständigen Mi zusammengefaßt werden.

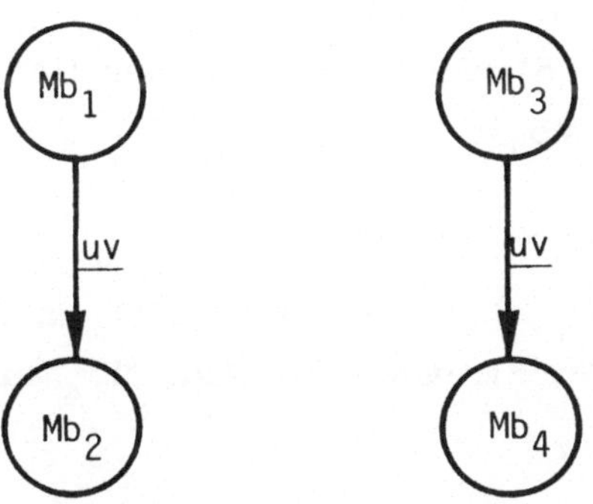

Abbildung 4.2: DAG zum SMB S = $\{Mb_1, Mb_2, Mb_3, Mb_4\}$, Erläuterungen
im Text.

Wir wählen Mi_5 aus LMi (Schritt a im Suchbaum, vgl. Abbildung 4.3). Da Mi_5 nicht einziges Element aus LMi müssen die bisher erarbeiteten Informationen für spätere Schritte gerettet werden: $AP_5 = \emptyset$, $D_5 = \{ Mb_1, Mb_2 \}$, $LMi_5 = \{ Mi_6 \}$

7. $AP = \{ Mi_5 \}$, $D = \{ Mb_3 \}$, Mb_1 wird aus dem DAG entfernt, daher wird Mb_2 datenbereit. $D = \{ Mb_2, Mb_3 \}$, $S' = \{ Mb_4 \}$.
Bedingung erfüllt, weiter bei 5.

5. Bedingung nicht erfüllt, weiter bei 6.

6. $LMi = \{ Mi_7, Mi_8 \} = \{\{ Mb_2 \}, \{ Mb_3 \}\}$
Wähle Mi_7 (b in Abbildung 4.3): $AP_7 = \{ Mi_5 \}$, $D_7 = \{ Mb_2, Mb_3 \}$,
. $LMi_7 = \{ Mi_8 \}$

7. $AP = \{ Mi_5, Mi_7 \}$, $D = \{ Mb_3 \}$, Bedingung erfüllt, weiter bei 5.

5. Bedingung nicht erfüllt, weiter bei 6.

6. $LMi = \{ Mi_9 \} = \{\{ Mb_3 \}\}$
Wähle Mi_9 (c in Abbildung 4.3), da einziges Element von LMi, weiter bei 7.

7. $AP = \{ Mi_5, Mi_7, Mi_9 \}$ $D = \emptyset$, Streichen von Mb_3 aus DAG.
$D = \{ Mb_4 \}$, $S' = \emptyset$. Bedingung nicht erfüllt, da $|AP| = |MP| - 1$:
weiter bei 8.

8. Bedingung nicht erfüllt: weiter bei 9.

9. Neue vollständige Mi: $Mi_{10} = \{\{ Mb_4 \}\}$ (d in Abbildung 4.3)
$AP = \{ Mi_5, Mi_7, Mi_9, Mi_{10} \}$, $D = \emptyset$, Bedingungen nicht erfüllt,
weiter bei 11.

11. LMi_5 und LMi_7 sind nicht leer, daher wird der Algorithmus fortgesetzt. (AP keine neue MP, daher "backup")
Wähle Mi_6 aus LMi_5 (e in Abbildung 4.3), $AP = AP_5 = \emptyset$,
$D = D_5 = \{ Mb_1, Mb_3 \}$, $S' = \{ Mb_2, Mb_4 \}$

7. $AP = \{ Mi_6 \}$, $D = \{ Mb_1 \}$, Streichen von Mb_3 aus DAG:
$D = \{ Mb_1, Mb_4 \}$, $S' = \{ Mb_2 \}$

Ab hier etwas verkürzte Darstellung:

5.,6. $LMi = \{ Mi_{11} \} = \{\{ Mb_1, Mb_4 \}\}$, wähle Mi_{11} (f in Abbildung 4.3)
7. $AP = \{ Mi_6, Mi_{11} \}$, $D = \emptyset$, Streichen von Mb_1, Mb_4 aus DAG, $D = \{ Mb_2 \}$,
$S' = \emptyset$

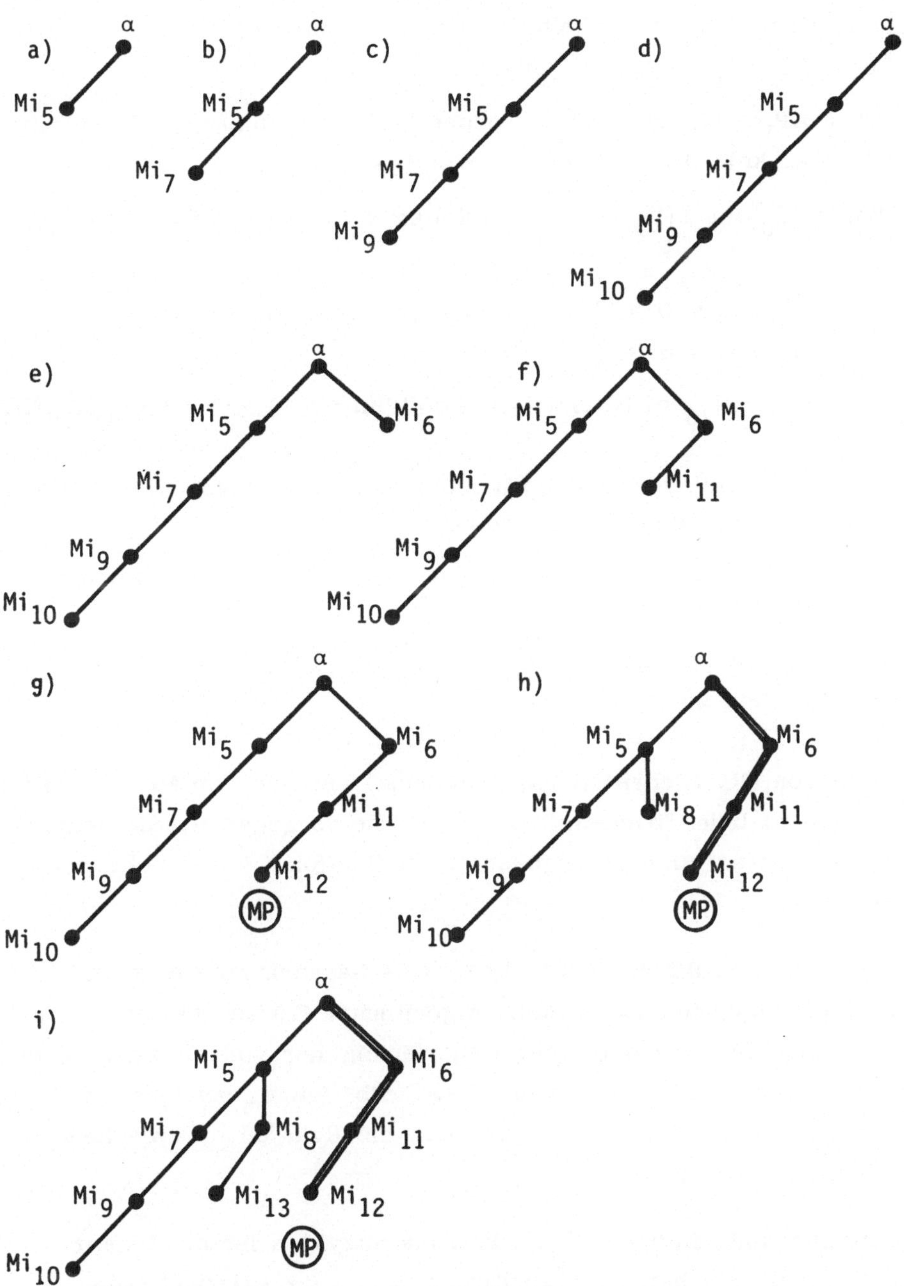

Abbildung 4.3: Schrittweiser Aufbau des Suchbaumes durch den Branch and Bound-Algorithmus zur Bestimmung der optimalen SMB-Partition eines Beispiel SMB.

5.,8.,9. Generiere $Mi_{12} = \{ Mb_2 \}$, (g in Abbildung 4.3),
$AP = \{ Mi_6, Mi_{11}, Mi_{12} \}$, $D = \emptyset$

10. $MP = AP = \{ Mi_6, Mi_{11}, Mi_{12} \}$: neues laufendes Minimum, da jedoch
$|MP| > k$, kein Abbruch des Verfahrens

11. Wähle Mi_8 aus LMi_7 (h in Abbildung 4.3), $AP = AP_7 = \{ Mi_5 \}$,
$D = D_7 = \{ Mb_2, Mb_3 \}$, $S' = \{ Mb_4 \}$

7. $AP = \{ Mi_5, Mi_8 \}$, $D = \{ Mb_2 \}$, Streichen von Mb_3 aus DAG,
$D = \{ Mb_2, Mb_4 \}$, $S' = \emptyset$

5.,8.,9. Bilde $Mi_{13} = \{ Mb_2 \}$ (i in Abbildung 4.3), $AP = \{ Mi_5, Mi_8, Mi_{13} \}$,
$D = \{ Mb_4 \}$
Da $|AP| > |MP|-1$ und D noch nicht leer, wird diese Alternative
nicht weiter verfolgt: weiter bei 11.

11. Da keine weiteren Elemente in LMi_x mehr vorhanden, Abbruch
des Verfahrens:
$MP = \{ Mi_6, Mi_{11}, Mi_{12} \} = \{\{ Mb_3 \}, \{ Mb_1, Mb_4 \}, \{ Mb_2 \}\}$ ist optimale
SMB-Partition zu S.

Die Wahl von Mi_6 (Schritt e im Suchbaum) anstelle von Mi_8 (Schritt h
im Suchbaum) beim "back-up" ist nicht fest vorgegeben, die beiden
Suchpfade hätten auch in umgekehrter Reihenfolge untersucht werden
können.

Der von YAU, SCHOWE, TSUCHIYA, 1974 beschriebene Algorithmus
geht vom Monophasenzyklus aus. Algorithmus 4.9 berücksichtigt auch
Polyphasenzyklus, wenn bei der Generierung der vollständigen Mi in
Schritt 6. und 9. D nicht als db- bzw. rdb-Menge, sondern als
erdb-Menge interpretiert wird, um auch die Relation <u>ev</u> zwischen
Mb zu berücksichtigen.

Die Bildung vollständiger Mi bei Polyphasenzyklus ist nicht ganz
trivial, sie wird daher als Algorithmus 4.10 kurz skizziert (für
eine ausführliche Beschreibung vgl. LANDSKOV et al., 1980).

<u>Algorithmus 4.10:</u>   Bildung vollständiger (Polyphasen-)Mi:

   1. Sei Mi_p die laufende partielle Mi. Sei D die laufende
    rdb-Menge. Als Anfangswerte sind $Mi_p = \emptyset$ und D, die
    aus dem DAG gebildete db-Menge gegeben.

2. Wähle und entferne ein Mb_j aus D (rdb-Menge) und
   erweitere D um alle Mb_k, für die gilt: $Mb_j \underline{ev} Mb_k$
   (D wird erdb-Menge).
   Falls gilt: für alle $Mb_n \in Mi_p$ => $Mb_n \underline{fk} Mb_j$
   und $Mb_n \underline{ok} Mb_j$ (also kein Konflikt), bilde $Mi_p = Mi_p \cup \{Mb_j\}$,
   weiter bei 2. (nächstes Mb), sonst weiter bei 3.

3. Betrachte den Ausschluß von Mb_j aus Mi_p, entferne
   alle Mb_k aus D, für die gilt: $Mb_j \underline{ev} Mb_k$. Wird Mi_p
   keine Sub-Mi einer bereits gebildeten vollständigen Mi:
   weiter bei 2. mit $Mi_p = Mi_p \cup \{\overline{Mb_j}\}$. ($Mb_j$ ausgeschlossen)

4. Wenn D = $\emptyset$, übernehme Mi_p in die Liste der gebildeten
   Mi, streiche alle Mi_j aus dieser Liste, die Sub-Mi von
   Mi_p sind, zurück zum letzten nicht betrachteten Aus-
   schluß-Mb (bis Suchbaum vollständig).

Der Algorithmus spannt einen Suchbaum auf, dessen Knoten den Ein-
oder Ausschluß eines Mb aus der vollständigen Mi darstellt. Jeder
Pfad von der Wurzel zu einem nicht gestrichenen Blatt beschreibt
eine vollständige Mi. Pfade werden dabei entweder wegen Konflikten
der Mb oder Unvollständigkeit der Mi gestrichen.

Bisher wurde davon ausgegangen, daß die durch Algorithmus 4.9
behandelten SMB nur gebundene Mb enthalten. Wird aus Gründen
der Phasenkopplung von Kompaktifizierung und Zuteilung der Ressourcen
mit noch nicht gebundenen Mb gearbeitet, so muß Algorithmus 4.10
in Schritt 2 und 3 dahingehend verändert werden, daß anstelle von
"Mb_j" die Verallgemeinerung "für alle Versionen von Mb_j" gesetzt
wird (weitere Variante: "für alle Versionen von Mb_j und alle Kombinationen der Versionen von Mb_k"). Dabei kann dann der Fall auftreten, daß eine gefundene neue vollständige Mi eine früher gefundene Mi zur Sub-Mi macht, so daß diese dann durch Schritt 4.
des Algorithmus 4.10 aus der Liste der gebildeten Mi gestrichen
werden muß.

Die Reduktion des Suchaufwandes von exponentieller Zeit auf poly-
nomiale Zeit wird durch Heuristiken erreicht, die anstelle des vollständigen Suchbaumes nur einen Teil davon aufbauen (z.B. genau

einen Pfad). Damit wird jedoch nicht mehr garantiert, daß eine optimale SMB-Partition gefunden wird, sondern ggf. nur noch eine gute Näherung. Diese Heuristiken werden im nächsten Abschnitt besprochen.

4.2.2 Branch and bound-Algorithmus mit Heuristiken

Der Grundgedanke der heuristischen Varianten des Branch and bound-Algorithmus besteht darin, anstelle aller vollständigen Mi, die aus einer erdb-Menge generiert wurden, nur genau eine dieser Mi - die "günstigste" - zu verwenden. Welche der vollständigen Mi diese "günstigste" Mi ist, wird durch eine entsprechende Metrik bestimmt.

Eine erste Metrik schlagen YAU, SCHOWE, TSUCHIYA, 1974 vor. Sie beruht auf der Überlegung, daß es günstig ist, Mb, die Vorgänger einer großen Anzahl weiterer Mb im DAG sind, möglichst früh in einer Mi einer SMB-Partition unterzubringen. Wir führen zunächst einige Definitionen ein.

Definition 4.11: Gegeben sei ein SMB S und ein zugehöriger DAG.
Die Knoten des DAG (Mb_j) heißen <u>gewichtet</u>, wenn sie mit der Anzahl von Nachfolger-Knoten markiert sind.
Man spricht dann auch vom Gewicht eines Mb_j: $w(Mb_j) = n_j$.

Je größer die Zahl n_j, desto größer ist auch die Anzahl von Mb, für die Mb_j Vorgänger ist. Im Polyphasenmodell kann man Definition 4.11 gegebenenfalls auf diejenigen Nachfolger einschränken, die durch mit <u>uv</u> markierten Kanten erreicht werden.

Definition 4.12: Gegeben sei ein SMB S, ein zugehöriger DAG mit gewichteten Knoten und eine Liste vollständiger Mi, die aus einer erdb-Menge zu S gebildet wurden. Das <u>Gewicht</u> <u>einer vollständigen Mi_k</u> ist die Summe der Gewichte aller $Mb_j \in Mi_k$: $W(Mi_k) = \Sigma w(Mb_j)$ für alle $Mb_j \in Mi_k$.

Damit läßt sich ein gegenüber Algorithmus 4.9 vereinfachter
Branch and bound-Algorithmus mit Heuristik angeben.

Algorithmus 4.13: Branch and bound-Algorithmus mit Heuristik:

Sei $S = \{Mb_1, Mb_2, \ldots, Mb_n\}$ der zu bearbeitende SMB
mit $Mb_1 \underline{iv} Mb_2$, $Mb_2 \underline{iv} Mb_3, \ldots, Mb_{n-1} \underline{iv} Mb_n$, AP die
laufende SMB-Partition und D die db- bzw. rdb-Menge.

1. $AP = \emptyset$, Bilden des DAG mit gewichteten Knoten,
   $D = \{Mb_i \mid Mb_i$ ist Wurzel im DAG $\}$
   $S' = \{Mb_j \mid Mb_j \in S\text{-}D\}$

2. Wenn $S' = \emptyset$: weiter bei 4.

3. Bilden der Liste LMi aller vollständigen Mi aus D
   (Algorithmus 4.10). Bilden des Gewichts $W(Mi_j)$
   für alle $Mi_j \in LMi$.
   Sei Mi_k die erste Mi in LMi mit dem größten Gewicht,
   bilde $AP = AP \cup \{Mi_k\}$, $D = D\text{-}Mi_k$, streiche alle
   $Mb_{xk} \in Mi_k$ aus dem DAG, erweitere D um die dadurch
   zusätzlich datenbereiten Mb und streiche diese aus S'.
   Weiter bei 2.

4. Falls $|D| \leq 3$: weiter bei 5.
   Bilden aller vollständigen Mi aus D. Wähle die erste Mi_k
   mit der größten Anzahl von Elementen (Mb). Bilde
   $AP = AP \cup \{Mi_k\}$, $D = D\text{-}Mi_k$.
   Weiter bei 4.

5. Bilde eine beliebige vollständige Mi:Mi_k aus D. Bilde
   $AP = AP \cup \{Mi_k\}$, $D = D\text{-}Mi_k$

6. Falls $D \neq \emptyset$: weiter bei 5.
   AP ist eine "gute" SMB-Partition (ggf. sogar eine
   optimale), Abbruch des Algorithmus.

Schritt 4. im Algorithmus wird verwendet, um zwischen vollständigen
Mi mit dem Gewicht $W(Mi) = 0$ zu unterscheiden. Im Prinzip kann
Schritt 3. dieses Algorithmus auch in die Schritte 6. und 9. von
Algorithmus 4.9 übernommen werden. Damit würde sich die Chance
erhöhen, recht bald die untere Schranke des Algorithmus zu errei-
chen (falls dies überhaupt möglich ist).

Die angegebene Metrik ist insofern heuristisch und nicht exakt, als zur "Beurteilung" der vollständigen Mi nur die Datenabhängigkeiten, nicht jedoch Funktions- oder Feldkonflikte berücksichtigt werden.

Wendet man Algorithmus 4.13 auf das Beispiel aus Abschnitt 4.2.1 an, so entsteht die folgende SMB-Partition zu $S = \{Mb_1, Mb_2, Mb_3, Mb_4\}$:

$$AP = \{Mi_1, Mi_4, Mi_5, Mi_6\} = \{\{Mb_1\}, \{Mb_3\}, \{Mb_2\}, \{Mb_4\}\}.$$

Die "gute" Lösung ist hier also um einen Schritt schlechter als die optimale SMB-Partition, die nach Algorithmus 4.9 errechnet wurde. Allerdings erfordert die Lösung deutlich geringeren Aufwand. Das "Versagen" der Metrik läßt sich auf die besondere DAG-Struktur des Beispiels und auf die für horizontale Mikroarchitekturen große Anzahl von Konflikten zwischen den Mb zurückführen. YAU, SCHOWE, TSUCHIYA, 1974 und DAVIDSON et al., 1981 zeigen an einer Reihe realistischer SMB-Beispiele, daß die durch heuristische Verfahren gefundenen Lösungen optimal sein können.

Eine einfachere Variante des Algorithmus 4.13 schlägt WOOD, 1978 vor: Ausgangspunkt ist wiederum ein DAG mit gewichteten Knoten. Nach der Bildung der db-Menge wird dasjenige Mb mit dem höchsten Gewicht aus der db-Menge der laufenden Mi zugeordnet (Mi anfangs leer). Dann wird das Mb mit dem nächsthöchsten Gewicht aus der db-Menge entnommen und der laufenden Mi zugeordnet, sofern keine Konflikte mit den bereits der Mi zugeordneten Mb bestehen. Dies wird solange durchgeführt, bis die db-Menge leer ist. Das Ergebnis ist eine vollständige Mi, die der Liste der Mi der SMB-Partition angefügt wird. Danach wird die neue db-Menge gebildet u.s.w, bis alle Mb des SMB untergebracht wurden.

Der Algorithmus ist schneller als Algorithmus 4.13, weil nicht alle vollständigen Mi gebildet werden und erst dann deren Gewicht untersucht wird, sondern nur eine Mi aus Mb mit hohem Gewicht. Der Algorithmus ist daher eine Untermenge des Algorithmus 4.13 und wird dennoch in einigen Fällen gleich gute Ergebnisse liefern.

Weitere mögliche Heuristiken nennt MALLET, 1978 (dort auch
Aussagen über Wirkung): Ausgangspunkt ist Algorithmus 4.13,
wobei jedoch andere Metriken zur Auswahl der Mi aus der Liste
der vollständigen Mi vorgeschlagen werden:

- Wähle die Mi mit der größten Anzahl von Mb.
- Wähle die Mi mit größtem Gewicht, bei mehreren Mi mit gleichem
  Gewicht diejenige mit der niedrigsten Indexsumme der Mb in S.

Bezüglich der Bildung der Liste der vollständigen Mi sind weitere
Heuristiken denkbar.

- Untersuche jeweils nur N vollständige Mi aus LMi mit
  $1 \leq N \leq |LMi| - 1$
- Untersuche für jeden Knoten des Suchbaumes die Kardinalität
  der rdb- bzw. erdb-Menge D. Streiche alle Mi aus LMi, für die
  $|D|$ größer ist als das bisher gefundene Minimum von $|D|$ für
  eine Mi an diesem Knoten.

Weitere Metriken zur Zuordnung von Gewichten für die Mb in einem
DAG gibt FISHER, 1979 an:

- Zufallsgenerierte Zahlen
- "Höhe" im DAG (d.h. Nähe zur Wurzel bzw. den Wurzeln)
- Anzahl der Mb, die Funktions- und Feldkompatibel mit den
  betrachteten Mb sind.
- Negativer Index der Mb in S (erste Mb hat höchstes Gewicht)
- Kombinationen aus den genannten Gewichten, Verknüpfung durch
  Addition oder Multiplikation.
- Weitere, auch komplexere Metriken, die aus dem Bereich der
  Prozeß-Prozessor-Zuteilung ("processor scheduling theory")
  übernommen wurden wie die Verfahren nach COFFMAN, GRAHAM,
  1972 und FERNANDEZ, BUSSEL, 1973 (für eine allgemeine Übersicht
  vgl. GONZALES, 1977).

FISHER, 1979 zeigt durch Simulationsergebnisse, daß alle Metriken
Ergebnisse liefern, die selbst im ungünstigsten Fall nur ca. 15 %
über der berechneten unteren Schranke liegen. Diese Untersuchungen
sowie jene von DAVIDSON et al., 1981 bestätigen das Urteil, daß

Algorithmen mit Aufwand $O(n^2)$ (mit $n = |S|$, S: zu bearbeitender
SMB) gute SMB-Partitionen liefern, die sehr nahe am Optimum
liegen. Der exponentielle Aufwand für Algorithmus 4.9 scheint
daher nicht gerechtfertigt. Ferner sind solche polynomialen
Algorithmen (Kapitel 4.2.2 - 4.2.4) nicht nur von rein rechne-
rischem Aufwand deutlich günstiger, sie sind auch wesentlich
einfacher zu programmieren (vgl. entsprechende Bemerkungen in
der Arbeit von MALLET, 1978). Die zitierten Aussagen sind zwar
teilweise unter Bezug auf Algorithmen für einfachere Mikroarchitek-
tur-Modelle gemacht worden, sie sind jedoch direkt auf das hier
eingeführte Tupelmodell und die genannten Verfahren übertragbar,
da diese jeweils nur Erweiterungen der im Kern gleichen Algorithmen
darstellen.

4.2.3 Kritischer Pfad-Algorithmus

Der Grundgedanke des Kritischen Pfad-Algorithmus nach RAMAMOORTHY,
TSUCHIYA, 1974 beruht darauf, durch die Analyse des DAG zu einem
SMB zunächst diejenigen Mb zu finden, die notwendig zu genau einem
Zeitpunkt ausgeführt werden müssen, um eine optimale SMB-Partition
zu erhalten. Diese liegen auf dem oder den längsten Pfaden des DAG,
wobei die Anzahl der durchlaufenen Mb gleichzeitig die untere Schranke
für die Anzahl der Mi in der SMB-Partition bildet. Der Algorithmus
versucht, zunächst die Mb in ein Zeitraster einzubinden, wobei die
Funktions- und Feld-Konflikte berücksichtigt werden. In diese Teil-
lösung werden dann die restlichen Mb gemäß Datenabhängigkeiten
und Ressourcen-Konflikten "eingepaßt", wobei jeweils ein Spielraum
für die Zuordnung besteht, ohne daß dabei die Anzahl der Mi der
SMB-Partition notwendig länger werden muß.

Definition 4.14:   Gegeben sei ein SMB S und ein zugehöriger DAG.
Die früheste SMB-Partition FP zu S ist eine Partition von
S, so daß jede Teilmenge von FP alle diejenigen Mb umfaßt,
die unter Berücksichtigung der Datenabhängigkeiten bei
frühest möglicher Ausführung zum gleichen Zeitpunkt
aktiviert würden. Die Teilmengen von FP sind gemäß der
Ausführungsreihenfolge geordnet.

Jedes Element von FP enthält also alle Mb, die gleichen "maximalen Abstand" von der oder den Wurzeln des DAG bzgl. der Relation uv besitzen und deren über mit ev markierten Kanten erreichbaren Nachfolger (in der ursprünglichen Arbeit wird nur Monophasentakt berücksichtigt).

Definition 4.15: Gegeben sein ein SMB S und ein zugehöriger DAG. Die späteste SMB-Partition SP zu S ist eine Partition von S, so daß jede Teilmenge von SP alle diejenigen Mb umfaßt, die unter Berücksichtigung der Datenabhängigkeiten bei spätest möglicher Ausführung ohne Verlängerung der Gesamtausführungszeit zum gleichen Zeitpunkt aktiviert würden. Die Teilmengen von SP sind gemäß der Ausführungsreihenfolge geordnet.

Jedes Element von SP enthält also alle Mb, die gleichen "maximalen Abstand" von den Blättern des DAG bzgl. der Relation uv besitzen und deren über mit ev markierten Kanten erreichbaren Nachfolger. Die Partitionen FP und SP berücksichtigen noch nicht Feld- und Funktionskonflikte zwischen Mb!

Aus Definition 4.14 und 4.15 folgt unmittelbar

$$(4.1) \qquad |FP| = |SP| = k$$

mit k = Anzahl der Mb auf dem längsten, durch uv markierten Pfad durch den DAG. Ordnet man den Elementen von FP und SP gemäß ihrer Ausführungsreihenfolge Indizes $1, 2, \ldots, k$ zu, so lassen sich durch Vergleich der Elemente gleicher Indizes diejenigen Mb finden, die auf dem (den) kritischen Pfaden im DAG liegen.

Definition 4.16: Gegeben sei ein SMB S, ein zugehöriger DAG sowie die früheste und späteste SMB-Partition FP und SP zu S. Ein Mb, das Element der Teilmengen gleicher Indizes von FP und SP ist, heißt kritisches Mb.

Ein Mb $\in$ S, das nicht kritisch ist, heißt nicht kritisches Mb. Entfernt man aus SP oder FP alle nicht kritischen Mb, so entsteht die kritische Partition KP. Die Teilmengen von KP sind gemäß der Ausführungsreihenfolge geordnet.

Die kritische Partition ist keine SMB-Partition, da sie lediglich auf eine Teilmenge des SMB bezogen ist. Es gilt jedoch in Analogie zu (4.1):

$$(4.2) \qquad |KP| = |SP| = |FP| = k$$

Die KP ist der Ausgangspunkt für die Zuordnung der Mb des SMB zu Mi. Nunmehr werden auch Ressourcen-Konflikte berücksichtigt.

__Definition 4.17:__ Gegeben sei ein SMB S und eine zugehörige KP K. Eine Partition der kritischen Mb $\in$ S heißt __erweiterte__ __kritische Partition__ EKP, wenn jede Teilmenge $K_i \in K$ so in Untermengen $K_{ij} \in K_i$ zerlegt ist, daß für alle $Mb_n, Mb_m \in K_{ij}$ gilt: Mb_n __pl__ Mb_m.

Wie die Teilmengen der KP K, so sind auch die Teilmengen $K_{ij} \in K_i$ im Sinne der Relation __iv__ der in ihnen enthaltenen Mb geordnet. Die Partitionierung der $K_i \in K$ in Untermengen K_{ij} wird nötig, um den Bezug der aufgespaltenen Teilmengen der KP in der EKP zur ursprünglichen KP, SP und FP zu erhalten. Die Bildung der K_{ij} aus K_i entspricht der Bildung von partiellen (vollständigen) Mi und wird durch Algorithmus 4.10 (bzw. einem ähnlichen Algorithmus) durchgeführt.

Ein einfaches Beispiel soll den Vorgang erläutern: Sei $K = \{ K_1, K_2, K_3, K_4 \}$ eine KP zu einem SMB S mit $K_3 = \{Mb_5, Mb_6\}$. Ferner bestehe ein Feldkonflikt zwischen Mb_5 und Mb_6, alle Elemente der übrigen K_i seien paarweise parallel. Dann ist $E = \{ E_1, E_2, E_3, E_4 \}$ die zugehörige EKP mit $E_1 = K_1$, $E_2 = K_2$, $E_3 = \{ E_{31}, E_{32} \} = \{\{Mb_5\}, \{Mb_6\}\}$, $E_4 = K_4$.

__Algorithmus 4.18:__ Kritischer Pfad-Algorithmus:

Sei $S = \{Mb_1, Mb_2, \ldots, Mb_m\}$ der zu bearbeitende SMB mit Mb_1 __iv__ Mb_2, Mb_2 __iv__ Mb_3, $\ldots$, Mb_{m-1} __iv__ Mb_m.

1. Bilden des DAG.
2. Bilden der FP $F = \{ F_1, F_2, \ldots, F_k\}$ aus dem DAG.
3. Bilden der SP $P = \{P_1, P_2, \ldots, P_k\}$ aus dem DAG.
4. Bilden der KP $K = \{ K_1, K_2, \ldots, K_k\}$ aus SP und FP mit
$$\bigcup_{i=1}^{k} K_i = \text{Menge aller kritischen Mb aus S.}$$

5. Bilden der EKP $E = \{E_1, E_2, \ldots, E_k\}$ mit entsprechenden Untermengen $E_{ij} \in E_i$, so daß alle Mb aus jeder E_{ij} paarweise parallel sind.

6. Einfügen der nicht kritischen Mb aus S in die Teilmengen der EKP bzw., falls vorhanden, in deren Untermengen. Dazu sind folgende Unterschritte notwendig, die für alle nicht kritischen Mb ausgeführt werden müssen:

6.1 Wähle in der Reihenfolge der Ordnung der Teilmengen der FP das erste noch nicht eingefügte nicht kritische Mb in der Indexreihenfolge: Mb_n.

6.2 Es gelte $Mb_n \in F_x$ und $Mb_n \in P_y$ mit $y > x$. Versuche in dieser Reihenfolge, Mb_n in $E_{x1}, E_{x2}, \ldots, E_{xZ_x}, E_{x+1,1}$, $\ldots, E_{yZ_y}$ einzufügen. Wird $\underline{kein}$ E_{tZ} gefunden mit $x \leq t \leq y$, für das gilt: $Mb_t \in E_{tZ} \Rightarrow Mb_t \underline{pl}\ Mb_n$: weiter bei 6.5.

6.3 Gilt $t = x$, d.h. es gilt $Mb_n \underline{pl}\ Mb_f$ für alle $Mb_f \in E_{xZ}$, bilde $E_{xZ} = E_{xZ} \cup \{Mb_n\}$, weiter bei 6.1.

6.4 Gilt $x < t \leq y$: bilde $E_{tZ} = E_{tZ} \cup \{Mb_n\}$, weiter bei 6.6.

6.5 Bilde neue Untermenge E_{yZ_y+1} von E_y mit $E_{yZ_y+1} = \{Mb_n\}$

6.6 Bilde neue FP F, in dem alle Mb_r aus dem DAG, für die gilt: $Mb_n \underline{dv}\ Mb_r$, einem $F_i \in F$ zugewiesen werden, für das gilt: $i = Max(t+1, s)$ mit $Mb_r \in F_s$ aus Schritt 2. Im Sonderfall $Mb_n \underline{ev}\ Mb_r$ ist die Zuordnung von Mb_r zu einem $F_i \in F$ mit $i = Max(t, s)$ zulässig.

6.7 Sind durch Schritt 6.6 vorher nicht kritische Mb zu kritischen Mb geworden, versuche, diese in ein bereits vorhandenes E_{ij} einzufügen. Ist dies ohne Ressourcenkonflikte nicht möglich, bilde neues $E_{iZ_{i+1}}$. Weiter bei 6.1.

7. Die durch Schritt 6 erweitere EKP E ist die gesuchte Liste der Mi zu S, wenn jedes $E_i \in E$ und alle Teilmengen $E_{kl} \in E_k$, falls solche existieren, als Mi interpretiert werden.

Der in RAMAMOORTHY, TSUCHIYA, 1974 angegebene Algorithmus
ist bezüglich der Einteilung der nicht kritischen Mb nicht korrekt,
da die Schritte 6.6 und 6.7 aus Algorithmus 4.18 fehlen. Auf diesen
Fehler, der dazu führt, daß nichtkritische Mb ihre Datenvorgänger
Mb, die ebenfalls nicht kritisch sind, "überholen" können, weist bereits
MALLET, 1978 hin. Auch die Erweiterung auf Polyphasenzyklus und
Mb anstelle von Mo ist in der ursprünglichen Arbeit nicht vorgesehen.

Algorithmus 4.18 geht von bereits gebundenen Mb im SMB aus. Sollen
die Phasen der Kompaktifizierung und des Bindens der Ressourcen
gekoppelt werden, so bietet es sich an, Algorithmus 4.18 in den
Schritten 5., 6.1, 6.2 und 6.7 zu erweitern. Bei der Plazierung
der Mb in der KP bzw. EKP müssen dann anstelle der gebundenen Mb
alle Versionen der Mb untersucht werden. Man wird dann - sofern
eine solche Version existiert - immer eine Version wählen, die zu
keinem Feld- oder Funktionskonflikt führt und daher keine neue
Teilmengenbildung der EKP erfordert. Eine noch weitergehende
Erweiterung des Algorithmus bestünde darin, nicht nur das neu
einzufügende Mb_n in allen seinen Versionen zu untersuchen, sondern
auch bereits zugeordnete Mb bezüglich der günstigsten Kombination
aller möglichen Versionen zu prüfen.

Algorithmus 4.18 liefert eine gute, jedoch nicht notwendig optimale
SMB-Partition, da für die Zuordnung der nicht kritischen Mb nur
genau eine Variante untersucht wird (kein Verwerfen einer einmal
getroffenen Zuordnung und Suche nach "besserer" Variante) und
die Mb nach ihrer Indexreihenfolge und keiner mächtigeren Metrik
ausgewählt werden. Der Algorithmus ist deutlich einfacher als Algorithmus 4.9 und arbeitet mit polynomialem Aufwand, wobei die
Bildung des DAG und das Plazieren der nicht kritischen Mb den
größten Anteil ausmachen.

Für das in Abschnitt 4.2.1 eingeführte Beispiel mit SMB $S =\{ Mb_1, Mb_2,
Mb_3, Mb_4 \}$ liefert der Algorithmus kein optimales Ergebnis. Alle Mb
sind kritisch, als Ergebnis wird eine EKP $E = \{\{ E_{11}, E_{12} \}, \{ E_{21}, E_{22} \}\}$
gebildet mit $E_{11} = \{ Mb_1 \}$, $E_{12} = \{ Mb_3 \}$, $E_{21} = \{ Mb_2 \}$, $E_{22} =\{ Mb_4 \}$.

Wir wählen daher ein Beispiel aus LANDSKOV et al., 1980. Gegeben sei der SMB S = { Mb_1,Mb_2,...,Mb_8 } und ein bereits gebildeter DAG (vgl. Abbildung 4.4). Ein Feld- bzw. Funktionskonflikt bestehe zwischen den folgenden Paaren von Mb: (Mb_2,Mb_7), (Mb_3,Mb_7) und (Mb_5,Mb_6).

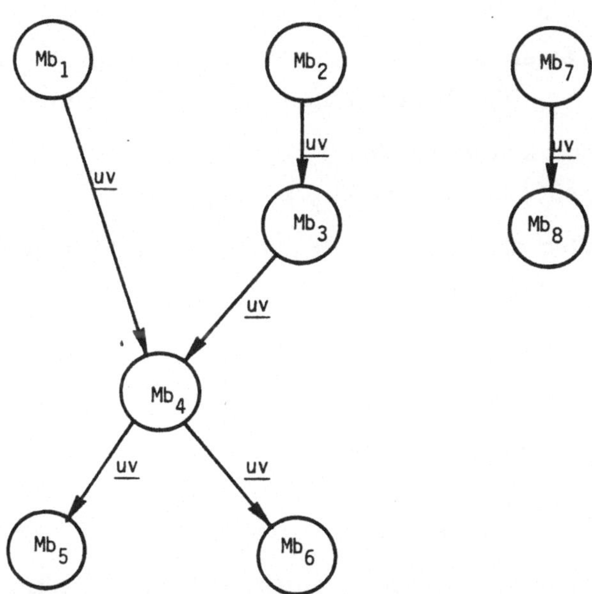

<u>Abbildung 4.4</u>:   DAG zum Beispiel SMB, Erläuterung im Text

Wir verfolgen die einzelnen Schritte aus Algorithmus 4.18:

1. Entfällt, DAG bereit gebildet.

2. FP: F = { F_1,F_2,F_3,F_4 } = {{ Mb_1,Mb_2,Mb_7 },{Mb_3,Mb_8} ,{ Mb_4},{Mb_5,Mb_6}}

3. SP: P = { P_1,P_2,P_3,P_4 } = {{ Mb_2}, {Mb_1,Mb_3}, {Mb_4,Mb_7} ,{ Mb_5,Mb_6,Mb_8}}

4. KP: K = { K_1,K_2,K_3,K_4} = {{ Mb_2},{Mb_3}, {Mb_4},{Mb_5,Mb_6 }}

5. EKP: E = { E_1,E_2,E_3,{E_{41},E_{42} }} = {{ Mb_2} ,{Mb_3},{Mb_4 },{{Mb_5 }, {Mb_6}}}

6. Nicht kritische Mb: Mb_1,Mb_7,Mb_8

6.1   Wähle Mb_1

6.2 $Mb_1 \in F_1$ und $Mb_1 \in P_2$
      Mb_1 "paßt" in E_1, da Mb_1 <u>pl</u> Mb_2

6.3 E_1 = {Mb_1,Mb_2}

6.1 Wähle Mb_7.

6.2 $Mb_7 \in F_1$ und $Mb_7 \in P_3$

Mb_7 "paßt" nicht in E_1 wegen des Konfliktes (Mb_2, Mb_7).

Mb_7 "paßt" nicht in E_2 wegen des Konfliktes (Mb_3, Mb_7).

Mb_7 "paßt" in E_3, da $Mb_7 \underline{pl} Mb_4$.

6.4 $E_3 = \{Mb_4, Mb_7\}$

6.6 Bilden einer neuen FP: da $Mb_7 \underline{uv} Mb_8$ und $Mb_7 \in E_3$ folgt

$Mb_8 \in F_4$. Die übrigen Einteilungen bleiben unverändert.

6.7 Mb_8 wird kritisches Mb .

Mb_8 "paßt" in E_{41}, da $Mb_8 \underline{pl} Mb_5$.

7. Wir erhalten als Folge von Mi die folgende SMB-Partition:

$Mi_1 = E_1 = \{Mb_1, Mb_2\}$

$Mi_2 = E_2 = \{Mb_3\}$

$Mi_3 = E_3 = \{Mb_4, Mb_7\}$

$Mi_4 = E_{41} = \{Mb_5, Mb_8\}$

$Mi_5 = E_{42} = \{Mb_6\}$

Mit Algorithmus 4.9 läßt sich zeigen, daß diese Partition gleichzeitig eine optimale SMB-Partition für das Beispiel darstellt.

Die von TOKORO et al., 1977 beschriebene MORIF-Methode (<u>micro</u>program <u>o</u>ptimization technique considering <u>r</u>esource occupancy and <u>i</u>nstruction <u>f</u>ormats) beruht auf dem Kritischen Pfad-Algorithmus, versucht jedoch, auch die Behandlung von Mehrfachformaten zu berücksichtigen. Nach Auffinden der Menge der kritischen Mb wird dabei ein Mi-Format gewählt (später ggf. wieder verworfen), das die meisten kritischen Mb aufnehmen kann. Die von den Verfassern vorgeschlagene "microtemplate"-Notation (zweidimensionale Darstellung der Mb aus einem SMB: Ressourcen über Zeit) liefert lediglich eine graphische Veranschaulichung, jedoch keine Vereinfachung des Algorithmus für die Kompaktifizierung (vgl. auch TOKORO et al., 1981).

4.2.4 First-come-first-served (FCFS-)Algorithmus

Der First-come-first-served (FCFS-)Algorithmus nach DASGUPTA,
TARTAR, 1976 wird in der Literatur auch bisweilen als "Linearer
Algorithmus" bezeichnet (MALLET, 1978, LANDSKOV et al., 1980).
Der Algorithmus garantiert nicht, wie im Artikel von DASGUPTA,
TARTAR, 1976 behauptet, eine optimale SMB-Partition, sondern
lediglich eine gute Lösung. Er arbeitet mit polynomialem Aufwand.

Der Algorithmus ist der einzige der hier vorgestellten vier Varianten,
der nicht mit dem Aufbau eines DAG beginnt. Die Strategie des
Algorithmus besteht darin, die Mb des zu kompaktifizierenden SMB
in ihrer Indexreihenfolge auszuwählen (daher FCFS- oder Linearer
Algorithmus) und sie so weit oben wie möglich in die Liste der
generierten Mi einzupassen. Ist dies nicht möglich, wird die Liste
der Mi um eine Mi erweitert, die aus genau diesem Mb besteht. Die
Entscheidung, ob ein Mb in eine Mi der Liste aufgenommen werden
kann, wird durch paarweise Überprüfung der Relationen $\underline{du}$, $\underline{pl}$,
$\underline{ok}$ und $\underline{fk}$ zwischen diesem Mb und allen Mb aus der entsprechenden
Mi getroffen.

Der Algorithmus nach DASGUPTA, TARTAR, 1976 berücksichtigt
Polyphasen-Mo, beruht jedoch auf einem ansonsten einfacheren
Modell als das hier verwendete. Die Darstellung des Algorithmus
ist einer vereinfachten und erweiterten Version nach MALLETT, 1978
angenähert.

<u>Definition 4.19:</u> Gegeben sei ein SMB $S = \{ Mb_1, Mb_2, \ldots, Mb_n \}$ und
eine geordnete Liste L von Mi, die aus den i-1 ersten Mb
von S aufgebaut wurde. $L = \{ Mi_1, Mi_2, \ldots, Mi_t \}$ mit $t \leq i-1$.
Mi_j mit $1 \leq j \leq t$ heißt <u>Anstiegs-Grenze</u> für Mb_i, wenn gilt:

$(Mb_k \in Mi_x, \, j+1 \leq x \leq t) \Rightarrow Mb_k \, \underline{du} \, Mb_i$ und es gibt

$Mb_m \in Mi_j$ mit $Mb_m \, \underline{di} \, Mb_i$.

Mi_j definiert also die oberste Grenze für die Ausführung des betrachteten Mb_i unter Berücksichtigung der Datenabhängigkei. Mb_i darf
jedoch nur in Mi_j ausgeführt werden, wenn gilt:

$(Mb_m \in Mi_j, Mb_m \, \underline{di} \, Mb_i) \Rightarrow Mb_m \, \underline{ev} \, Mb_i,$

d.h. alle Mb aus der Anstiegsgrenze, die Dateninteraktion mit Mb_i haben, müssen ausgeführt sein, bevor Mb_i ausgeführt wird.

Die Definition der Anstiegsgrenze berücksichtigt noch keine Funktions- oder Feldkonflikte.

<u>Algorithmus 4.20</u>: <u>FCFS-Algorithmus</u>:

Gegeben sei ein SMB $S = \{ Mb_1, Mb_2, \ldots, Mb_n \}$ mit Mb_1 <u>iv</u> Mb_2, Mb_2 <u>iv</u> $Mb_3, \ldots, Mb_{n-1}$ <u>iv</u> Mb_n. Sei $L = \{ Mi_1, Mi_2, \ldots, Mi_t \}$ die laufende geordnete Liste der aus S gebildeten Mi.

1. $L = \emptyset$, Initialisierung

2. $Mi_1 = \{ Mb_1 \}$, $L = L \cup \{ Mi_1 \}$, Bildung der ersten Mi.

3. Wähle in der Reihenfolge ansteigender Indizes das nächste Mb_i.

4. Finde die Anstiegs-Grenze Mi_j für Mb_i, indem L in der Reihenfolge fallender Indizes $Mi_t, Mi_{t-1}, \ldots$ wie folgt überprüft wird: falls für alle $Mb_k \in Mi_k$ gilt: Mb_k <u>du</u> Mb_i, wähle Mi_{k-1}, sonst $Mi_j = Mi_k$. Gibt es keine Anstiegs-Grenze Mi_j für Mb_u, d.h. Mb_i ist datenunabhängig von allen bisher behandelten Mb aus S: weiter bei 6.

5. Falls gilt: ($Mb_v \in Mi_j$, Mi_j Anstiegs-Grenze)
$=> Mb_x$ <u>pl</u> Mb_i, bilde $Mi_j = Mi_j \cup \{ Mb_i \}$, weiter bei 8, sonst weiter bei 6.

6. Suche erstes Mi_z in der Reihenfolge ansteigender Indizes für $Mi_{j+1}, Mi_{j+2}, \ldots, Mi_t \in L$ bzw. für $Mi_1, Mi_2, \ldots$ $\ldots, Mi_t \in L$, falls keine Anstiegs-Grenze zu Mb_i existiert, mit: für alle $Mb_x \in Mi_z => (Mb_x$ <u>ok</u> Mb_i und Mb_x <u>fk</u> $Mb_i)$. Falls Mi_z gefunden, mit $Z \leq t$: bilde $Mi_z = Mi_z \cup \{ Mb_i \}$, weiter bei 8, sonst weiter bei 7.

7. Bilde neue Mi, da Mb_i in keiner Mi aus L untergebracht werden konnte. Falls Anstiegs-Grenze Mi_j existiert:
$t = t+1$, $Mi_t = \{ Mb_i \}$, $L = L \cup \{ Mi_t \}$, sonst: für alle $Mi_i \in L$, $i = 1, 2, \ldots, t$: $i = i+1$, $Mi_1 = \{ Mb_i \}$, $L = L \cup \{ Mi_1 \}$ ($\{ Mb_i \}$ wird neue erste Mi aus L).

8. Falls $i = n$: L ist gefundene SMB-Partition, sonst: weiter bei 3.

Algorithmus 4.20 geht von gebundenen Mikrooperationen aus, soll jedoch eine Phasenkopplung von Kompaktifizierung und Ressourcenzuteilung durchgeführt werden, so muß in Schritt 5 und 6 jeweils die als gebunden vorausgesetzte "Mb_i" durch "alle Versionen von Mb_i" ersetzt werden. Die Prozedur kann in Schritt 5 und 6 erweitert werden, indem auch "alle Kombinationen aller Versionen für alle Mb_x der betrachteten Mi" untersucht werden.

Wir wählen wiederum das Beispiel aus Abschnitt 4.2.1: Gegeben sei ein SMB $S = \{Mb_1, Mb_2, Mb_3, Mb_4\}$ mit Mb_1 $\underline{iv}$ Mb_2, Mb_2 $\underline{iv}$ Mb_3, Mb_3 $\underline{iv}$ Mb_4 und den Funktions- bzw. Feldkonflikten zwischen den Paaren (Mb_1, Mb_3), (Mb_2, Mb_3) und (Mb_2, Mb_4). Da Algorithmus 4.20 nicht mit einem DAG arbeitet, muß die entsprechende Information aus Abbildung 4.2 in anderer Form dargestellt werden.

$$Mb_1 \ \underline{uv} \ Mb_2, \ Mb_3 \ \underline{uv} \ Mb_4 \quad \text{folgt:}$$

$$Mb_1 \ \underline{di} \ Mb_2$$

$$Mb_3 \ \underline{di} \ Mb_4 \quad \text{und}$$

$$Mb_1 \ \underline{du} \ Mb_3, \ Mb_1 \ \underline{du} \ Mb_4$$

$$Mb_2 \ \underline{du} \ Mb_3, \ Mb_2 \ \underline{du} \ Mb_4$$

$$Mb_3 \ \underline{du} \ Mb_1, \ Mb_3 \ \underline{du} \ Mb_2$$

$$Mb_4 \ \underline{du} \ Mb_1, \ Mb_4 \ \underline{du} \ Mb_2.$$

1. $L = \emptyset$,   Initialisierung

2. $Mi_1 = \{Mb_1\}$, $L = \{Mi_1\} = \{\{Mb_1\}\}$,   Bildung der ersten Mi.

3. Wähle Mb_2

4. Mi_1 ist Anstiegs-Grenze, da Mb_1 $\underline{di}$ Mb_2.

5. Es gilt nicht Mb_1 $\underline{pl}$ Mb_2, da Mb_1 $\underline{uv}$ Mb_2.

6. Kein Mi_z gefunden.

7. Bilde neue Mi: $Mi_2 = \{Mb_2\}$, da Anstiegs-Grenze.
   $L = \{Mi_1, Mi_2\} = \{\{Mb_1\}, \{Mb_2\}\}$.

8. Weiter bei 3.

3. Wähle Mb_3.

4. Keine Anstiegs-Grenze gefunden, da $Mb_3 \; \underline{du} \; Mb_2$,

$$Mb_3 \; \underline{du} \; Mb_1.$$

6. Kein Mi_z gefunden, da Konflikte $(Mb_1, Mb_3), (Mb_2, Mb_3)$.

7. Da keine Anstiegs-Grenze:

$Mi_2 = Mi_1$, $\quad Mi_3 = Mi_2$, $\quad$ bilde neue Mi: $\quad Mi_1 = \{Mb_3\}$

$\quad L = \{Mi_1, Mi_2, Mi_3\} = \{\{Mb_3\}, \{Mb_1\}, \{Mb_2\}\}$

8. Weiter bei 3.

3. Wähle Mb_4.

4. Mi_1 ist Anstiegs-Grenze, da $Mb_4 \; \underline{du} \; Mb_2$,

$$Mb_4 \; \underline{du} \; Mb_1,$$
$$Mb_4 \; \underline{di} \; Mb_3.$$

5. Es gilt nicht $Mb_4 \; \underline{pl} \; Mb_3$, da $Mb_3 \; \underline{uv} \; Mb_4$.

6. Mi_2 gefunden, da $Mb_4 \; \underline{ok} \; Mb_1$, $Mb_4 \; \underline{fk} \; Mb_1$ (kein Konflikt war angenommen).

$$Mi_2 = Mi_2 \cup \{Mb_4\} = \{Mb_1, Mb_4\}.$$

8. L ist SMB-Partition, Abbruch des Algorithmus

$$L = \{Mi_1, Mi_2, Mi_3\} = \{\{Mb_3\}, \{Mb_1, Mb_4\}, \{Mb_2\}\}.$$

Algorithmus 4.20 findet für dieses Beispiel also eine optimale
SMB-Partition (vgl. Lösung mit Algorithmus 4.9 in Abschnitt 4.2.1).
Auch für das Beispiel aus Abschnitt 4.2.3 (SMB $S = \{Mb_1, Mb_2, \ldots, Mb_8\}$)
wird eine optimale SMB-Partition gefunden: $L = \{Mi_1, Mi_2, Mi_3, Mi_4, Mi_5\}$
mit $Mi_1 = \{Mb_1, Mb_2\}$, $Mi_2 = \{Mb_3\}$, $Mi_3 = \{Mb_4, Mb_7\}$, $Mi_4 = \{Mb_5, Mb_8\}$,
$Mi_5 = \{Mb_6\}$. Dennoch lassen sich einfache Beispiele angeben, für
die der Algorithmus nur gute, jedoch nicht optimale Lösungen
erbringt (ADAMS, 1978, BARNES, 1978, DASGUPTA, 1978).

Die Tatsache, daß der FCFS-Algorithmus für das Beispiel aus
Abschnitt 4.2.1 besser abschneidet als die Algorithmen 4.13 und 4.18,
liegt an der Einordnungs-Strategie, bei nicht Auffinden einer Anstiegs-
Grenze eine neue erste Mi zu bilden. Dieses Verfahren muß jedoch
nicht immer vorteilhaft sein.

4.2.5 Wertung

Implementierungen einfacher Varianten der vier vorgestellten
Algorithmen zeigen folgende Ergebnisse (MALLET, 1978, DAVIDSON
et al., 1981):

1. Die Lokale Kompaktifizierung ist auch für größere Mikroprogramme
   mit den Algorithmen 4.13, 4.18 und 4.20 in erträglicher Zeit
   durchführbar.

2. Algorithmus 4.9 kann für kurze SMB (weniger als 100 Mb)
   angewendet werden, ist aber wegen des exponentiellen Aufwandes
   für längere SMB nicht geeignet.

3. Die Algorithmen 4.13 und 4.20 bilden in der Regel bessere
   SMB-Partitionen als Algorithmus 4.18.

4. Algorithmus 4.20 ist deutlich einfacher zu programmieren als die
   übrigen Algorithmen.

5. Die SMB-Partitionen, die durch die Algorithmen 4.13 und 4.20
   produziert werden, sind allgemein recht nahe bei der optimalen
   SMB-Partition.

Die genannten Aussagen müssen jedoch mit gewissen Einschränkungen
versehen werden:

- die zugrundeliegenden Maschinenmodelle waren einfacher als das hier
  vorgestellte,
- Einflüsse des Mikroinstruktionsformates (horizontal, vertikal) wurden
  nicht untersucht,
- Einflüsse verschiedener Mikroprogrammtypen wurden nicht ausreichend berücksichtigt (nur drei betrachtete Mikroprogramme),
- Einflüsse bei der Zwischenkode-Generierung verschiedener Typen
  von muHMS-Übersetzern wurden nicht untersucht.

Allgemein gilt, daß weitere Untersuchungen über Mikroarchitekturen
und Mikroprogrammstrukturen benötigt werden, um ein abschließendes
Urteil über die Verfahren zur lokalen Kompaktifizierung abgeben zu
können.

Die Frage, ob die genannten Verfahren auch für die globale
Kompaktifizierung ausreichend geeignet sind, erscheint jedoch
noch weitgehend offen (FISHER et al., 1982).

4.3 Globale Kompaktifizierung

Ausgangspunkt für die globale Kompaktifizierung ist ein Mikro-
programm und ein zugehöriger MFG (Definition 2.2.3.3) und eine
Beschreibung der Mikroarchitektur im Sinne einer Tabelle aller
Mo bzw. Mb in Tupelnotation. Gesucht wird eine Partition aller
Mb des Mikroprogrammes in Mi, die semantisch äquivalent zum
Ausgangs-Mikroprogramm ist und möglichst kurze Ausführungszeit
impliziert.

Es werden dabei zunächst nur schleifenfreie MFG, sowie MFG ohne
Unterprogrammtechnik betrachtet. Die Behandlung von Schleifen
und Unterprogrammen wird erst im letzten Abschnitt kurz skizziert,
um die Darstellung der globalen Kompaktifizierung zu erleichtern.

Es ist unmittelbar einleuchtend, daß durch die Verschiebung von
Mb über die Grenzen von SMB hinweg noch kürzere Pfade durch
Mikroprogramme entstehen können als durch die lokale Kompaktifi-
zierung aller SMB des Mikroprogramms (insbesondere, wenn die
SMB sehr kurz sind). Neben Datenabhängigkeiten und Ressourcen-
Konflikten der Mb muß die globale Optimierung jedoch auch die
Datenabhängigkeit der durchlaufenen Pfade im MFG berücksichtigen.
Da in der Regel die Verkürzung eines Pfades die Verlängerung eines
anderen Pfades impliziert, muß zunächst entschieden werden, ob
es sich überhaupt "lohnt", einen gewissen Pfad zu kompaktifizieren,
d.h. ob dieser Pfad bei Ausführung des Mikroprogrammes für eine
große Klasse von bearbeiteten Daten mit hoher Wahrscheinlichkeit
durchlaufen wird.

Diese informelle Beschreibung der Aufgabe der globalen Kompaktifizierung macht bereits deutlich, daß es nicht sinnvoll ist, nach einer
optimalen Partition aller Mb eines Mikroprogrammes zu suchen. Ziel
kann es nur sein, durch heuristische Verfahren, "gute" Partitionen

zu suchen. Da aus der Literatur bis heute keine Implementierungen von Algorithmen zur globalen Kompaktifizierung bekannt sind (vgl. dazu auch FISHER et al., 1982), können bezüglich des zu erwartenden Kompaktifizierungsgrades auch nur die bereits genannten Abschätzungen nach NICOLAU, FISHER, 1981 sowie einige Beispiele aus TOKORO et al., 1978 und DASGUPTA, 1979 erwähnt werden. Alle Autoren gehen jedoch davon aus, daß durch die globale Kompaktifizierung für die Praxis "günstigere" Mikroprogramme entstehen als durch die lokale Kompaktifizierung. Weitere Unterschiede auf dem Gebiet der globalen Kompaktifizierung sind jedoch erforderlich, um die verschiedenen Verfahren und Heuristiken in Abhängigkeit von Mikroprogramm- und Mikroarchitektur-Parametern zu bewerten.

Verfahren zur globalen Kompaktifizierung lassen sich in zwei Klassen einteilen:

- blockorientierte globale Kompaktifizierung,
- pfadorientierte globale Kompaktifizierung.

Die <u>blockorientierte globale Kompaktifizierung</u> setzt voraus, daß alle SMB eines MFG bereits eine lokale Kompaktifizierung durchlaufen haben und versucht dann, "geeignete" Mo bzw. Mb über SMB-Grenzen gemäß einem Satz von Regeln zu verschieben. "Geeignet" bedeutet in diesem Zusammenhang, daß man sich durch die Verschiebung der Mo bzw. Mb erhofft, beliebige gültige Pfade durch das Mikroprogramm unter Berücksichtigung der Datenabhängigkeiten und der vorhandenen Ressourcen zu verkürzen. Bildlich gesprochen wird versucht, die nach der lokalen Kompaktifizierung in den Mi von SMB (Ziel-SMB) verbliebenen "Löcher" so zu nutzen, daß alle Mb von Mi aus anderen SMB (Quell-SMB) untergebracht werden können, die entsprechenden Mi dann unmittelbar, oder nach erneuter lokaler Kompaktifizierung der Quell-SMB sogar weitere Mi entfallen können. Dabei wird es im allgemeinen notwendig werden, die lokale Kompaktifizierung für die veränderten SMB erneut durchzuführen (Ansätze nach TOKORO et al., 1978, DASGUPTA, 1979, WOOD, 1979).

Die pfadorientierte globale Kompaktifizierung bewertet zunächst
Pfade durch noch nicht lokal kompaktifizierte Mikroprogramme
nach der Wahrscheinlichkeit, mit der sie durchlaufen werden. Dann
werden die wahrscheinlichsten Pfade kompaktifiziert, bis alle SMB
des MFG behandelt sind. Da diese Pfade über SMB-Grenzen hinaus
verlaufen, müssen nach jeder Kompaktifizierung eines Pfades, der
so behandelt wird wie ein SMB, Korrekturschritte durchgeführt
werden, die dafür sorgen, daß das entstehende kompaktifizierte
Mikroprogramm semantisch äquivalent zum Ausgangs-Mikroprogramm
bleibt (Ansatz nach FISHER, 1981).

Die genannten Verfahren werden in Abschnitt 4.3.1 und 4.3.2 mit
ihren Vor- und Nachteilen getrennt behandelt.

4.3.1 Blockorientierte globale Kompaktifizierung

Die blockorientierte globale Kompaktifizierung setzt SMB voraus,
für die bereits die lokale Kompaktifizierung mit einem der Verfahren
aus Abschnitt 4.2 durchgeführt wurde. Nach einem Satz von Regeln
werden dann Mb aus einem oder mehreren Quell-SMB in einen oder
mehrere Ziel-SMB verschoben. Dabei ist jedoch eine globale Daten-
fluß-Information vorausgesetzt, die für alle Speicherressourcen der
betrachteten SMB bestimmt, ob sie tot oder lebendig sind (Definition
2.2.3.15) und diejenigen Mb identifiziert, die frei an der Spitze und
frei am Ende von SMB sind (Definition 2.2.3.16). Die Bestimmung
dieser Information kann durch eines der bei TOKORO et al., 1981
beschriebenen oder zitierten Verfahren geschehen. Die Verfahren
beruhen auf Algorithmen aus dem Compilerbau, z.B. die Lösung der
"Datenfluß-Gleichungen" (vgl. AHO, ULLMAN, 1978 und Algorithmus
4.24). Prinzipiell lassen sich die folgenden Regeln für die Verschiebung von Mb angeben.

Verschiebungsregeln 4.21: Gegeben sei ein Mikroprogramm M, das
in SMB zerteilt ist und ein zugehöriger MFG. Wir betrachten
Mb_j, die aus einem oder mehreren Quell-SMB SMB_{Q1}, SMB_{Q2},
... in einen oder mehrere Ziel-SMB $SMB_{Z1}, SMB_{Z2}, ...$
verschoben werden können.

1. SMB_{Q1} sei unmittelbarer Nachfolger der SMB_{Z1}, SMB_{Z2}, ... im MFG, Mb_j sei frei an der Spitze von SMB_{Q1}. So kann Mb_j aus SMB_{Q1} an das Ende aller SMB_{Z1}, SMB_{Z2}, ... verschoben werden.

2. SMB_{Q1}, SMB_{Q2}, ... seien unmittelbare Vorgänger von SMB_{Z1} im MFG, Mb_j sei frei am Ende aller SMB_{Q1}, SMB_{Q2}, ... So kann Mb_j von allen SMB_{Q1}, SMB_{Q2}, ... an die Spitze von SMB_{Z1} verschoben werden.

3. SMB_{Q1} sei unmittelbarer Vorgänger der SMB_{Z1}, SMB_{Z2}, ... im MFG, Mb_j sei frei am Ende des SMB_{Q1}. So kann Mb_j von SMB_{Q1} an die Spitze aller SMB_{Z1}, SMB_{Z2}. ... verschoben werden.

4. SMB_{Q1}, SMB_{Q2}, ... seien unmittelbare Nachfolger von SMB_{Z1} im MFG, Mb_j sei frei an der Spitze aller SMB_{Q1}, SMB_{Q2}, ... So kann Mb_j von allen SMB_{Q1}, SMB_{Q2}, ... nach SMB_{Z1} verschoben werden.

5. SMB_{Q1} sei unmittelbarer Vorgänger von SMB_{Z1}, SMB_{Z2}, ... sowie weiteren SMB_{N1}, SMB_{N2}, ... im MFG, Mb_j sei frei am Ende von SMB_{Q1} und alle Elemente von A_j (Ausgabespeicherressourcen von Mb_j) seien tot in SMB_{N1}, SMB_{N2}, ... So kann Mb_j von SMB_{Q1} an die Spitze von allen SMB_{Z1}, SMB_{Z2}, ... verschoben werden.

6. SMB_{Q1}, SMB_{Q2}, ... und weitere SMB_{N1}, SMB_{N2}, ... seien unmittelbare Nachfolger von SMB_{Z1} im MFG, Mb_j sei frei an der Spitze aller SMB_{Q1}, SMB_{Q2}, ... und alle Elemente von A_j seien tot in SMB_{N1}, SMB_{N2}, ... So kann Mb_j von allen SMB_{Q1}, SMB_{Q2}, ... an das Ende von SMB_{Z1} verschoben werden.

Die sechs Verschiebungsregeln sind hier leicht informell formuliert. Verschiebung einer Mb_j an die Spitze oder das Ende von SMB_{Qi} heißt, daß Mb_j in SMB_{Qi} keine Mb_k "einholen" darf, für die gilt: Mb_k $\underline{uv}$ Mb_j bzw. Mb_j $\underline{uv}$ Mb_k und keine Mb_k "überholen" darf, für die gilt: Mb_k $\underline{ev}$ Mb_j bzw. Mb_j $\underline{ev}$ Mb_k. Die sechs Regeln sind für

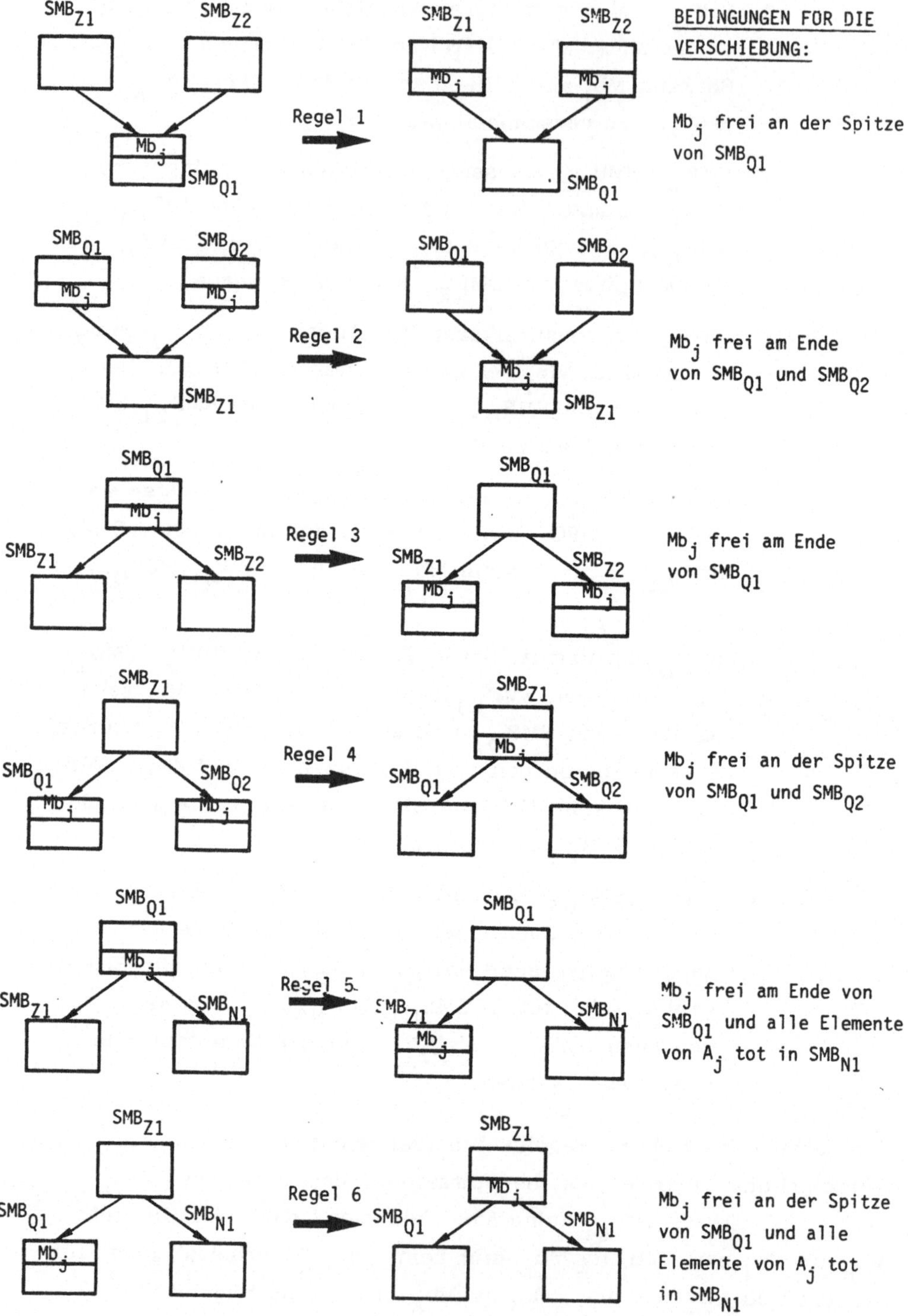

Abbildung 4.5: Graphische Darstellung der sechs Verschiebungsregeln bei globaler Kompaktifizierung.

den jeweils einfachsten Fall (maximal zwei Quell- oder Ziel-SMB)
in Abbildung 4.5 dargestellt. Die Darstellung der Mb_j am jeweiligen
unteren bzw. oberen Rand des betreffenden SMB soll nicht implizieren, daß die Mb_j genau aus der letzten oder ersten Mi des SMB
entnommen bzw. in sie eingefügt werden müssen. Vielmehr muß in
jedem Quell-SMB die genannte Bedingung erfüllt sein, im Ziel-SMB
darf durch die Verschiebung die Datenintegrität nicht gestört werden.

Die Auswahl geeigneter Mo bzw. Mb ist von verschiedenen Autoren
unterschiedlich vorgeschlagen worden. DASGUPTA, 1979 beginnt
mit der Bestimmung symmetrischer Paare und interner SMB (Definition 2.2.3.19), wobei lediglich schleifenfreie MFG berücksichtigt
werden. Abbildung 4.6 zeigt einen solchen schleifenfreien MFG
mit symmetrischem Paar (SMB_1, SMB_3) und internen $SMB : SMB_2$.

Algorithmus 4.22: <u>Globale Kompaktifizierung durch symmetrische Paare:</u>
Gegeben sei ein Mikroprogramm M mit zugehörigem schleifenfreien MFG, dessen SMB bereits lokal kompaktifiziert
sind, sowie ein symmetrisches Paar (SMB_i, SMB_j) und
eine nichtleere Menge interner SMB S_{ij}.

1. Wähle Mb_k aus Mi von SMB_j in Indexreihenfolge, über-
prüfe, ob Mb_k frei an der Spitze von SMB_j. Falls nicht:
weiter bei 4.

2. Falls es ein Mb_m aus S_{ij} gibt mit $Mb_m \underline{di} Mb_k$: weiter
bei 4.

3. Suche früheste Mi in SMB_i, in die Mb_k verschoben
werden kann (unter Berücksichtigung von Datenabhängigkeiten und Ressourcen-Konflikten). Verschiebe Mb_k in
diese Mi und streiche Mb_k in SMB_j. Falls keine solche Mi
existiert, kann Mb nicht verschoben werden.

4. Sind alle Mb_k aus SMB_j behandelt: Abbruch des
Verfahrens (und falls mindestens ein Mb_k aus SMB_j
gestrichen wurde: lokale Kompaktifizierung von SMB_j),
sonst weiter bei 1.

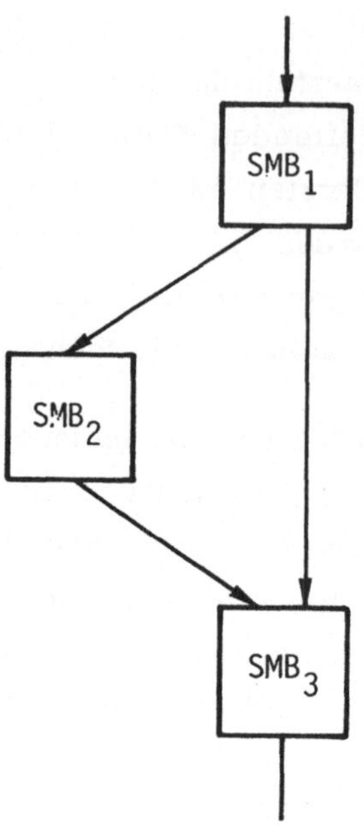

Abbildung 4.6:   Schleifenfreier MFG mit symmetrischem Paar (SMB_1, SMB_3) und internem SMB: SMB_2.

Algorithmus 4.22 behandelt nur einen kleinen Teil der möglichen globalen Kompaktifizierungen: er ist nur anwendbar auf schleifenfreie MFG, er untersucht nur symmetrische Paare und schließlich versucht er nicht, den Ziel-SMB lokal zu rekompaktifizieren, um gegebenenfalls eine "günstigere" SMB-Partition für die globale Kompaktifizierung zu erhalten.

DASGUPTA, 1979 erwähnt ferner, daß die Anzahl der internen SMB, also die Kardinalität der Menge S_{ij}, möglichst klein sein sollte, damit die Wahrscheinlichkeit des Eintreffens der Bedingung von Schritt 2 möglichst gering ist.

TOKORO et al., 1978 und 1981 geben einen allgemeineren Algorithmus für die globale Optimierung an, der nicht nur symmetrische Paare im MFG, sondern alle benachbarten SMB untersucht. Benachbarte SMB innerhalb eines MFG sind SMB, zwischen denen eine gerichtete Kante des MFG existiert. Während Algorithmus 4.22 lediglich die

Verschiebungsregeln 1 und 4 anwendet, werden bei TOKORO et al. auch die weiteren Verschiebungsregeln überprüft. Der Aufwand dieses Algorithmus entspricht einem Polynom dritten Grades der Anzahl der SMB im MFG und der Anzahl der Mb im gesamten Mikroprogramm.

Allgemein kann man mit FISHER et al., 1981 jedoch Kritik an den bisher dargestellten bzw. zitierten Verfahren zur blockorientierten globalen Kompaktifizierung üben:

1. Durch die lokale Kompaktifizierung der SMB vor der globalen Kompaktifizierung werden zu viele lokal bedingte Vorentscheidungen getroffen, die die spätere - prinzipiell mögliche - globale Kompaktifizierung verhindern. Dieser Nachteil wird durch die Technik der pfadorientierten globalen Kompaktifizierung (Abschnitt 4.3.2) beseitigt.

2. Für jedes verschobene Mb muß eine erneute lokale Kompaktifizierung aller Ziel-SMB vorgenommen werden. Der Aufwand für diese Rekompaktifizierungsschritte bleibt nur dann erträglich, wenn wie bei TOKORO et al., 1981 hierfür eine Variante von Algorithmus 4.20 verwendet wird. Im Falle der Verschiebung eines Mb an das Ende eines SMB durchläuft der FCFS-Algorithmus lediglich einen Schritt n+1. Eine ähnliche Überlegung kann für die Verschiebung eines Mb an die Spitze eines SMB angestellt werden. Auch dieser Nachteil der Rekompaktifizierung entfällt bei der pfadorientierten globalen Kompaktifizierung.

Vor der Behandlung der pfadorientierten globalen Kompaktifizierung soll hier noch auf eine weitere Variante der blockorientierten globalen Kompaktifizierung eingegangen werden, die WOOD, 1979 vorschlägt. Das Verfahren beruht auf der Formulierung von Mikroprogrammen in einer höheren Mikroprogrammiersprache MDL, die durch die Verwendung modularer geschachtelter Kontrollkonstrukte gekennzeichnet ist. Jedes Kontrollkonstrukt wird als blockartige Mo (der Begriff "blockartig" wird hier im Sinne von "zusammengesetzt" verwendet, was auch nicht sequentielle Unterstrukturen zuläßt, wohingegen SMB rein sequentielle Folgen von Mb sind) aufgefaßt, die ihrerseits

wiederum aus <u>Komponenten-Mo</u> bestehen. Jeder blockartigen Mo
ist eine Schachtelungstiefe zugeordnet. Die globale Optimierung
geschieht unter Verwendung eines Datenabhängigkeits-Graphen
für blockartige Mo. Eine Mo kann vor oder hinter eine blockartige
Mo verschoben werden, wenn keine der Komponenten-Mo der blockartigen Mo Dateninteraktion mit der Mo hat. Das Verfahren ist also
nur auf den eingeschränkten Bereich modularer Kontrollkonstrukte
anwendbar. Für Verzweigungen und Marken, die ebenfalls in MDL
existieren, wird die Regel eingeführt, daß diese Punkte des Mikroprogramms von keiner Mo durch Verschiebung überschritten werden
können. Damit werden viele der potentiell möglichen Verschiebungen
nach den Regeln 4.21 ausgeschlossen. In WOOD, 1979 werden ferner
nur Datenabhängigkeiten, nicht jedoch Ressourcenkonflikte berücksichtigt. Erfahrungen über Anwendungen von MDL liegen nicht vor.

4.3.2 Pfadorientierte globale Kompaktifizierung

Die pfadorientierte globale Kompaktifizierung nach FISHER, 1979 und
FISHER, 1981 geht von Mikroprogrammen mit schleifenfreien MFG aus,
für die Laufzeitdaten bekannt sind. Zu jedem Mb_j des Mikroprogramms
wird die Wahrscheinlichkeit p_j, daß dieses Mb zur Ausführungszeit
durchlaufen wird, als bekannt vorausgesetzt. Die Ermittlung solcher
Wahrscheinlichkeiten kann als durch bekannte Verfahren aus dem
Compilerbau abgedeckt betrachtet werden.

Die eigentliche Kompaktifizierung des Mikroprogramms verläuft als
Folge von Kompaktifizierungsschritten von Pfaden, wobei diese in
der Reihenfolge der höchsten Durchlaufwahrscheinlichkeit abgearbeit
werden. Das Verfahren dauert so lange, bis alle Mb des Mikroprogramms kompaktifiziert sind bzw. ein Abbruchkriterium erreicht ist.
Jede Kompaktifizierung von Pfaden umfaßt drei wesentliche Schritte:

1. Auswahl des Pfades.

2. Aufbau des DAGP zum gewählten Pfad und Kompaktifizierung nach
   einem Verfahren der lokalen Kompaktifizierung (hier: Branch and
   bound mit Heuristik).

3. Korrekturschritte, um den "Rest" des Mikroprogramms gültig zu
   machen: durch die Verschiebung von Mb auf dem Pfad in der

lokalen Kompaktifizierung über SMB-Grenzen hinweg müssen gewisse Mb auf nicht betrachteten Pfaden eingeschoben werden, um ein semantisch äquivalentes Mikroprogramm zu erhalten (Ziel-SMB bei den Verschiebungsregeln 1 und 3 aus 4.21).

Die nachfolgende Beschreibung des Algorithmus ist leicht informell. Es soll lediglich die prinzipielle Arbeitsweise dargestellt werden, so daß im Zusammenhang mit dem nachfolgenden Beispiel die Methode der pfadorientierten globalen Kompaktifizierung erläutert wird. Die vollständige formale Darstellung würde den Rahmen dieser Arbeit sprengen (FISHER, 1979 benötigt in seiner Doktorarbeit ca. 50 Seiten für einen ähnlichen Algorithmus). Die Aufgabe zukünftiger Forschungsarbeiten auf dem Gebiet der globalen Kompaktifizierung wird es sein, einfachere Algorithmen zu finden, die dennoch gute Ergebnisse liefern, wie dies im Bereich der lokalen Kompaktifizierung bereits erreicht ist.

<u>Algorithmus 4.23*:</u> <u>Globale Kompaktifizierung durch Kompaktifizierung von Pfaden:</u>

Gegeben sei ein Mikroprogramm M mit zugehörigem schleifenfreien MFG, dessen SMB noch nicht lokal kompaktifiziert seien.

1. Markiere alle Mb aus M mit "nicht behandelt".

2. Wähle nächsten zu kompaktifizierenden Pfad durch M.

   2.1 Suche unter den mit "nicht behandelt" markierten Mb aus M dasjenige Mb_j, für das die Durchlaufwahrscheinlichkeit p_j am höchsten (bzw. das erste Mb_j mit dieser Eigenschaft, falls mehrere Mb mit gleichem p existieren) ist.

   2.2 Bilde Pfad P (Anfangswert): $P = \{Mb_j\}$.

   2.3 Wähle aus den Vorgänger-Mb von Mb_j in M dasjenige Mb_k mit größtem p_k (bzw. eines der Mb_k) und füge Mb_k an die Spitze von P ein ($P = \{Mb_k\} \cup P$).

   2.4 Wiederhole Schritt 2.3 für Mb_k anstelle von Mb_j u.s.w. solange, bis keine Vorgänger-Mb mehr vorhanden sind.

---

* Das Verfahren ist streng genommen nur dann ein Algorithmus, wenn in Schritt 5 ein Abbruchkriterium angegeben ist, da das Terminieren im allgemeinen Fall noch nicht nachgewiesen wurde.

2.5 Wähle aus den Nachfolger-Mb von Mb_j (Schritt 2.1) in M dasjenige Mb_k mit größtem p_k (bzw. eines der Mb_k) und füge Mb_k an das Ende von P ein ($P = P \cup \{Mb_k\}$).

2.6 Wiederhole Schritt 2.5 für Mb_k anstelle von Mb_j u.s.w. solange, bis keine Nachfolger-Mb mehr vorhanden sind:

3. Aufbau des DAGP zu P und Kompaktifizierung.

3.1 Bilde den DAGP zu P (Definition 2.2.3.18).

3.2 Kompaktifiziere P durch ein Verfahren der lokalen Kompaktifizierung, wobei die mit <u>sddv</u> markierten Kanten im DAGP behandelt werden wie durch <u>uv</u> markierte Kanten. Streiche die Markierung "nicht behandelt" für alle Mb aus P.

4. Korrekturschritt.

4.1 Korrektur zur Anwendung der Verschiebungsregel 1 (aus 4.21) durch die Kompaktifizierung von P.

4.1.1 Für alle Mb_i aus P, die außer Mb_{i-1} weitere Vorgänger in M haben, suche die erste Mi_k im kompaktifizierten P, für die gilt: für beliebiges $n \geq k$ enthält Mi_n nur Mb_x mit $x \geq i$.

4.1.2 Für jedes solche Mb_i bilde in M einen neuen SMB SMB_w mit einem Sprung nach Mi_k am Ende von SMB_w.

4.1.3 Erweitere SMB_w um alle Mb_h mit $h \geq i$, die im kompaktifizierten P Elemente von Mi_y sind mit $y < k$. Markiere Mb_h mit "nicht behandelt".

4.1.4 Ersetze alle Sprünge auf Mb_i in M durch Sprünge auf das erste Mb von SMB_w (nicht jedoch den "Sprung" von Mb_{i-1}).

4.2 Korrektur zur Anwendung der Verschiebungsregel 3 (aus 4.21) durch die Kompaktifizierung von P.

4.2.1 Für alle Mb_i aus P, die außer Mb_{i+1} noch weitere Nachfolger in M haben, bilde einen neuen SMB SMB_w für alle Nachfolger Mb_k von Mb_i außer Mb_{i+1}.

4.2.2 Ersetze alle Sprünge von Mb_i auf Mb_k durch Sprünge aus der Mi_z die Mb_i im kompaktifizierten P enthält, auf das erste Mb von SMB_w und füge als letztes Mb von SMB_w einen Sprung auf Mb_k ein.

4.2.3 Erweitere SMB_W um alle Mb_h mit $h < i$, die im kompaktifizierten P Elemente von Mi_y sind mit $y > z$.

4.2.4 Entferne alle Mb aus SMB_w, die nur auf Speicherressourcen schreiben, die tot an dieser Stelle sind (Berücksichtigung von Verschiebungsregel 5 aus 4.21).

4.3 Weitere Korrekturen.

4.3.1 Beseitigen aller leeren SMB aus dem MFG.

4.3.2 Ersetzen der Sprungziele Mb_k aller unbedingten Sprünge durch diejenigen Mi im kompaktifizierten P , die Mb_k enthalten.

4.3.3 Ersetzen der Durchlaufwahrscheinlichkeiten p_k für noch nicht behandelte Mb_k, soweit diese abhängig sind von der Plazierung bedingter Sprünge im kompaktifizierten P.

5. Sind noch weitere durch "nicht behandelt" markierte Mb in M bzw. Abbruchkriterium noch nicht erreicht: weiter bei 2., sonst: Abbruch des Verfahrens, M ist global kompaktifiziert.

Algorithmus 4.23 setzt eine vollständig durchlaufende Indizierung aller Mb des gesamten Mikroprogrammes voraus, ferner eine Indizierung aller SMB und aller Mi, die durch die Kompaktifizierung der Pfade entstehen. Es wird ferner vorausgesetzt, daß Sprung-Mb erkannt werden können (z.B. durch ihren Namen in der Tupelnotation). Die Begriffe "Vorgänger-Mb" bzw. "Nachfolger-Mb" in Schritt 2.3, 2.5, 4.1.1 und 4.2.1 beziehen sich auf Pfade durch Mb-Folgen (solche Pfade wurden bisher nicht untersucht). Für die Kompaktifizierung in Schritt 3.2 schlägt FISHER, 1981 eine Variante von Algorithmus 4.13 vor. Werden

wegen der Einschränkung auf schleifenfreie MFG nur Teile von
Mikroprogrammen untersucht, werden "dummy-Mb" als Eingangs-
und Ausgangs-Mb benötigt. Eingangs-Mb sind keine Nachfolger
irgendeines Mb aus M, Ausgangs-Mb haben keine Nachfolger-Mb
in M. Eingangs- und Ausgangs-Mb werden als Sprungziele in
Schritt 4 benötigt, werden aber nicht kompaktifiziert. Bei dem
Einfügen von Mb in neu gebildete SMB_k in den Schritten 4.1.3 und
4.2.3 müssen diese in der Indexreihenfolge des unkompaktifizierten
M stehen.

Für die Bestimmung derjenigen Speicherressourcen, die lebendig
an der Spitze von SMB sind, wird auf ein Verfahren aus dem
Compilerbau (AHO, ULLMAN, 1978) zurückgegriffen, das hier nur
kurz skizziert werden soll.

Algorithmus 4.24: Lebendigkeitsanalyse:

Gegeben sei ein schleifenfreier Mikroprogramm(-teil) M und
ein zugehöriger MFG. Für die Bestimmung aller Speicherressourcen, die an der Spitze von SMB_i lebendig sind, führe,
beginnend mit den Blättern des MFG, die folgenden Schritte
aus:

1. Bilde DEF (SMB_i): Menge aller Speicherressourcen, die
   in SMB_i einen Wert zugewiesen bekommen (Tupelmenge A_j),
   bevor sie im Sinne der Indexreihenfolge gelesen werden
   (Tupelmenge E_j).

2. Bilde USE (SMB_i): Menge aller Speicherressourcen, die
   in SMB_i gelesen werden (Tupelmenge E_j), bevor sie
   im Sinne der Indexreihenfolge einen Wert zugewiesen
   bekommen (Tupelmenge A_j).

3. Bilde OUT (SMB_i): Vereinigung aller Mengen IN (SMB_j),
   mit SMB_j ist unmittelbarer Nachfolger von SMB_i im MFG.
   OUT (SMB_i) bestimmt die Speicherressourcen, die lebendig
   am Ende von SMB_i sind. Ist SMB_i Blatt des MFG und M
   ein vollständiges Mikroprogramm, so ist OUT (SMB_i) leer.
   Ist M jedoch Teil eines Mikroprogrammes, so ergibt sich
   OUT (SMB_i) aus den lebendigen Speicherressourcen bei
   den Ausgangs-Mb.

4. Bilde IN (SMB_i) = (OUT (SMB_i) - DEF (SMB_i))
$\cup$ USE (SMB_i); IN (SMB_i) ist die Menge derjenigen
Speicherressourcen, die lebendig an der Spitze von
SMB_i sind.

Die Schritte 3. und 4. von Algorithmus 4.24 werden bei AHO,
ULLMAN, 1978 als "Lösung der Datenflußgleichungen" bezeichnet.
Für die vereinfachte Darstellung wurde ein schleifenfreies Mikroprogramm vorausgesetzt, auch Polyphasen-Mo sind nicht berücksichtigt.
Prinzipiell ist die Erweiterung des angegebenen Verfahrens auf komplexere Mikroprogramm- und Mikroarchitektur-Eigenschaften jedoch
möglich.

Die Funktionsweise der Algorithmen 4.23 und 4.24 soll an einem
Beispiel erläutert werden, das aus FISHER et al., 1981 entnommen,
korrigiert und auf das hier eingeführte Tupelmodell umformuliert
wurde. Gegeben sei das Mikroprogramm M (4.1), bestehend aus fünf
SMB.

(4.1)   Mikroprogramm M

SMB_1: Mb_1 = (* ,$\{R_1,R_2\}$,$\{R_3\}$,$\{O_2,O_3\}$,$\{t_1\}$,$\{f_1\}$)

Mb_2 = (* ,$\{R_3,R_4\}$,$\{R_5\}$,$\{O_1\}$,$\{t_1\}$,$\{f_4\}$)

Mb_3 = (* ,$\{R_3\}$,$\{R_6\}$,$\{O_1\}$,$\{t_1\}$,$\{f_5\}$)

Mb_4 = (* ,$\{R_5,R_6\}$,$\{R_7\}$,$\{O_2,O_3\}$,$\{t_1\}$,$\{f_6\}$)

Mb_5 = (* ,$\{R_7,R_3\}$,$\{R_8\}$,$\{O_1\}$,$\{t_1\}$,$\{f_7\}$)

SMB_2: Mb_6 = (* ,$\{R_9\}$,$\{R_{10}\}$,$\{O_1,O_3\}$,$\{t_1\}$,$\{f_8\}$)

Mb_7 = (* ,$\{R_9\}$,$\{R_{11}\}$,$\{O_2,O_3\}$,$\{t_1\}$,$\{f_9\}$)

Mb_8 = (CJP,$\{R_{10}\}$, $\emptyset$,$\{O_3\}$,$\{t_1\}$,$\{f_{10}, f_3 = Mb_{17}\}$)

SMB_3: Mb_9 = (* ,$\{R_{12}\}$,$\{R_{13}\}$, $\emptyset$,$\{t_1\}$,$\{f_2\}$)

Mb_{10} = (* ,$\{R_{10}\}$,$\{R_{15}\}$, $\emptyset$,$\{t_1\}$,$\{f_{11}\}$)

Mb_{11} = (* ,$\{R_{13},R_{14}\}$,$\{R_{16}\}$, $\emptyset$,$\{t_1\}$,$\{f_2\}$)

Mb_{12} = (* ,$\{R_{16},R_{11}\}$,$\{R_{17}\}$, $\emptyset$.$\{t_1\}$,$\{f_2\}$)

Mb_{13} = (* ,$\{R_{17},R_5\}$,$\{R_{18}\}$ $\emptyset$,$\{t_1\}$,$\{f_2\}$)

Mb_{14} = (JP , $\{R_{18}\}$,$\{R_{19}\}$, $\emptyset$,$\{t_1\}$,$\{f_2, f_3 = AUS\}$)

SMB$_4$:   Mb$_{15}$ = (* ,{R$_3$,R$_4$},{R$_5$},   ∅ ,{t$_1$},{f$_2$})

            Mb$_{16}$ = (JP ,{R$_7$,R$_3$},{R$_8$},   ∅ ,{t$_1$},{f$_2$, f$_3$ = Mb$_6$})

SMB$_5$:   Mb$_{17}$ = (* ,{R$_{13}$ }   ,{R$_{12}$}, {O$_1$},{t$_1$}, {f$_{12}$})

AUS:

Bei der Marke AUS (markiert das einzige Ausgangs-Mb) seien die Speicherressourcen R_1 bis R_7, R_9 bis R_{11}, R_{13}, R_{18} und R_{19} tot (M sei Teil eines größeren Mikroprogramms).

Die Mb aus M, deren Namen durch * gekennzeichnet sind, seien Mb aus dem Steuerteil von Mi, Mb$_8$ sei ein bedingter Sprung (CJP: conditional jump), wobei bei Eintreffen der Bedingung auf das in f_3 angegebene Mb gesprungen werden soll, während sonst das nächste Mb in der Indexfolge ausgeführt werden soll. Mb$_{14}$ und Mb$_{16}$ sind unbedingte Sprünge (JP: jump), wobei das Sprungziel ebenfalls in F_3 spezifiziert wurde.

Der Einfachheit halber sind alle Mb trivial, werden alle Mb in t_1 ausgeführt und die Tupelmengen O und F werden sehr klein gewählt.

Aus (4.1) lassen sich der MFG zu M (Abbildung 4.7) und die DAG zu allen SMB (Abbildung 4.8) ableiten. Aus den DAG für die einzelnen SMB lassen sich folgende Informationen über Mb, die frei an der Spitze bzw. frei am Ende des SMB sind, gewinnen:

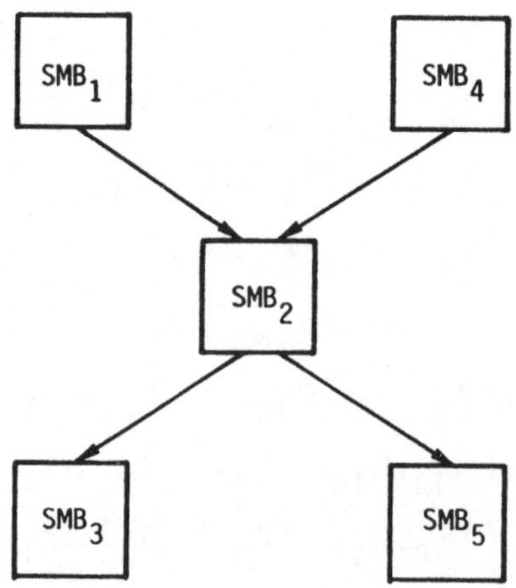

Abbildung 4.7: MFG zum Beispiel-Mikroprogramm (4.1).

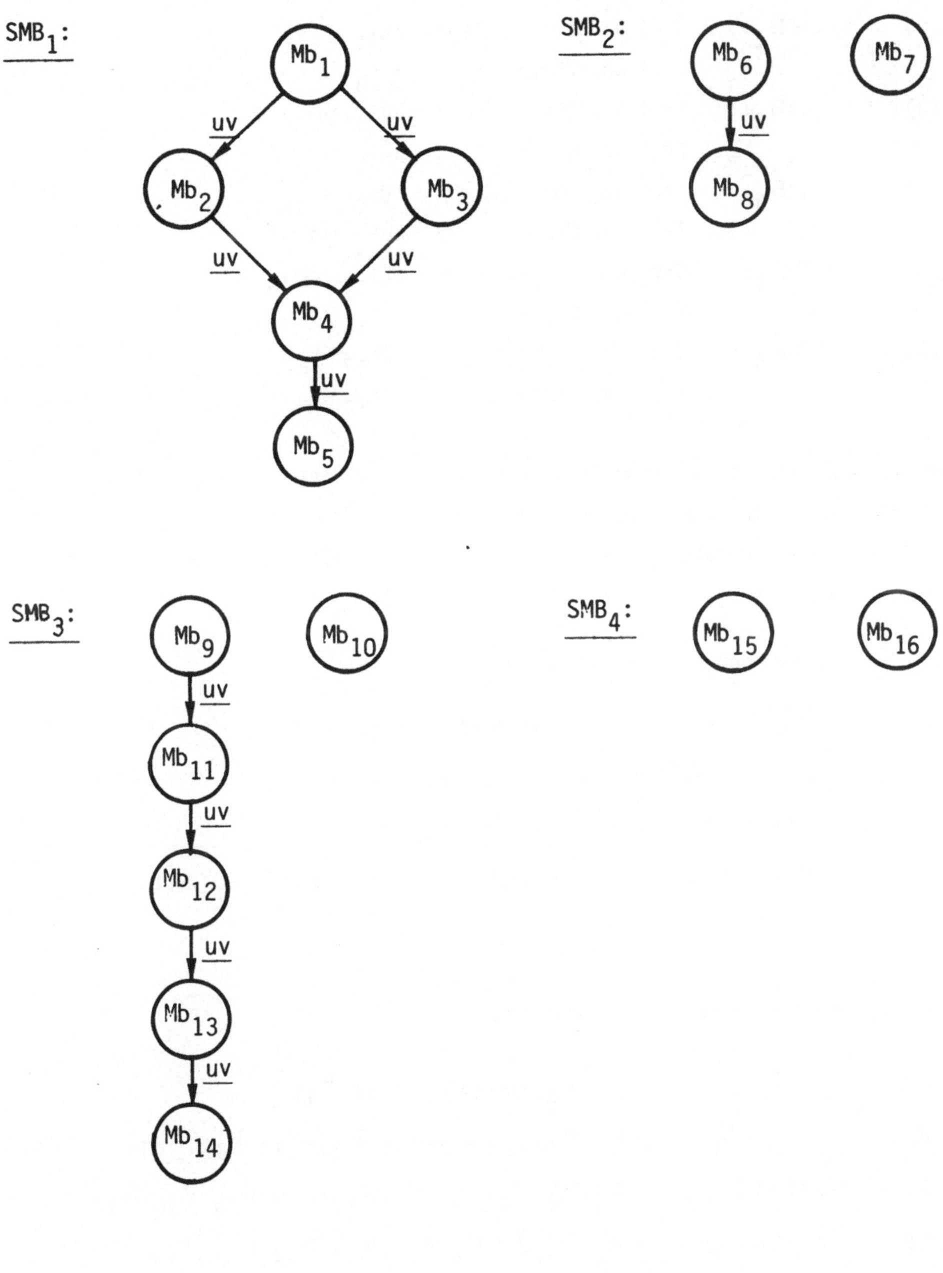

Abbildung 4.8: DAG zu den SMB des Beispiel-Mikroprogramms (4.1).

(4.2) SMB_1:   frei an der Spitze: Mb_1

                        frei am Ende   : Mb_5

(4.3) SMB_2:   frei an der Spitze: Mb_6, Mb_7

                        frei am Ende   : Mb_7, Mb_8

(4.4) SMB_3:   frei an der Spitze: Mb_9, Mb_{10}

                        frei am Ende   : Mb_{10}, Mb_{14}

(4.5) SMB_4:   frei an der Spitze: Mb_{15}, Mb_{16}

                        frei am Ende   : Mb_{15}, Mb_{16}

(4.6) SMB_5:   frei an der Spitze: Mb_{17}

                        frei am Ende   : Mb_{17}

Aus Algorithmus 4.24, dem MFG und (4.1) werden für die einzelnen SMB diejenigen Speicherressourcen bestimmt, die lebendig beim Eintritt in die entsprechenden SMB sind. Wir beginnen mit den Blättern des MFG:

(4.7) Bestimmung von $IN(SMB_3)$:

$$DEF(SMB_3) = \{ R_{13}, R_{15}, R_{16}, R_{17}, R_{18}, R_{19} \}$$

$$USE(SMB_3) = \{ R_5, R_{10}, R_{11}, R_{12}, R_{14} \}$$

$$OUT(SMB_3) = \{ R_8, R_{12}, R_{14}, R_{15}, R_{16}, R_{17} \}$$

$$IN(SMB_3) = (OUT(SMB_3) - DEF(SMB_3)) \cup USE(SMB_3)$$

$$= \{ R_5, R_8, R_{10}, R_{11}, R_{12}, R_{14} \}$$

In ähnlicher Weise werden bestimmt:

(4.8) $IN(SMB_5) = \{ R_8, R_{13}, R_{14}, R_{15}, R_{16}, R_{17} \}$

(4.9) $IN(SMB_2) = \{ R_5, R_8, R_9, R_{12}, R_{13}, R_{14}, R_{15}, R_{16}, R_{17} \}$

(4.10) $IN(SMB_1) = \{ R_1, R_2, R_4, R_9, R_{12}, R_{13}, R_{14}, R_{15}, R_{16}, R_{17} \}$

(4.11) $IN(SMB_4) = \{ R_3, R_4, R_7, R_9, R_{12}, R_{13}, R_{14}, R_{15}, R_{16}, R_{17} \}$

Wendet man eines der Verfahren für die lokale Kompaktifizierung (Kapitel 4.2) auf die SMB von M an, so entstehen die folgenden SMB-Partitionen:

$$(4.12) \qquad SMB_1: \quad Mi_{11} = \{Mb_1\}$$
$$Mi_{12} = \{Mb_2\}$$
$$Mi_{13} = \{Mb_3\}$$
$$Mi_{14} = \{Mb_4\}$$
$$Mi_{15} = \{Mb_5\}$$

Als untere Schranke für die Anzahl der Teilmengen der SMB-Partition würde man aus der Betrachtung des DAG vier Mi erwarten, da Mb_2 und Mb_3 jedoch einen Konflikt bezüglich O_1 haben, entstehen fünf Mi. In ähnlicher Weise erhält man:

$$(4.13) \qquad SMB_2: \quad Mi_{21} = \{Mb_6\}$$
$$Mi_{22} = \{Mb_7\}$$
$$Mi_{23} = \{Mb_8\}$$
$$(4.14) \qquad SMB_3: \quad Mi_{31} = \{Mb_9, Mb_{10}\}$$
$$Mi_{32} = \{Mb_{11}\}$$
$$Mi_{33} = \{Mb_{12}\}$$
$$Mi_{34} = \{Mb_{13}\}$$
$$Mi_{35} = \{Mb_{14}\}$$
$$(4.15) \qquad SMB_4: \quad Mi_{41} = \{Mb_{15}\}$$
$$Mi_{42} = \{Mb_{16}\}$$
$$(4.16) \qquad SMB_5: \quad Mi_{51} = \{Mb_{17}\}$$

Für das weitere Vorgehen wollen wir annehmen, daß durch entsprechende Testläufe der Pfad SMB_1-SMB_2-SMB_3 durch den MFG als der am häufigsten durchlaufene identifiziert wurde. Wir beginnen also mit der Betrachtung dieses Pfades und vergleichen die Wirkung der folgenden Verfahren:

- reine lokale Kompaktifizierung,
- blockorientierte globale Kompaktifizierung,
- pfadorientierte globale Kompaktifizierung.

Aus (4.12), (4.13) und (4.14) folgt, daß die Anzahl der Mi für den genannten Pfad bei reiner <u>lokaler Kompaktifizierung</u> 13 beträgt.

Bei <u>blockorientierter globaler Kompaktifizierung</u> nach Algorithmus 4.22 wäre keine weitere Einsparung möglich, da keine symmetrischen Paare im MFG existieren. Durch die verallgemeinerte Methode (vgl. Text nach Algorithmus 4.22) wären jedoch folgende Kompaktifizierungsschritte möglich:

(4.17) Mb_7 aus SMB_2 nach SMB_1 und SMB_4.
Verschiebungsregel 1 aus 4.21, da Mb_7 frei an der Spitze von SMB_2 (4.3).
SMB_2 wird um eine Mi kürzer.
SMB_1 und SMB_4 bewahren gleiche Anzahl von Mi durch Bildung der neuen Mi:
$$Mi_{12} = \{ Mb_2, Mb_7 \}$$
$$Mi_{41} = \{ Mb_{15}, Mb_7 \}$$

Alternativ zu (4.17) ist auch Schritt (4.18) möglich:

(4.18) Mb_7 aus SMB_2 nach SMB_3.
Verschiebungsregel 5 aus 4.21, da Mb_7 frei am Ende von SMB_2 (4.3) und R_{11} tot beim Eintritt in SMB_5 (4.8).
SMB_2 wird um eine Mi kürzer.
SMB_3 bewahrt gleiche Anzahl von Mi durch Bildung der neuen Mi:
$$Mi_{32} = \{ Mb_{11}, Mb_7 \}$$

Schließlich ist zusätzlich Schritt (4.19) anwendbar, falls angenommen wird, daß Mb_5 und Mb_{15} gleiche Mb beschreiben (z.B. verschiedene Versionen eines Mb):

(4.19) Mb_5 aus SMB_1 und Mb_{15} aus SMB_4 nach SMB_2.
Verschiebungsregel 2 aus (4.21), da Mb_5 frei am Ende von SMB_1 (4.2) und Mb_{15} frei am Ende von SMB_4 (4.5), jedoch nur unter der Annahme, daß Mb_5 und Mb_{15} Versionen genau eines gemeinsamen Mb sind.

SMB$_1$ und SMB$_4$ werden um eine Mi kürzer.

SMB$_2$ bewahrt gleiche Anzahl von Mi durch Bildung der neuen Mi.

$$Mi_{23} = \{ Mb_8, Mb_{15} \} = \{ Mb_8, Mb_5 \}$$

Insgesamt ist durch die blockorientierte globale Kompaktifizierung eine Reduktion der Anzahl der Mi auf dem Pfad SMB$_1$-SMB$_2$-SMB$_3$ auf minimal 11 möglich, geht man davon aus, daß die Annahme in (4.19) recht unrealistisch ist, sogar nur auf 12.

Für die _pfadorientierte globale Kompaktifizierung_ sind die Schritte 2.1 bis 2.6 aus Algorithmus 4.23 bereits ausgeführt, da der Pfad SMB$_1$-SMB$_2$-SMB$_3$ gewählt wurde. In Schritt 3.1 muß nunmehr der DAGP für diesen Pfad aufgebaut werden (vgl. Abbildung 4.9). Neben den durch uv markierten Kanten aus den DAG der SMB$_1$, SMB$_2$ und SMB$_3$ (vgl. Abbildung 4.8) entstehen zusätzlich die durch uv markierten Kanten Mb$_6$-Mb$_{10}$ und Mb$_7$-Mb$_{12}$ zwischen Mb verschiedener SMB, da der gesamte Pfad wie ein SMB behandelt wird. Die durch sddv markierte Kante Mb$_8$-Mb$_9$ entsteht gemäß Definition 2.2.3.17 und 2.2.3.15, da R$_{13}$ lebendig beim Eintritt in SMB$_5$ (4.8).

Für Schritt 3.2 von Algorithmus 4.23 wählen wir eine Variante von Algorithmus 4.13, daher muß der DAGP zunächst gewichtet werden (vgl. Definition 4.11).

(4.20)   Gewichte der Mb aus dem DAGP von Abbildung 4.9:

$$w(Mb_6) = 7$$

$$w(Mb_8) = 5$$

$$w(Mb_1) = w(Mb_9) = 4$$

$$w(Mb_7) = w(Mb_{11}) = 3$$

$$w(Mb_2) = w(Mb_3) = w(Mb_{12}) = 2$$

$$w(Mb_4) = w(Mb_{13}) = 1$$

$$w(Mb_5) = w(Mb_{10}) = w(Mb_{14}) = 0$$

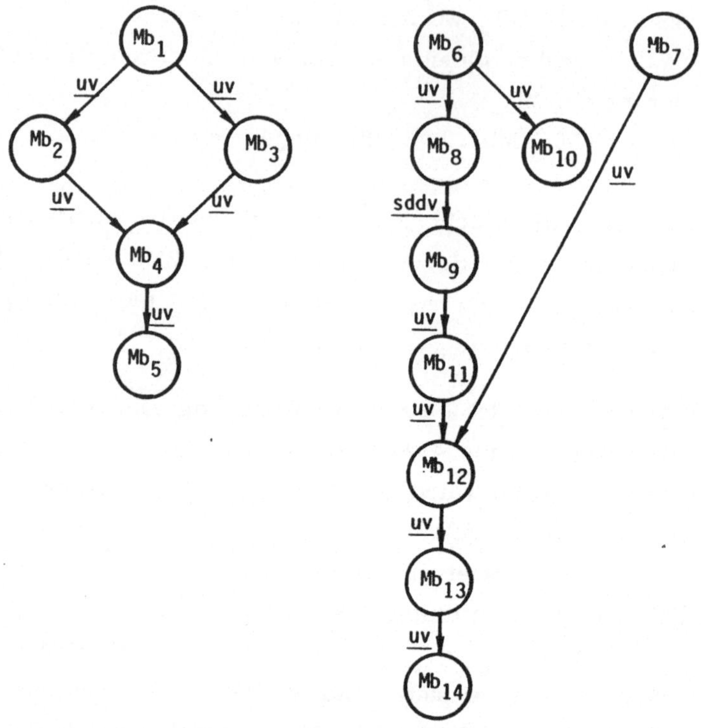

<u>Abbildung 4.9:</u>   DAGP zum Pfad SMB_1-SMB_2-SMB_3 für das Beispiel-Mikroprogramm M (4.1).

Durch Ausführung von Schritt 3.2 bei Anwendung von Algorithmus 4.13 entsteht folgende Partition des Pfades SMB_1-SMB_2-SMB_3:

(4.21)   Partition für Pfad SMB_1-SMB_2-SMB_3

$$Mi_1 = \{ Mb_6 \}$$

$$Mi_2 = \{ Mb_8, Mb_{10} \}$$

$$Mi_3 = \{ Mb_1, Mb_9 \}$$

$$Mi_4 = \{ Mb_2, Mb_7, Mb_{11} \}$$

$$Mi_5 = \{ Mb_3, Mb_{12} \}$$

$$Mi_6 = \{ Mb_4, Mb_{13} \}$$

$$Mi_7 = \{ Mb_5, Mb_{14} \}$$

Die pfadorientierte globale Kompaktifizierung erlaubt also eine drastische Reduktion auf sieben Mi für den betrachteten Pfad. Allerdings wird dies durch Verlängerung des gesamten Mikroprogramms von 16 Mi (falls alle SMB nur lokal kompaktifiziert werden) auf 20 Mi (pfadorientierte globale Kompaktifizierung) auf den weniger häufigen Pfaden erkauft, wie die folgenden Schritte zeigen werden. Man wird Algorithmus 4.23 also gegebenenfalls dahingehend erweitern müssen, daß eine Abwägung zwischen Geschwindigkeit für den häufigsten Pfad und Speicherplatzaufwand für das Gesamt-Mikroprogramm ermöglicht wird. Eine Möglichkeit, den Umfang der durch den Korrekturschritt neu generierten SMB zu beschränken, besteht z.B. darin, vor der eigentlichen Kompaktifizierung des Pfades (Schritt 3.2 von Algorithmus 4.23) im DAGP zusätzliche Kanten einzuführen, die dann allerdings auch die Flexibilität der Kompaktifizierung einschränken. FISHER, 1981 diskutiert diese Möglichkeit.

Im Beispiel muß nunmehr Schritt 4 von Algorithmus 4.23 für den Pfad SMB_1-SMB_2-SMB_3 ausgeführt werden. Die Schritte 4.1.1 bis 4.1.4 betreffen Mb_6: Mb_6 bis Mb_{14} müssen nach SMB_4 in neue SMB eingefügt werden. Entsprechend für die Schritte 4.2.1 bis 4.2.4 und Mb_8 müssen die Mb_1 bis Mb_5 und Mb_7 in neue SMB vor SMB_5 eingefügt werden. Es entstehen neue SMB:

$$(4.22) \qquad SMB_6 = \{Mb_1, Mb_2, Mb_3, Mb_4, Mb_5, Mb_7\}$$

$$SMB_7 = \{Mb_6, Mb_7, Mb_8\}$$

$$SMB_8 = \{Mb_9, Mb_{10}, Mb_{11}, Mb_{12}, Mb_{13}, Mb_{14}\}$$

und ein neuer MFG (Abbildung 4.10), der als Knoten auch den kompaktifizierten Pfad SMB_1-SMB_2-SMB_3 enthält.

Durch Schritt 5 des Algorithmus wird festgestellt, daß noch nicht alle Mb behandelt sind, es wird also ein neuer Pfad ausgewählt. In entsprechender Weise entstehen:

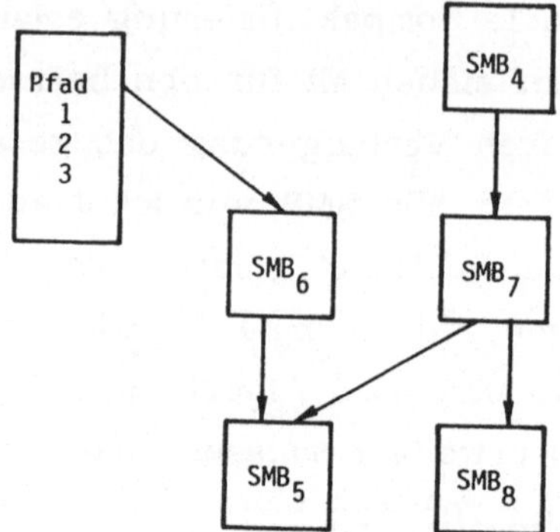

Abbildung 4.10: Neuer MFG nach Korrekturschritt bei pfadorientierter globaler Kompaktifizierung des Pfades SMB_1-SMB_2-SMB_3 im Mikroprogramm M (4.1).

(4.23)   Partition für Pfad SMB_4-SMB_7-SMB_8:

$$Mi_8 = \{Mb_6, Mb_{15}\}$$

$$Mi_9 = \{Mb_8, Mb_{10}, Mb_{16}\}$$

$$Mi_{10} = \{Mb_7, Mb_9\}$$

$$Mi_{11} = \{Mb_{11}\}$$

$$Mi_{12} = \{Mb_{12}\}$$

$$Mi_{13} = \{Mb_{13}\}$$

$$Mi_{14} = \{Mb_{14}\}$$

(4.24)   Partition für Pfad SMB_6-SMB_5:

$$Mi_{15} = \{Mb_1, Mb_{17}\}$$

$$Mi_{16} = \{Mb_2, Mb_7\}$$

$$Mi_{17} = \{Mb_3\}$$

$$Mi_{18} = \{Mb_4\}$$

$$Mi_{19} = \{Mb_5\}$$

Im Korrekturschritt zu (4.24) entsteht ein neuer SMB_9:

(4.25)   Partition für Pfad SMB_9:

$$Mi_{20} = \{Mb_7, Mb_{17}\}$$

Die Behandlung von M ist damit abgeschlossen, da alle Mb aus M behandelt sind. Partition (4.23) setzt einen "intelligenteren" Korrekturschritt als Schritt 4 von Algorithmus 4.23 voraus, der Mb_7 sofort in SMB_5 unterbringt.

Die Partitionen (4.21), (4.23), (4.24) und (4.25) können nun als Mikroprogramm zu M zusammengefaßt werden, das Verfahren ist abgeschlossen.

Erweiterungen von Algorithmus 4.23 betreffen vor allem die Einschränkungen bezüglich der Eigenschaften des MFG zu den zu kompaktifizierenden Mikroprogrammen. Die Erweiterung auf <u>Schleifen</u> und <u>Unterprogramm-Technik</u> soll hier kurz diskutiert werden, vor allem, da diese Steuerkonstrukte durch die gängigen Mikroleitwerk-bausteine zu Bitslice-Mikroprozessoren auch hardwaremäßig unterstützt werden (vgl. Abschnitt 2.2.1).

Voraussetzung für die Behandlung von Mikroprogrammen mit Schleifen ist, daß die Schleifen wohlstrukturiert sind, d.h. daß jedes Paar von Schleifen entweder disjunkt oder echt geschachtelt ist und daß die Schleifen topologisch geordnet sind gemäß der Schachtelungstiefe. Das Mikroprogramm hat dann einen <u>reduzierbaren</u> Flußgraphen (AHO, ULLMAN, 1978). Diese Forderung kann immer erfüllt werden, indem man ein Programm mit nichtreduzierbarem Flußgraphen in ein solches mit reduzierbarem - umformt. Die dadurch entstehende Verlängerung des Programms ist i.a. wegen der folgenden Kompaktifizierung unerheblich.

Zwei mögliche Varianten der Behandlung von MFG mit Schleifen bestehen:

- "quasiblockorientierte" Kompaktifizierung von Schleifen,
- pfadorientierte Kompaktifizierung von Schleifen.

Die <u>quasiblockorientierte</u> Kompaktifizierung von Schleifen behandelt jede Schleife als separaten SMB (ähnlich der in Abschnitt 4.3.1 behandelten Methode nach WOOD, 1979). Die Kompaktifizierung verläuft gemäß der topologischen Ordnung, d.h. bei geschachtelten Schleifen von innen nach außen, wobei Algorithmus 4.23 verwendet

wird. Durch dieses Vorgehen werden Schleifen jedoch zu Grenzen
für die Verschiebung von Mb, und es ist nicht möglich, schleifenin-
variante Mb in eine Schleife zu verschieben (ganz im Gegensatz zum
Compilerbau, wo solche Invariante aus der Schleife entfernt werden,
ist es auf der Ebene der Mikroprogrammierung wegen des hohen
Nebenläufigkeitsgrades von Mi u.U.sinnvoll, die entgegengesetzte Operation
auszuführen).

Bei der pfadorientierten Kompaktifizierung von Schleifen wird die
gesamte Schleife durch ein spezielles Mb, den Schleifen-Vertreter
ersetzt, der bei der Kompaktifizierung gemäß Algorithmus 4.23
genauso behandelt wird wie gewöhnliche Mb. Damit können bei der
Kompaktifizierung Mb Schleifen überholen bzw. hinter sie wandern.
Erweitert man ferner die Definitionen der Relationen ok und fk auf
Mb und Schleifen-Vertreter in dem Sinne, daß die Kompatibilität
zwischen einem Mb und dem Schleifen-Vertreter gegeben ist, wenn
das Mb schleifeninvariant ist und ein Verschieben des Mb in die
Schleife ohne Verlängerung der Anzahl der Mi in der Schleife
möglich ist, so können bei der Kompaktifizierung durch Algorithmus
4.23 auch Mb in Schleifen verschoben werden. Der Korrekturschritt
des Algorithmus muß diese Verschiebungen dann entsprechend berücksichtigen.

Eine noch weitergehende Behandlung von Schleifen schlagen FISHER
et al., 1982 vor: Schleifen werden im Quellkode gemäß Bedarf n
mal dupliziert, so daß der n-fach vorhandene Schleifenkörper wie
ein Pfad behandelt werden kann, was die Wahrscheinlichkeit von
Möglichkeiten zur Kompaktifizierung erhöht (Technik des "loop
unrolling"). Führt man dieses Verfahren weiter und variiert die
Zahl n soweit, bis ein sich wiederholendes Muster gefunden wird
("cyclic schedule"), dann ist es sinnvoll, dieses Muster als einen
einzigen Schleifenkörper zu betrachten, der dann wie oben beschrieben
behandelt wird. Die Schleife wird also teilweise wieder aufgewickelt
("loop rerolling").

Die Unterprogramm-Technik wird in ähnlicher Weise berücksichtigt wie
Schleifen, d.h. jedes Unterprogramm wird als ein SMB betrachtet und

für sich kompaktifiziert. Unterprogramm-Aufrufe werden so
behandelt wie Programm-Verzweigungen, d.h. Mb dürfen den
Aufruf nur überholen, wenn sie keine Speicherressource überschreiben, die beim Eintritt in das Unterprogramm lebendig ist
und dort gelesen wird. Für die Verschiebung von Mb hinter
einen Unterprogramm-Aufruf müssen wieder entsprechende Korrekturschritte eingeführt werden.

Bisher nicht berücksichtigte Eigenschaften des Tupelmodells aus
Kapitel 2.2 wie Versionen, Multizyklen-Mo, Polyphasen-Mo, Mehrfachformate können in ähnlicher Weise in die Verfahren zur globalen
Kompaktifizierung eingebracht werden, wie dies bei der lokalen Kompaktifizierung ausgeführt wurde. Probleme der Phasenkopplung
zwischen Kompaktifizierung, Zuteilung der Register, Speicheradres-
sierung und Binden von Versionen werden im folgenden Abschnitt
behandelt, da sie Übersetzer für höhere Mikroprogrammiersprachen
allgemein betreffen, d.h. sowohl solche ohne automatische Kompaktifizierung als auch solche mit lokaler und/oder globaler Kompaktifizierung.

Abschließend sei noch auf das Konzept der Sprache MIMOLA ver-
wiesen (MARWEDEL, ZIMMERMANN, 1979, 1981). MIMOLA hat den
Anspruch, die Ebenen einer höheren Mikroprogrammiersprache, einer
Register-Transfer-Sprache und einer Rechner-Entwurfssprache in
einem Konzept zu vereinen. Hier soll lediglich der Mikroprogrammier-
sprachen-Aspekt untersucht werden. Jedes MIMOLA-Mikroprogramm
wird direkt in einen Fluß-Graphen übersetzt, ein weiteres Programm,
der Hardware-Allocator, generiert dazu eine möglichst nebenläufige
Hardware. Es wird also nicht das Quell-Programm bei vorgegebener
Hardware umgeordnet wie bei den bisher gezeigten Verfahren, sondern
eine Hardware für das Programm generiert. Die Methode erscheint
jedoch eher für gewisse Bereiche des VLSI-Entwurfs geeignet als
für die hier zur Diskussion stehenden Hilfsmittel für die Mikroprogrammierung bestehender Mikroarchitekturen.

4.4 Höhere Mikroprogrammiersprachen, Problemstellung

In Abschnitt 4.1 wurde erläutert, wieso maschinenunabhängige höhere Mikroprogrammiersprachen (muHMS) gefordert werden und welche Grundstruktur ein Übersetzer für Programme in muHMS haben muß. Da die Ebene der Mikroprogrammierung meist nur aus Geschwindigkeitsgründen gewählt wird, muß ein Übersetzer für muHMS insbesondere auch effizienten Kode generieren. Abschnitt 4.2 und 4.3 haben gezeigt, daß entsprechende Verfahren der lokalen und globalen Kompaktifizierung existieren, die - wenn auch teilweise mit hohem Aufwand - aus einer sequentiellen Liste von Mo bzw. Mb effiziente Mikroprogramme als Folgen von Mi zu generieren gestatten. Allerdings wird dabei vorausgesetzt, daß die zu kompaktifizierende sequentielle Liste aus <u>maschinenbezogenen</u> Mo bzw. Mb zusammengesetzt ist und i.a. bereits gebundene Ressourcen beinhaltet. Damit ist eine Reihe von Problemen, die sich vor allem aus der großen "semantischen Lücke" zwischen Quellkode in muHMS und zu generierenden maschinenabhängigen Mi ergeben, ausgeklammert worden. Die große semantische Lücke verdankt sich nicht zuletzt der Tatsache, daß viele als "mikroprogrammierbare" Architekturen angebotenen Rechner letztendlich nur <u>mikroprogrammiert</u> sind und über einen zusätzlichen ladbaren Mikroprogrammspeicher verfügen. In diesen Fällen ist die Mikroarchitektur bereits beim Entwurf des Rechners auf die möglichst effiziente Implementierung genau eines Maschinenbefehlssatzes "optimiert" worden, was die Programmierung anderer Algorithmen entsprechend erschwert. Nach einer kurzen einführenden Übersicht über Mikroprogrammiersprachen sollen einige dieser Probleme exemplarisch aufgezeigt werden.

4.4.1 Mikroprogrammiersprachen, Übersicht

Nach RICHTER, 1980b verfolgen Entwürfe für Mikroprogrammiersprachen unterschiedliche, teilweise sogar widersprüchliche Ziele:

- Beschreibung und Definition mikroprogrammierbarer Systeme,
- Erzeugung von Mikroprogramm-Kode,
- Verifikation erzeugten Mikroprogramm-Kodes,
- "Optimierung" vorhandener Mikroprogramme bezüglich Speicher-
  bedarf und/oder Ausführungszeit,
- Simulation mikroprogrammierbarer Zielarchitekturen.

Hier sollen im weiteren vornehmlich Ansätze zur Erzeugung und
Verifikation effizienten Kodes betrachtet werden.

AGRAWALA, RAUSCHER, 1976 unterscheiden prinzipiell folgende
Typen von Mikroprogrammsprachen:

- Mikroprogramm-Assembler,
- Flußdiagramm-Sprachen,
- Register-Transfer Sprachen,
- prozedur-orientierte maschinenabhängige Sprachen,
- prozedur-orientierte maschinenunabhängige Sprachen.

Die beiden ersten Sprachtypen sind (leider!) die auch heute noch
gebräuchlichsten Hilfsmittel zur Generierung von Mikrokode. Mikro-
programm-Assembler erlauben die mnemotechnisch verschlüsselte
Formulierung von Mikroprogrammen und symbolische Adressierung.
Eine gute Übersicht über die sehr beschränkten Fähigkeiten solcher
Assembler für den Bereich der Bitslice-Mikroprozessoren geben
POWERS, HERNANDEZ, 1978. Flußdiagramm-Sprachen bieten zusätzlich
Hilfsmittel zur Darstellung des Steuerflusses in Mikroprogrammen
(HUSSON, 1970 beschreibt die Anwendung dieser Technik bei der
Mikroprogrammierung des IBM System /360). Register-Transfer-
Sprachen beschreiben die Mikroprogramme als Zuweisungen auf
Speicherelemente der Mikroarchitektur, wobei jedem Quellstatement
genau eine Ziel-Mi entspricht. Wegen der starken Maschinenabhängig-
keit handelt es sich hier ebenfalls nicht um eine höhere Programmier-
sprachen-Ebene.

Prozedur-orientierte bzw. höhere Mikroprogrammier-Sprachen sind
- wie allgemeine höhere Programmiersprachen - durch einen Sprachumfang gekennzeichnet, der an der Anwendung und nicht an der
ausführenden Maschine orientiert ist. Man wird also mächtigere

- Datentypen und -Strukturen,
- Operatoren und
- Steuerkonstrukte

erwarten, die allgemein dazu führen, daß keine 1:1-Zuordnung
zwischen Quellstatement und Ziel-Mi besteht. Da die Anforderungen
an die syntaktische Mächtigkeit der Sprache für die Mikroprogrammierung sich zunächst nicht von denen an eine Sprache für die
Programmierung unterscheiden, haben verschiedene Autoren als
Sprachumfang Untermengen bekannter höherer Programmiersprachen
gefordert wie ALGOL 68 oder PASCAL (vgl. SINT, 1980).

Wegen der enormen Diversität von Mikroarchitekturen und des dadurch
entstehenden Abbildungsproblems von problemorientiertem Quellkode
auf spezifische, aber effizient genutzte Hardware sind zunächst eine
Reihe maschinenabhängiger höherer Mikroprogrammier-Sprachen
entstanden.

Dabei sind Eigenschaften der Mikroarchitekturen, für die die Sprachen
entwickelt wurden, in den Sprachumfang mit eingegangen.

Maschinenunabhängige höhere Mikroprogrammier-Sprachen sind in
ihrem Sprachumfang frei von spezifischen Mikroarchitektur-Eigenschaften. RICHTER, 1980b verweist jedoch zurecht darauf, daß damit
noch nicht automatisch die Übertragbarkeit von Mikroprogrammen von
einer Zielmaschine auf eine andere Zielmaschine gegeben ist. Dennoch
ist diese Übertragbarkeit ("retargetability") ein angestrebtes Ziel bei
einigen Sprachentwürden (EMPL, vgl. DeWITT, 1976 und MARBLE,
vgl. DAVIDSON, 1980). Die Übersetzung wird dann zusätzlich über
eine Mikroarchitekturbeschreibung gesteuert. Allgemein gilt jedoch,
daß der so produzierte Kode sehr ineffizient ist (vgl. DAVIDSON,
SHRIVER, 1981, die berichten, daß der übersetzte Kode um einen
Faktor sieben (!) länger ist als ein entsprechendes Mikroprogramm,
das über einen Mikroassembler erstellt wird).

Im folgenden werden nur noch die höheren Mikroprogrammiersprachen
(HMS) näher betrachtet. In einer Vergleichsstudie nennt SINT, 1980
eine Reihe von Entwurfszielen für HMS, die zugleich die grundlegenden

Problemstellungen bei der Implementierung von Übersetzern für HMS beschreiben. Diese Problemstellungen sollen hier in leicht abgewandelter Form und bezogen auf die Abschnitte 4.2 und 4.3 diskutiert werden:

1. Zweck der HMS.
2. Grundoperationen der Sprache.
3. Symbolische Variable unabhängig von der Registerstruktur.
4. Automatische oder benutzergesteuerte Kompaktifizierung.
5. Behandlung asynchroner und nebenläufiger Ereignisse.
6. Steuerstrukturen.
7. Datentypen und Datenstrukturen.

<u>Zu 1</u>: Bezüglich des <u>Zweckes von HMS</u> ist zu unterscheiden zwischen dem Ziel, den Programmierer von für das Problem unwichtigen Spezifika der Mikroarchitektur zu entlasten und dem Ziel, die Fehlerwahrscheinlichkeit zu reduzieren. Für das erste Ziel benötigt man sequentielle Programmspezifikation, symbolische Variable statt Maschinen-Registern und Beschreibung der Berechnungen aus einer festen Menge von Grundoperationen anstelle maschinenbezogener Mo. Das zweite Ziel, das vor allem bei der Sprache S* (DASGUPTA, 1978b) berücksichtigt wird, erfordert mächtige Steuerstrukturen, Datenstrukturen, sowie Hilfsmittel für die Verifikation. Dieses Ziel erscheint vor allem angebracht, da Mikroprogramme im allgemeinen den Kern von Systemen darstellen, auf denen zuverlässige Programme aufgebaut werden sollen.

<u>Zu 2</u>: Um die angebotenen Maschinen-Ressourcen gut zu nutzen, wäre es wünschenswert, daß die <u>Grundoperationen</u> der Sprache mindestens so mächtig sind, wie die Mo der Mikroarchitektur. Untersucht man Mikroarchitekturen, so zeigt sich, daß vom problemorientierten Standpunkt des Sprachentwurfes diese Forderung nicht zu erfüllen ist. Damit stellt sich für den Übersetzerbau ein wesentliches Problem der semantischen Analyse: der Compiler muß erkennen, daß er eine Folge von $n > 1$ Quelloperationen in genau eine mächtige Mo übersetzen kann. Dieses Problem des Bindens von Ressourcen der Ziel-Mikroarchitektur ist noch nicht allgemein gelöst, es wird im folgenden getrennt näher behandelt. (Der Begriff des "<u>Bindens</u>" wird hier in anderem Zusammenhang benutzt als in Kapitel 2, Definition 2.2.2.9, wo genau eine Version einer Mo an genau eine Mo gebunden wird.

Hier bezieht sich der Vorgang des Bindens auf eine 1:n bzw. n:1
Abbildung von genau einem Quellsprachen-Konstrukt auf eine Folge
von n Mo bzw. Mb der Mikroarchitektur, bzw. von n Quellsprachen-
Statements auf genau eine Mo bzw. Mb der Mikroarchitektur.) Einige
HMS bieten einen Grundstock einfacher Operationen und erlauben
dem Benutzer die Modellierung mächtigerer Ressourcen der Zielmaschine durch Deklaration komplexerer Operationen auf der Basis
der Grundoperationen.

<u>Zu 3:</u> Die Verwendung <u>symbolischer Variablen</u> unabhängig von den
Registern der Mikroarchitektur stellt dem Compiler eine weitere Auf-
gabe: die Zuteilung der Variablen auf die Register. Diese Aufgabe
ist wesentlich schwieriger als bei der Übersetzung von konventionellen
Programmiersprachen, da die Register auf der Ebene der Mikroarchitektur zahlreicher und völlig inhomogen sind (permanente - bzw.
transiente Register, unterschiedliche Bitlänge, Register mit/ohne
Schiebefähigkeiten, Register mit Inkrementierer, Zähler u.s.w.).
Für die Effizienz des Zielkodes ist dabei nicht nur relevant, welche
Variablen welchen Registern zugeordnet werden, sondern auch die
Frage, zu welchem Zeitpunkt der Übersetzung diese Zuordnung statt-
findet. In Abschnitt 4.2 und 4.3 wurden bereits zugeordnete Register
für die Kompaktifizierung vorausgesetzt. Da bei der Kompaktifizierung
jedoch eine Umordnung der Mo bzw. Mb stattfindet, könnte eine
Zuordnung während bzw. nach diesem Schritt der Übersetzung völlig
andere (günstigere) Entscheidungen treffen. Auch das Problem der
Registerzuteilung wird nachfolgend in einem getrennten Abschnitt
behandelt. Die meisten HMS umgehen das Problem der automatischen
Registerzuteilung dadurch, daß sie den Mikroprogrammierer zwingen,
in einem gesonderten Deklarationsteil die verwendeten Variablen fest
an Register der Mikroarchitektur zu binden.

<u>Zu 4:</u> Eine wesentliche Entscheidung bezüglich des Implementierungs-
aufwandes ist die Wahl zwischen <u>automatischer oder benutzergesteuerter
Kompaktifizierung</u> (SINT, 1980 spricht von implizitem und explizitem
Parallelismus). Bei benutzergesteuerter Kompaktifizierung muß der
Benutzer selbst durch entsprechende Sprachkonstrukte diejenigen
Quellstatements kennzeichnen, die im Zielkode zu Mo bzw. Mb einer Mi

zusammengefaßt werden können bzw. müssen. Automatische Kompaktifizierung würde diese Aufgabe dem Benutzer abnehmen, wobei Verfahren aus Kapitel 4.2 und/oder 4.3 in Anwendung kämen. Bisher implementierte HMS bieten jedoch im Höchstfall lokale Kompaktifizierung.

Zu 5: Ein bei der Behandlung der Verfahren zur Kompaktifizierung bisher ausgeklammertes Problem stellt die Behandlung von Unterbrechungen bzw. ähnlicher asynchroner und nebenläufiger Ereignisse dar. Sollen z.B. in festen Zeitabständen bestimmte Unterbrechungseingänge im Mikroprogramm getestet werden, so darf bei der Kompaktifizierung der "Abstand" solcher Test-Mb (ausgedrückt in Anzahl der Zyklen) nicht variiert werden. Diese zeitabhängigen Aufgaben treten gerade auf der Ebene der Mikroprogrammierung häufig auf, Lösungen dafür existieren in keiner HMS! SINT, 1980 betont zusätzlich das Problem des korrekten Wiederaufsetzens von Mikroprogrammen nach Unterbrechungen. Diese Aufgabenstellung dürfte jedoch durch Übernahme von Techniken aus dem Compilerbau lösbar sein (immerhin wird sie in keiner HMS berücksichtigt!).

Zu 6: Die meisten HMS lassen als Steuerstrukturen zwar Unterprogramme bzw. Prozeduren zu, nicht jedoch formale und lokale Variable, da diese zusätzlichen Platz- und Zeitaufwand bei jedem Aufruf implizieren würden. Ähnliches gilt für die Bildung beliebig langer Ausdrücke, die die Verwendung temporärer Variabler bei der Übersetzung nötig machen und damit die Registerzuteilung noch weiter erschweren.

Zu 7: Entsprechend der Ebene der Mikroarchitektur kennen die meisten HMS nur den Datentyp Bitstring sowie Datenstrukturen wie Felder oder Sätze. Einige Sprachen erlauben zusätzlich die Deklaration weiterer Typen durch den Benutzer.

SINT, 1980 nennt schließlich bei ihrem Vergleich noch ein weiteres Kriterium zur Beurteilung von HMS, nämlich die Frage, ob die Sprache überhaupt implementiert wurde und welche Erfahrungen dabei zu verzeichnen waren. Diese Frage ist angesichts der vielen Implementierungsprobleme und der geringen Verbreitung von HMS durchaus berechtigt.

Man erkennt, daß die Attribute "maschinenunabhängig(e)" und "höhere" Mikroprogrammiersprache mit Einschränkungen zu versehen sind. Fast in jedem Ansatz werden doch Eigenschaften der Mikroarchitektur einbezogen, um die Komplexität des Compilers zu verringern und/oder die Effizienz des übersetzten Kodes zu unterstützen.

Die wenigen implementierten oder zumindest voll definierten HMS lassen sich mit DASGUPTA, 1980 in die folgenden vier Klassen einteilen:

- maschinenabhängige HMS,
- abstrakte HMS,
- erweiterbare HMS,
- HMS-Schemata.

Ein typisches Beispiel maschinenabhängiger HMS ist STRUM (PATTERSON, 1976), eine auf die Burroughs D-Maschine (RIEGEL et al., 1972) zugeschnittene ALGOL-ähnliche Sprache mit Konstrukten für die Verifikation. Solche Sprachen sind wegen der relativ geringen semantischen Lücke (Daten-Ressourcen und Funktionseinheiten werden bereits in der Sprache selbst gebunden, ebenso einfachere Steuerkonstrukte) ohne größeren Aufwand in effizienten Zielkode zu übersetzen. Sie sind jedoch nicht portabel und verlangen vom Mikroprogrammierer genaue Kenntnisse der Mikroarchitektur. Auch die Aufgabe des Abbildens des Problems auf beschränkte Maschine-Ressourcen übernimmt hierbei größtenteils der Programmierer.

Bei den drei folgenden Typen handelt es sich dagegen um maschinenunabhängige HMS. Hierbei entsteht das Problem der Abbildung der Ressourcen des Programms auf Ressourcen der Mikroarchitektur. Während die Aufgabe des Bindens mächtiger Quell-Ressourcen auf weniger mächtige Ziel-Ressourcen noch relativ einfach ist, gibt es keine allgemeine Lösung für die Abbildung einfacher Quell-Ressourcen auf komplexe Ressourcen der Mikroarchitektur. Das führt im allgemeinen dazu, daß gerade die mächtigen Ressourcen von Mikroarchitekturen durch Kodegeneratoren für muHMS schlecht genutzt werden, d.h. der Zielkode ist im allgemeinen nicht effizient. Vorteile der

muHMS sind dagegen, daß Übersetzer über tabellengesteuerte
Kodegeneratoren portabel gemacht werden können. Mikroprogramme
übertragbar werden und der Programmierer seine Algorithmen
problemnahe und maschinenunabhängig formulieren kann.

Abstrakte HMS definieren mit ihrem Sprachumfang eine feste
abstrakte Mikroarchitektur, die dann über eine abstrakte Zwischensprache durch den Compiler auf die Zielmaschine abgebildet werden
muß. Ein Vertreter einer solchen Sprache ist VMPL (MALIK, LEWIS,
1978), wobei bezüglich der Abbildung der Variablen auf Speicherressourcen dem Compiler eine gewisse Hilfestellung durch Zuweisung
von Prioritäten an die deklarierten Variablen durch den Programmierer
gegeben werden kann.

Eine zusätzliche Hilfestellung auch bezüglich der Abbildung von
Operationen auf spezielle Funktionseinheiten der Mikroarchitektur
bieten die beiden letzten Typen von muHMS. Erweiterbare HMS wie
EMPL (DeWITT, 1976) bestehen aus einem festen Sprachkern und
geben die Möglichkeit, über ein spezielles Erweiterungs-Konstrukt
die Sprache zu erweitern und sie damit auf Spezifika von Mikroarchitekturen zuzuschneiden. "Extension statement" und "extension operator"
erlauben in EMPL die Vereinbarung von Objekten und Operationen auf
der Basis der Kernsprache und ihre Zuordnung zu Mo bzw. Mb in
der Ziel-Mikroarchitektur.

Abbildung 4.11 zeigt ein Beispiel eines "extension statement" in
EMPL (DeWITT, 1976). EMPL kennt in der Kernsprache keine Keller-
operationen. Werden jedoch in EMPL Mikroprogramme für eine Mikroarchitektur mit Keller-Mo geschrieben, so bietet es sich an, einen
neuen Typ "STACK" und die auf ihm definierten Operationen durch
ein "extension statement"zu vereinbaren. Man erkennt, daß die Vereinbarung der Erweiterung die Deklaration von Objekten (STK,
STKPTR ...), Initialisierungen (STKPTR = 0) und Operationen
(PUSH, POP) umfaßt. Für die Operationen werden die zugehörigen
Mo der Zielmaschine spezifiziert (MICROOP), die Parameter dienen
der Steuerung des Compilers.

Die Übertragbarkeit von Mikroprogrammen, die mit "extensions"
für eine Maschine M_1 geschrieben wurden, auf eine Maschine M_2,
die über keine entsprechenden Ressourcen verfügt, geschieht so,
daß - gesteuert über eine entsprechende Compiler-Direktive - die
"extensions" nicht in die mächtige Mo für Maschine M_1, sondern in
Folgen von Anweisungen der Kernsprache aus dem Deklarationsteil
der "extensions" übersetzt werden. Über die maschinenabhängige
Erweiterung von muHMS erhofft man, effizienteren Zielkode erzeugen
zu können, wenngleich die Ergebnisse wegen der komplexen Übersetzer nicht allzu ermutigend sind (DAVIDSON, SHRIVER, 1981).
Weitere Vertreter solcher erweiterbarer HMS sind MARBLE (DAVIDSON,
1980) und ALGOL M (RICHTER, 1980c).

Die letzte Klasse maschinenunabhängiger HMS, die HMS-Schemata,
beschreiben nicht jeweils genau eine Sprache, sondern eine Familie
von Sprachen. Ein HMS-Schema wie S* (DASGUPTA, 1980) ist eine
partielle Spezifikation von Sprachen auf hohem Abstraktions-Niveau,
das durch Erweiterung bzw. Vervollständigung der Spezifikation
unter Verwendung der besonderen Eigenschaften von Mikroarchitek-

```
TYPE STACK
   DECLARE STK(16) FIXED;
   DECLARE STKPTR FIXED;
   DECLARE VALUE FIXED;
   INITIALLY DO;
                 STKPTR = 0;
             END;
   PUSH: OPERATION ACCEPTS (VALUE)
         MICROOP:PUSH 3 0;
         IF STKPTR = 16 THEN ERROR;/*OVERFLOW*/
         ELSE DO;/*PUSH VALUE*/
              STKPTR = STKPTR + 1;
              STK(STKPTR) = VALUE;
            END;
         END;
   POP: OPERATION RETURNS (VALUE)
        MICROOP:POP 3 0;
        IF STKPTR = 0 THEN ERROR:/*UNDERFLOW*/
        ELSE DO; /*POP VALUE*/
             VALUE = STK(STKPTR);
             STKPTR = STKPTR - 1;
           END;
        END;
ENDTYPE
```

Abbildung 4.11:   Beispiel einer erweiterbaren HMS: "extension
statement" zur Definition eines Kellers in EMPL
(DeWITT, 1976).

turen M_i zu vollständig definierten Sprachen $S(M_i)$ geführt werden kann. Das Schema S wird so zu einer HMS $S(M_i)$ <u>instantiiert</u>.
Während S, das Schema, maschinenunabhängig ist, ist jede Sprache $S(M_i)$ maschinenabhängig. Instantiierungen von S liegen vor, insbesondere für die sehr komplexe zweistufige Mikroarchitektur des Rechners Nanodata QM-1 (KLASSEN, DASGUPTA, 1981, RIDEOUT, 1981).

In S* kann der Programmierer Mo angeben, die im gleichen Zyklus ausgeführt werden müssen (Konstrukt "cocycle") und solche, deren Ausführungsreihenfolge nicht vertauscht werden darf (Konstrukt "region"). Damit kann eine benutzergesteuerte Kompaktifizierung programmiert werden. Für S* (QM-1) wurde jedoch auch eine automatische Kompaktifizierung mit einer Variante von Algorithmus 4.20 implementiert (RIDEOUT, 1981). Die "cocycle" und "region"-Konstrukte aus dem Quellprogramm werden dabei in zusätzliche Steueroperatoren für den Kompaktifizierer übersetzt.

4.4.2 Offene Probleme höherer Mikroprogrammiersprachen

Abschließend soll auf eine Reihe offener Probleme bezüglich der Übersetzung von HMS in effizienten Mikrokode eingegangen werden, deren Lösung Aufgabe zukünftiger Forschung auf dem Gebiet der Hilfsmittel für die Mikroprogrammierung ist.

4.4.2.1 Binden der Ressourcen von Mikroarchitekturen

Das bereits mehrfach erwähnte Problem des <u>Bindens von Sprachkonstrukten</u> aus Quell- bzw. Zwischenkode auf maschinenabhängige Mo bzw. Mb ist deshalb so schwierig zu lösen, weil Mikroarchitekturen verschiedener Maschinen sehr stark voneinander abweichen und zudem oft eine Operation schon auf genau einer Mikroarchitektur auf n verschiedene Weisen ausgeführt werden kann, wobei sehr unterschiedliche Ausführungszeiten entstehen, die zudem noch vom "Programm-Kontext" abhängig sein können. Dabei treten n:1 und 1:n Abbildungen auf:

z.B. soll eine Folge von Additionen und Schiebevorgängen in einem
Quellkode als Multiplikation erkannt werden und auf eine Mo für
eine Mikroarchitektur mit Hardware-Multiplikationswerk gebunden
werden. Umgekehrt muß vielleicht eine Multiplikation in eine Folge
von Additionen u.s.w. für eine Mikroarchitektur ohne Multiplika-
tionswerk umgesetzt werden.

Prinzipiell gibt es zwei Möglichkeiten, das Problem des Bindens
anzugehen: automatisches Binden durch den Übersetzer und program-
mierer-gesteuertes Binden durch Vereinbarung von Ressourcen der
Zielmaschine als Spracherweiterungen. Für die erste Methode gibt es
keine allgemeine Lösung, gegebenenfalls sind Methoden aus der
Mustererkennung anwendbar, um bestimmte Folgen im Quellkode
zu erkennen (vgl. Arbeiten von LEVERETT, B.W. et al., 1980).
Die zweite Lösung belastet den Programmierer mit Maschinen-Spezifika,
erscheint aber z.Zt. als der einzig gangbare Weg. Die Sprache
MARBLE (DAVIDSON, 1980) erlaubt die Vereinbarung maschinenspezi-
fischer Ressourcen durch maschinenunabhängige Konstrukte und das
benutzergesteuerte Binden solcher Ressourcen an Ressourcen der
Zielmaschine (falls solche vorhanden sind). Der Übersetzer spaltet
den Quellkode in zwei Teile auf, diejenige Information, die Ressourcen
der Zielmaschine beschreibt (und daher nicht in einen maschinenunabhängigen Zwischenkode übersetzt werden kann) und das eigentliche
Programm, das in maschinenunabhängigen Zwischenkode übersetzt
wird. Schematisch hat der Übersetzer den in Abbildung 4.12 gezeigten
Aufbau: neben den maschinenunabhängigen Zwischenkode treten noch
zwei weitere Zwischenkodes (höhere, niedere -) auf. Die Phase der
Kompaktifizierung ist dabei noch nicht berücksichtigt, sie wird bei
MARBLE als unabhängige, spätere Phase des Übersetzers vorausgesetzt. Es wird später gezeigt (Abschnitt 4.4.2.4), daß diese Voraussetzung gegebenenfalls sehr ungünstig ist.

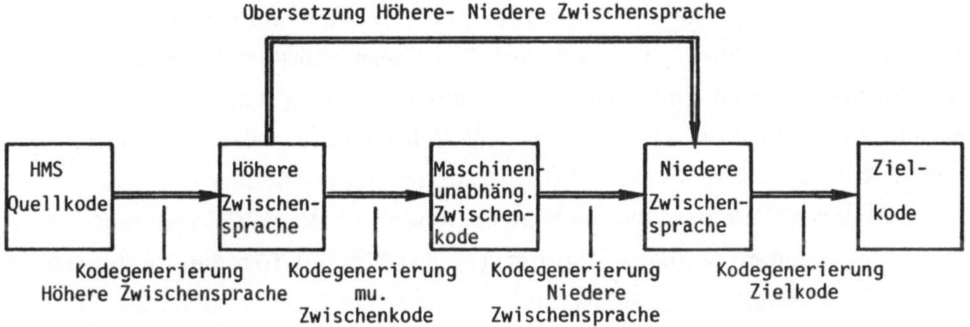

Abbildung 4.12: Schematischer Aufbau eines Übersetzers mit programmierer - gesteuertem Binden von Ressourcen der Zielmaschine (DAVIDSON, 1980).

4.4.2.2 Registerzuteilung, Speicherzugriffe

Die Zuteilung der Variablen aus dem Quellkode in HMS auf Speicherelemente der Zielmaschine ist für die Effizienz des Zielkodes besonders wichtig. Reicht die Zahl der Register der Zielmaschine nicht aus, um alle benötigten Variablen abzuspeichern, so müssen Zwischenspeicherungen im Hauptspeicher vorgesehen werden. Dies führt aber gerade auf der Ebene der Mikroarchitektur zu drastischen Laufzeitverlängerungen, da Hauptspeicherzugriffe i.a. mehrere Mikrozyklen zu ihrer Ausführung benötigen. Ferner wird auch zusätzlicher Mikroprogrammspeicherplatz benötigt.

Es liegt daher nahe, intelligente Zuteilungsalgorithmen zu fordern wie die von KIM, TAN, 1979. Die Registerverwaltung teilt sich in zwei Phasen auf:

- die Anweisungsphase und
- die Zuteilungsphase.

In der <u>Anweisungsphase</u> ("allocation phase") wird eine Programm-
analyse durchgeführt, die zu jedem Programmpunkt die Anzahl der
lebendigen Variabeln bestimmt. Überschreitet diese Anzahl die
Anzahl der verfügbaren Register der Zielmaschine, wird versucht,
durch Kodetransformationen die Anzahl der lebendigen Variablen
zu reduzieren. Bleiben dennoch mehr lebendige Variable als Register
übrig, so werden möglichst "günstige" Kandidaten für die Auslagerung
in den Hauptspeicher gesucht und entsprechende Speicherungs- und
Ladebefehle generiert.

Die <u>Zuteilungsphase</u> bildet dann die Variablen (dargestellt als symbolische Register) auf die physikalischen Register ab, wobei versucht
wird, die Anzahl der Register-Register-Transfers zusätzlich möglichst
gering zu halten.

Neben der Frage der Technik der Registerverwaltung ist jedoch auch
der Zeitpunkt dieser Aktivität im Rahmen der Phasen eines Übersetzers
von großer Bedeutung. Dieses Problem wird in Abschnitt 4.4.2.4
behandelt.

Durch Zugriffe des Mikroprogrammes auf Daten im Hauptspeicher von
Mikroarchitekturen entsteht allgemein ein neues Problem: soweit bei
der Datenabhängigkeits-Analyse keine physikalischen Speicheradressen
bekannt sind (z.B. indirekte Referenz), wird eine <u>implizite Datenab-
hängigkeit</u> zwischen einem schreibenden Hauptspeicherzugriff und
allen nachfolgenden lesenden Zugriffen entstehen. Dadurch werden
für die Kompaktifizierung günstigere Vertauschungen in der Reihenfolge dieser Zugriffe, obwohl sie theoretisch zulässig wären, durch
entsprechende Kanten im DAG unterbunden.

Das Problem tritt vor allem innerhalb von Programmschleifen auf
und wurde im Bereich der Forschung über Multiprozessorsysteme
gelöst. PADUA et al., 1980 geben Verfahren an, die es erlauben
zu erkennen, ob die verschiedenen Iterationen einer Schleife datenunabhängig voneinander sind, bzw. Techniken zur Transformation
des Kodes, um die Datenunabhängigkeit zu erreichen. Diese Methoden
müßten auf die Ebene der Mikroprogrammierung übertragen werden.

Schließlich muß auch das Problem der Erkennung <u>datenunabhängiger</u> <u>indirekter Referenzen</u> auf Register-Dateien gelöst werden.

4.4.2.3 Umbenennen von Variablen

Die von Datenfluß-Systemen her bekannte Regel des "single assignment" (BODE, HÄNDLER, 1982), d.h. die nur einmalige Zuweisung von Werten an Variable, wurde von RAMAMOORTHY, TSUCHIYA, 1974 bereits verwendet, um die Kompaktifizierung von Mikroprogrammen zu erleichtern. Durch die <u>Umbenennung von Variablen</u> in Programmen, die nicht dem "single assignment"-Prinzip genügen, können Berechnungen durchgeführt werden, sobald die Operanden verfügbar sind, auch wenn der alte Wert noch lebendig ist. Nach Programmverzweigungen, die wieder auf einen gemeinsamen Kodeabschnitt zusammengeführt werden, muß allerdings durch entsprechende Transformationen sichergestellt werden, welche Inkarnation der Variable zugegriffen wurde. Abbildung 4.13 erläutert den Vorgang am Beispiel der Umbenennung der Variable A in A' und die damit ermöglichte Parallelisierung der Berechnung von C/B.

```
A := B/C                        A := B/C
if A ≥ 1 then                   A':= C/B
    A := C/B      Umbenennung   if A ≥ 1 then
eif                                 A := A'
                                eif
```

<u>Abbildung 4.13:</u> Umbenennung von Variablen in verzweigten Programmen (nach FISHER et al., 1982)

Mit Hilfe dieser Technik können beim Aufbau des DAGP für die globale Kompaktifizierung viele Datenabhängigkeiten zwischen Mb verschiedener SMB beseitigt werden.

4.4.2.4 Phasenkopplung

In Abschnitt 4.2 und 4.3 wurde davon ausgegangen, daß zum Zeitpunkt der Kompaktifizierung alle Register bereits zugeteilt, die Ressourcen der Zielmaschinen gebunden sind und auch alle Mb nur durch genau eine Version vertreten sind. Es läßt sich jedoch leicht zeigen, daß diese Phasen der Übersetzung gegenseitige Rückwirkungen haben:

- die Kompaktifizierung erübrigt gegebenenfalls das Auslagern von Registern in den Hauptspeicher wegen der Umordnung der Zugriffe auf Variable. Umgekehrt verhindern Auslagerungen aus den Registern potentiell mögliche Kompaktifizierungen,

- das Binden von Konstrukten des Quellkodes an möglichst kurze Folgen von maschinenabhängigen Mb kann bei der Kompaktifizierung gegebenenfalls zu schlechterem Gesamt-Zielkode führen als eine Bindung an eine längere, aber mit weniger Konflikten zum "Rest-Mikroprogramm" versehene, semantisch äquivalente Folge.

Es liegt daher nahe, anstelle der bisher vorausgesetzten Reihenfolge der Registerzuteilung, des Bindens der Ressourcen und der Kompaktifizierung eine geeignete Verschmelzung dieser Phasen zu fordern: Phasenkopplung. Wie die folgende Skizzierung der Realisierung der Phasenkopplung zeigt, ist damit ein nicht unerheblicher Mehraufwand bei der Übersetzung von HMS verbunden. Entsprechende Implementierungen und Erfahrungen bestehen bisher nicht, weitere Untersuchungen sind daher nötig.

Eine verallgemeinerte Lösung des Problems des Bindens von Ressourcen müßte n:m Abbildungen von Quell- auf Zielkode berücksichtigen, wobei zu Sequenzen von n Quelloperationen k verschiedene Varianten von semantisch äquivalenten Bindungen der Länge $m_1, m_2, \ldots, m_k$ Zieloperationen angebbar wären. Die Festlegung auf eine der k Varianten

würde erst während der Kompaktifizierung stattfinden, wobei
eine Technik zu entwickeln wäre, die die "günstigste" Bindung
zu identifizieren gestattet. Die Datenabhängigkeit müßte dabei
erweitert werden auf Mb und Folgen von Mb, wobei jeweils das
erste Mb der Folge untersucht würde, dann das nächste u.s.w..
Allerdings muß der Versuch der Einordnung einer Folge von Mb
an der frühesten Stelle, zu der das erste Mb eingeordnet werden
kann, nicht notwendig zur besten Lösung führen. Auch das Verwerfen einer einmal getroffenen Entscheidung müßte möglich sein.
Allerdings erscheinen die dabei auftretenden Umordnungsschritte
im DAG und der bis dahin erfolgten Partition sehr komplex, die
Verfahren zur Kompaktifizierung aus Kapitel 4.2 und 4.3 wegen
ihrer Einordnungsstrategie gegebenenfalls nicht geeignet!

Eine Registerzuteilung während der Kompaktifizierung würde zu
jeder Variablen eine Liste zulässiger Bindungen an Register vor-
sehen. Beim Binden der entsprechenden Operationen auf Ressourcen
würde dann auch jeweils ein geeignetes Register aus der Liste der
zulässigen Bindungen ausgewählt und in den Zielkode eingefügt.
Beim Entfernen von Variablen aus den Registern müßten alle
Referenzen auf diese Variable dann dynamisch modifiziert werden.

Beide Varianten der Phasenkopplung werden bei FISHER et al., 1982
als "verzögertes Binden" besprochen (delayed binding). Für die
zukünftige Entwicklung der Mikroprogrammierung erscheint es einerseits wichtig, vereinfachte Implementierungen für die globale Kompaktifizierung zu finden. Andererseits nützen solche Implementierungen
wenig, wenn die zu kompaktifizierenden Programme wegen ungünstiger
Bindungen eine theoretisch mögliche effiziente Übersetzung verhindern.
Weitere Forschungsanstrengungen und Implementierungen mit intensiven
Kosten/Nutzen-Analysen sind daher dringend geboten.

Nicht behandelt wurden im Rahmen dieses Abschnittes Techniken zur
Generierung von Mikroarchitektur-Beschreibungen, die für die verschiedenen Phasen des Übersetzungsprozesses benötigt werden. In
Kapitel 2 wurde gezeigt, daß durch Einbeziehung des Ressourcen-Typ
intf ein modularer Aufbau solcher Beschreibungen möglich ist.

Gegebenenfalls kann die Generierung von Mikroarchitekturbeschreibungen aus Beschreibungen durch eine Rechnerentwurfssprache wie ERES 82 (vgl. BRENDEL et al., 1982) abgeleitet werden.

Techniken zur Verifikation von Mikroprogrammen wurden ebenfalls ausgeklammert, da sie mehr den Programmiersprachen-Aspekt als die Eigenschaften eines Modells der Mikroarchitektur betreffen.

Die Beschreibung von Übersetzern für HMS ist hier bewußt auf diejenigen Phasen eingeschränkt worden, die diese von Compilern für Höhere Programmiersprachen unterscheiden. Für die übrigen Phasen wie lexikalische Analyse, semantische Analyse u.s.w. ist auf die ausführliche Darstellung in einschlägigen Werken zum Compilerbau zu verweisen (z.B. SCHNEIDER, 1975).

5. Ausblick

Mikroprogrammierung als eine strukturierte Technik zur Realisierung
des Leitwerkes von Rechnern sowie als besonders effiziente Imple-
mentierungsstufe zeitkritischer Algorithmen wird mit der weiteren
Entwicklung der Halbleitertechnologie noch größere Bedeutung
gewinnen. Schon heute sind - mit einer Ausnahme - alle Mikroprozessoren der Wortlänge 16 Bit und darüber mikroprogrammiert,
die ersten mikroprogrammierbaren Allzweck-Prozessor-Bausteine
kommen auf den Markt. Mit den Bitslice-Mikroprozessoren liegt
eine vollständige Klasse mikroprogrammierbarer Bausteine vor, die
in großem Umfang für die Realisierung von Allzweck-Rechnern bis
hin zu speziellen Steuerungsaufgaben eingesetzt werden. Neueste
Spezialbausteine für die digitale Signalverarbeitung und für die
Realisierung schneller Steuerungsaufgaben sind entweder mikroprogrammierte monolithische Bausteine oder Erweiterungen der Bitslice-Mikroprozessoren und damit ebenfalls mikroprogrammierbar.

Zwei wesentliche Problemstellungen liegen bei der Mikroprogrammierung
vor:

1. Entwurf des Mikroinstruktions-Formates so, daß einerseits der
   Mikroprogrammspeicherbedarf möglichst gering bleibt (vor allem
   bei monolithischen Mikroprozessoren), andererseits der durch die
   Hardware angebotene Parallelismus auch genutzt werden kann und
   schließlich auch noch technologische Randbedingungen erfüllt
   werden (z.B.: pin-count).

2. Schnelle, billige und zuverlässige Erstellung von Mikroprogrammen
   für verschiedenste Aufgabenstellungen mit tendenziell wachsender
   Komplexität.

Allgemeine, problemorientierte Hilfsmittel für die Lösung dieser
beiden Problemstellungen liegen trotz des steigenden Bedarfs an
Mikroprogrammierung nicht vor. Die Mikroprogrammierungs-Land-
schaft ist vielmehr gekennzeichnet durch maschinenbezogene ad-hoc
Lösungen (vgl. vor allem die beim Entwurf monolithischer Mikro-

prozessoren angewandten Techniken, Kapitel 3.4.2) und niedrige
Hilfsmittel (Mikroassembler), soweit sie von den einzelnen Herstellern überhaupt zugänglich gemacht werden. Die Mikroprogrammierung bleibt so ein Bereich, der nur für eine kleine Gruppe von
Personen mit intimsten Hardware-Kenntnissen zugänglich ist. SINT,
1980 vergleicht den Komfort der Hilfsmittel für die Mikroprogrammierung mit dem Zustand im Bereich der Programmiersprachen Mitte
der 50er Jahre.

Ziel dieser Arbeit war es, durch ein maschinenunabhängiges Modell
zur Beschreibung von Mikroarchitekturen die Grundlage für die
Beseitigung des oben genannten Zustandes zu schaffen. Das in
Kapitel 2 eingeführte Tupelmodell erfüllt sowohl die Forderung nach
Allgemeinheit als auch diejenige nach Spezifität und beseitigt damit
den Mangel früherer Modelle, wegen zu starker Abstraktionen von
wirklichen Maschineneigenschaften nur von theoretischem Interesse
zu sein.

Ziel dieser Arbeit war es ferner nachzuweisen, daß auf der Basis
des eingeführten Modells verschiedene Fragestellungen der Mikroprogrammierung realer Rechnerstrukturen bei erträglichem Aufwand
automatisch behandelt werden können. Kapitel 3 und 4 zeigen, daß
Algorithmen für die Reduktion des Speicherbedarfes und die Kompaktifizierung von Mikroprogrammen auf der Basis des Modells formulierbar sind. Beide Problemstellungen sind bezüglich der optimalen
Lösung mindestens NP-vollständig, es wird aber gezeigt, daß mit
Hilfe von Heuristiken "gute" Lösungen auch mit polynomialem Aufwand zu erzielen sind.

Eine Reihe von Erweiterungen des vorgestellten Modells sind denkbar:

- Einbeziehung der Semantik von Mo, Trennung von Adreß- und
  Steuerteil und allgemeinere Behandlung der Adreßfortschaltung.
- Erweiterung des Konzeptes des "Bündels" auf geordnete Mengen
  von Mb, um das Binden mächtiger Sprachkonstrukte an Folgen
  semantisch zusammengehöriger Mb sowie die Behandlung zeitgebun-
  dener Aufgaben wie das periodische Abfragen von Unterbrechungen
  zu erleichtern.

- Suche nach "einfacheren" Algorithmen für die globale Kompaktifizierung.

Die Arbeit eröffnet damit auch für die Zukunft hochinteressante
Fragestellungen an der Schnittstelle zwischen Hardware und Software.

6. Literatur

ADAMS, E.N.
Comments on "The identification of maximal parallelism in straight-
line microprograms". IEEE Transactions on Computers, C-27, 3,
287, 1978

AEG
AEG 80, Einführung AEG 80-60, Hardware-Entwicklungsbeschrei-
bung. Konstanz 1974

AGERWALA, T.
Microprogram Optimization: A Survey. IEEE Transactions on Computers,
C-25, 962-973, 1976

AGRAWALA, A.K.; RAUSCHER, T.G.
Foundations of Microprogramming. Academic Press, 1976

AHO, A.V.; HOPCROFT, J.E.; ULLMAN, J.D.
The design and analysis of computer algorithms. Addison-Wesley, 1974

AHO, A.V.; ULLMAN, J.D.
Principles of compiler design. Addison-Wesley, 1978

ALBERT, B.; BODE, A.
Microprogrammed associative instructions: results and analysis of a
case study in vertical migration. Micro-16, SIGMICRO Newsletter,
14, ? - ?, 1983

ALBERT, B.; BODE, A.; HÄNDLER, W.
A case study in vertical migration: the implementation of a dedi-
cated associative instruction set. Microprocessing and Microprogramming 8, North Holland, 257-262, 1981

ALBERT, B.; BODE, A.; JACOB, R.; KILGENSTEIN, R.; RATHKE, M.:
Vertikalverarbeitung: Beschleunigung von Anwenderprogrammen durch
mikroprogrammierte Assoziativbefehle. K.-H. HAUER, C. SEEGER
(eds.): Hardware für Software. German Chapter of the ACM, Berichte,
6, Teubner Verlag, 114-123, 1980

AMD
Bipolar Microprocessor Logic and Interface. Am 2900 Family 1983 Data
Book. Advanced Micro Devices, 1983

BARNES, G.E.
Comments on "The identification of maximal parallelism in straight-
line microprograms". IEEE Transactions on Computers, C-27, 3,
286-287, 1978

BILLING, H.; HOPMANN, W.
Mikroprogramm-Steuerwerk. Elektron. Rundschau 9, 349-353, 1955

BLAAUW, G.A.
Computer Architecture. Elektronische Rechenanlagen 14, 4, 154-159,
1972

BODE, A.
Bitslice-Architekturen: Auswirkungen des Mangels an Kommunika-
tionswegen auf die Struktur von Mikroprozessoren. NTG-Fachbe-
richte: Struktur und Betrieb von Rechensystemen, 62, VDE-Verlag,
164-178, 1978

BODE, A.
Bitslice-Mikroprozessoren: Strukturen, Mikroprogrammierung und
Emulation verschiedener Rechnerarchitekturen. W. HILBERG,
R. PILOTY (Hrsg.): Mikroprozessoren und ihre Anwendungen 2,
Oldenbourgh Verlag, 93-108, 1979

BODE, A.; HÄNDLER, W.
Rechnerarchitektur, Grundlagen und Verfahren. Springer Verlag,
Berlin, Heidelberg, New York, 1980

BODE, A.; HÄNDLER, W.
Rechnerarchitektur II, Strukturen. Springer Verlag, Berlin, Heidelberg, New York, Tokyo, 1983

BODE, A.; KILGENSTEIN, R.
Systementwurf mit Bitslice-Mikroprozessoren. EP-Special, 65 pp.,
ISBN-3-8023-0908-1, Vogel Verlag, Würzburg, 1983

BRENDEL, W.; FAN, Z.G.; KLAR, R.; SCHMIELAU, W.
ERES 82, Handbuch und Fallstudie. Arbeitsberichte des IMMD, Universität Erlangen-Nürnberg, 15, 12, 1982

BURKE, G.R.
Control schemes for VLSI microprocessors. Proc. Micro-15, SIGMICRO
Newsletter, 13, 4, 91-95, 1982

CASAGLIA, G.F.; GERACE, G.B.; VANNESCHI, M.
Equivalent models and comparisons of microprogrammed schemes.
Serie interner Berichte, Istituto di Elaboracione della Informazione,
Pisa, 8, 1971 (zitiert nach AGERWALA, 1976)

CASE, R.P.; PADEGS, A.
Architecture of the IBM system /370. CACM 21, 1, 73-79, 1978

CHROUST, G.
Guest editor's preface, 30 years of Microprogramming. Microprocessing and Microprogramming, 8, (3,4,5), 137-140, 1981

COFFMAN, E.G.; GRAHAM, R.L.
Optimal scheduling for two processor systems. Acta Informatica 1, 200-213, 1972

COLLATZ, L.; WETTERLING, W.
Optimierungsaufgaben. Heidelberger Taschenbücher, 15, Springer Verlag, 1966

DAS, S.R.; BANERJI, D.K.; CHATTOPADHYAY, A.
On control memory minimization in microprogrammed digital computers. IEEE Transactions on Computers, C-22, 845-848, 1973

DASGUPTA, S.
Comments on: "The identificaton of maximal parallelism in straight-line microprograms". IEEE Transactions on Computers, C-27, 3, 285-286, 1978

DASGUPTA, S.
Towards a microprogramming language schema. Proc. Micro-11, SIGMICRO Newsletter, 9, 4, 144-153, 1978 b

DASGUPTA, S.
The Organization of Microprogram Stores. Computing Surveys, 11, 1, 39-65, 1979

DASGUPTA, S.
Some aspects of high-level microprogramming. Computing Surveys, 12, 3, 295-323, 1980

DASGUPTA, S.; TARTAR, J.
On the minimization of control memories. Information Processing Letters, 3, 3, 71-74, 1975

DASGUPTA, S.; TARTAR, J.
The identification of maximal parallelism in straight-line microprograms. IEEE Transactions on Computers, C-25, 10, 986-992, 1976

DAVIDSON, S.
Design and construction of a virtual machine resource binding
language. Ph.-D. Thesis, Univ. of Southwestern Louisiana,
Lafayette, 1980

DAVIDSON, S.; LANDSKOV, D.; SHRIVER, B.D.; MALLET, P.W.
Some experiments in local microcode compaction for horizontal
machines. IEEE Transactions on Computers, C-30, 7, 460-477, 1981

DAVIDSON, S.; SHRIVER, B.D.
Firmware engineering: an extensive update. In: W.K. GILOI (Hrsg.):
Firmware Engineering, IFB, 31, Springer Verlag, 25-71, 1980

DAVIDSON, S.; SHRIVER, B.D.
Specifying target resources in a machine independent higher level
language. AFIPS, Proc. NCC, 81-85, 1981

DeWITT, D.J.
A machine independent approach to the production of optimal hori-
zontal microcode. Ph.-D. Dissertation, Univ. of Michigan, Ann Arbor,
Techn. Rep. 76 DT 4, 1976

DIJKSTRA, E.W.
The structure of "THE" Multiprogramming System. CACM, 11, 5,
341 ss., Mai 1968

FERNANDEZ, E.B.; BUSSEL, B.
Bounds on the number of processors and time for multiprocessor
optimal schedule. IEEE Transactions on Computers, C-22, 8, 745-751,
1973

FISHER, J.A.
The optimization of horizontal microcode within and beyond basic
blocks: an application of processor scheduling with resources.
Ph.-D. Dissertation, New York Univ., COO-3077-161, 1979

FISHER, J.A.
Trace scheduling: a technique for global microcode compaction. IEEE
Transactions on Computers, C-30, 7, 478-490, 1981

FISHER, J.A.
The enormous longword instruction (ELI) machine, progress and
research plans. Yale Univ., Research Rep. 241, 1982

FISHER, J.A.; LANDSKOV, D.; SHRIVER, B.
Microcode compaction: looking backward and looking forward. Proc.
NCC 1981, AFIPS, 95-102, 1981

FISHER, J.A.; LANDSKOV, D.; SHRIVER, B.D.
Microcode compaction: the state of the art. Techn. Rep. TR 82-3-3,
Univ. of Southwestern Louisiana, Lafayette, 1982

FLYNN, M.J. ROSIN, R.F.
Microprogramming: an introduction and a viewpoint. IEEE Transactions on Computers, C-20, 727-731, 1971

FULLER, S.H.; LESSER, V.R.; BELL, C.G.; KAMAN, C.H.
The effects of emerging technology and emulation requirements on
microprogramming. IEEE Transactions on Computers, C-25, Okt. 1976

GIESER, J.L.
On horizontally microprogrammed microarchitecture description
techniques. IEEE Transactions on Software Engineering, SE-8, 5,
513-525, 1982

GIESER, J.L.; SHERAGA, R.J.
Microarchitecture description techniques. Proc. Micro-15, SIGMICRO
Newsletter, 13, 4, 23-32, 1982

GLUSHKOV, V.M.
- Automata theory and structural design problems of digital machines.
- Automata theory and formal microprogram transformations.
- Minimization of microprograms and algorithm schemes.
3 Artikel in: Kibernetika 1, 1, 3-11; 1, 5, 1-9; 1, 5, 1-3, 1965
(zitiert nach AGERWALA, 1976)

GONZALES, M.J.
Deterministic processor scheduling. Computing Surveys 9, 3, 173-204,
1977

GRASSELLI, A.; MONTANARI, U.
On the minimization of read only memories in microprogrammed digital
computers. IEEE Transactions on Computers, C-19, 1111-1114, 1970

GÜNTSCH, F.R.; HÄNDLER, W.
Zur systematischen Behandlung von modernen Steuerungsaufgaben in
digitalen Rechenanlagen. ZAMM, 40, T35-T44, 1960

GUTTAG, K.M.
Compressing control ROM for VLSI microprogrammed microprocessors.
Proc. Micro 13, SIGMICRO Newsletter, 11, 3/4, 115-121, 1980

HÄNDLER, W.
Verzonung (Bildung von Feldern) für quasihorizontales Wortformat.
Vorlesung Mikroprogrammierung, persönliche Mitteilung, 1980

HARMON, W.J.; MILLER, W.K.
A high performance 16-bit bipolar microprocessor - the Am 29116.
AMD, Sunnyvale, 1982

HARTENSTEIN, R.W.
Verallgemeinerung der Prinzipien mikroprogrammierter Rechnerstrukturen. Interner Bericht, Fachbereich Informatik, Univ. Kaiserslautern,
1978

HELLER, R.A.
Experiences and Opportunities in Vertical Migration of Computing
Functions. ZIMMERMANN (ed.), GI-NTG Fachtagung: Struktur
und Betrieb von Rechensystemen. Informatik Fachberichte 27,
Nachtrag, Springer Verlag, 1-12, 1980

HUSSON, S.S.
Microprogramming, principles and practices. Prentice-Hall, Englewood
Cliffs, 1970

INTEL
Series 3000 bipolar microprocessor. INTEL Corporation, 1978

INTEL
iAPX 43201, iAPX 43202 VLSI general data processor. Datenblatt,
INTEL 171873-001, Rev. A, 1981

JACKSON, L.W.; DASGUPTA, S.
The identification of parallel micro-operations. Information Processing
Letters 2, North Holland Publ. Comp., 180-184, 1974

JAYASRI, T.; BASU, D.
An approach to organizing microinstructions which minimizes the
width of control store words. IEEE Transactions on Computers,
C-25, 5, 514-521, 1976

KIM, J.; TAN, C.J.
Register assignment algorithms for optimizing microcode compilers,
part 1. IBM Research Report RC 7639 (# 33035), Yorktown Heights,
1979

KLAR, R.; WICHMANN, H.
Mikroprogrammierung. Arbeitsberichte des IMMD, Univ. Erlangen-
Nürnberg, 8, 3, 1975

KLASSEN, A.; DASGUPTA, S.
S* (QM-1): an instantiation of the high level microprogramming
language schema S* for the Nanodata QM-1. Proc. Micro-14, SIGMICRO
Newsletter, 12, 4, 124-130, 1981

KLEIR, R.L.; RAMAMOORTHY, C.V.
Optimization strategies for microprograms. IEEE Transactions on
Computers, C-20, 7, 783-794, 1971

LANDSKOV, D.; DAVIDSON, S.; SHRIVER, B.; MALLET, P.W.
Local Microcode Compaction Techniques. Computing Surveys, 12, 3,
261-294, 1980

LEVERETT, B.W. et al.
An overview of the production-quality compiler-compiler project.
Computer 13, 8, 38-49, 1980

MALIK, K.; LEWIS, T.
Design objectives for high level microprogramming languages. Proc.
Micro-11, SIGMICRO Newsletter, 9, 4, 154-160, 1978

MALLET, P.W.
Methods of compacting microprograms. Ph.-D. Dissertation, Univ.
of Southwestern Louisiana, Lafayette, 1978

MARWEDEL, P.; ZIMMERMANN, G.
MIMOLA report, Revision 1 and MIMOLA software system user manual.
Bericht 2, CAU Kiel, 1979

MARWEDEL, P.; ZIMMERMANN, G.
A retargetable microcode generation system for a high-level microprogramming language. Proc. Micro-14, SIGMICRO Newsletter, 12, 4
115-123, 1981

MEHLHORN, K.
Effiziente Algorithmen. Teubner Studienbücher Informatik, 1977

NASH, J.; SPAK, M.
Hardware and Software Tools for the Development of a Micro-
Programmed Microprocessor. Proc. Micro-12, SIGMICRO Newsletter,
10, 4, 73-83, 1979

NICOLAU, A.; FISHER, J.A.
Using an oracle to measure potential parallelism in single instruction
stream programs. Proc. Micro-14, SIGMICRO Newsletter, 12, 4,
171-182, 1981

OPLER, A.
Fourth generation software. Datamation, 13, 1, 22-24, 1967
Nachgedruckt in: Mikroprocessing and Microprogramming 8, (3,4,5),
145-148, 1981

PADUA, D.A.; KUCK, D.J.; LAWRIE, D.H.
High-speed multiprocessors and compilation techniques. IEEE Transactions on Computers, C-29, 9, 763-776, 1980

PARNAS, D.L.
A technique for software module specification with examples. CACM,
15, Mai 1972

PATTERSON, D.A.
STRUM: structured programming system for correct firmware. IEEE
Transactions of Computers, C-25, 10, 974-985, 1976

POWERS, V.M.; HERNANDEZ, J.H.
Microprogram assemblers for bit-slice microprocessors. Computer,
11, 7, 108-120, 1978

RAMAMOORTHY, C.V.; TSUCHIYA, M.
A high level language for horizontal microprogramming. IEEE Transactions on Computers, C-23, 8, 791-801, 1974

RICHTER, L.
Vertikale Migration - Anwendungen, Methoden und Erfahrungen.
K.-H. HAUER, C. SEEGER (Hrsg.): Hardware für Software. German
Chapter of the ACM, Berichte 6, Teubner Verlag, 9-28, 1980 a

RICHTER, L.
Höhere Programmiersprachen für die Mikroprogrammierung. In:
W.K. GILOI (Hrsg.): Firmware Engineering. IFB, 31, Springer
Verlag, 156-172, 1980 b

RICHTER, L.
High level language extensions for microcode generation and veri-
fication. G. CHROUST, J.R. MÜHLBACHER (eds.): Firmware,
Microprogramming and Restructurable Hardware, North Holland,
233-242, 1980 c

RIDEOUT, D.J.
Considerations for local compaction of nanocode for the Nanodata QM-1.
Proc. Micro-14, SIGMICRO Newsletter, 12, 4, 205-214, 1981

RIEGEL, E.W.; FABER, U.; FISHER, D.A.
The interpreter - a microprogrammable building block system. Proc.
SJCC, AFIPS, 705-723, 1972

ROBERTSON, E.L.
Microcode bit optimization is NP-hard. SIGMICRO Newsletter, 8, 2,
40-43, 1977

SALISBURY, A.B.
Microprogrammable computer architecture. American Elsevier, 1976

SCHNEIDER, H.J.
Compiler, Aufbau und Arbeitsweise. De Gruyter Verlag, Berlin,
New York, 1975

SCHWARTZ, S.J.
An algorithm for minimizing read only memories for machine control.
Proc. IEEE 10th Annual Symp. Switching and Automata Theory, 28-33,
1968

SIEWIOREK, D.P,; BELL, C.G.; NEWELL, A.
Computer structures: principles and examples. McGraw Hill, 1982

SINT, M.
A survey of high level microprogramming languages. Proc. Micro-13,
SIGMICRO Newsletter, 11,3, 141-153, 1980

SINT, M.
A microinstruction description language. Proc. Micro-14, SIGMICRO
Newsletter, 12, 4, 95-106, 1981

SRIMANI, P.K.; SINHA, B.P.
Some studies on microprogram optimization. Proc. Micro-13, SIGMICRO
Newsletter, 11, 3/4, 30-37, 1980

STANKOVIC, J.A.
The Types and Interactions of Vertical Migrations of Functions in a
Multilevel Interpretive System. IEEE Transactions on Computers, C-30,
7, 505-513, Juli 1981

STOCKENBERG, J.; VAN DAM, A.
Vertical Migration for Performance Enhancement in Layered Hardware/
Firmware/Software Systems. IEEE Computer, 11, 5, 35-50, Mai 1978

STRITTER, S.; TREDENNICK, N.
Microprogrammed implementation of a single chip microprocessor.
Proc. Micro-11, SIGMICRO Newsletter, 9, 4, 8-16, 1978

TAMURA, E.
An integrated development support system for LSI processor modules.
Ph.-D. Thesis, Keio Univ., Yokohama, 1980

TOKORO, M.; TAMURA, E.; TAKASE, K.; TAMARU, K.
An approach to microprogram optimization considering resource
occupancy and instruction formats. Proc. Micro-10, SIGMICRO Newsletter, 8, 3, 92-108, 1977

TOKORO, M.; TAKIZUKA, T.; TAMURA, E.; YAMAURA, I.
A technique of global optimization of microprograms. Proc. Micro-11,
SIGMICRO Newsletter, 9, 4, 41-50, 1978

TOKORO, M.; TAMURA, E.; TAKIZUKA, T.
Optimization of microprograms. IEEE Transactions on Computers,
C-30, 7, 491-504, 1981

ULLMAN, J.D.
Polynomial complete scheduling problems. Proc 4th Symp. on Operating
System Principles. ACM Operating Systems Review, 7, 4, 96-101, 1973

VEGDAHL, S.R.
Local code generation and compaction in optimizing microcode
compilers. Ph.-D. Thesis, Carnegie-Mellon Univ., Pittsburgh, 1982

WILKES, M.V.
The best way to design an automatic calculating machine. Manchester
Univ. Computer Inaugural Conf., Manchester, 16-18, 1951
Nachgedruckt in: Microprocessing and Microprogramming 8, (3,4,5),
141-144, 1981

WOOD, G.
On the packing of micro-operations into micro-instruction words.
Proc. Micro-11, SIGMICRO Newsletter, 9, 4, 51-55, 1978

WOOD, G.
Global optimization of microprograms through modular control constructs.
Proc. Micro-12, SIGMICRO Newsletter, 10, 4, 1-6, 1979

YAU, S.S.; SCHOWE, A.C.; TSUCHIYA, M.
On storage optimization for horizontal microprograms. Proc. 7th
Annual Workshop on Microprogramming, 98-106, 1974

Stichwortverzeichnis
<u>_________________</u>

Abkürzungsverzeichnis

Soweit die durch Abkürzungen bezeichneten Begriffe explizit
definiert sind, ist die Seitenzahl der entsprechenden Definition
angegeben.

A   Seite

and	Und-Liste	55
AT	Adreßteil	

B

BZ	Befehlszähler

C

CCROM	compressed control ROM
CP	control part

D

DAG	Datenabhängigkeits-Graph	64
DAGP	Datenabhängigkeits-Graph für Pfade	71
db	Daten-bereit	134
db-Menge	Daten-bereit Menge	134
ddv	direkter Daten-Vorgänger	62
delay	delay-Operator	49
dg	direkt gekoppelt	46
di	Daten-Interaktion	61
dk	datenkompatibel	63
du	datenunabhängig	63
dummy	dummy-Mikrooperation	67
dv	Daten-Vorgänger	62

E

EA	Ein/Ausgabewerk	
EGPA	Erlangen General Purpose Array	
EKP	erweiterte kritische Partition	150
erdb-Menge	erweiterte Rest-db-Menge	135
$\underline{ev}$	eingeschränkter Vorgänger	63

F

$\underline{fk}$	Feld-kompatibel	72
FP	früheste SMB-Partition	148

G

$\underline{g}$	gekoppelt	46

H

hk	Haupt-Klasse	
HMS	höhere Mikroprogrammier-Sprache	
HS	Hauptspeicher	

I

iK	inkompatible Klasse	101
$\underline{intf}$	Interface-Feld	52
$\underline{intf}$	Interface-Pseudo-Speicherressource	44
IR	Instruktionsregister	
$\underline{iv}$	Index-Vorgänger	60

K

$\underline{k}$	kompatibel	87
kK	kompatible Klasse	88
KP	kritische Partition	149

<u>plF</u>	parallel ohne Formatbetrachtung	90
<u>ppl</u>	potentiell parallel	91
ps	Phrasen-strukturierte Sprache	
<u>pseu</u>	Pseudo-Speicherressource	44

Q

QNIR	Quasinanoinstruktionsregister
QNPS	Quasinanoprogrammspeicher

R

rdb-Menge	Rest-db-Menge	135
RW	Rechenwerk	

S

<u>sddv</u>	direkter Daten-Vorgänger nach der Sprungregel	71
<u>sk</u>	Speicherressourcen-kompatibel	91
SMB	Sequentieller Mikroprogramm-Block	59
SP	späteste SMB-Partition	149
SR	Statusregister	
ST	Steuerteil	

T

<u>term</u>	terminales Feld	52
<u>time</u>	time-Operator	49
<u>trans</u>	transiente Speicherressource	44
<u>tv</u>	Takt-Vorgänger	61

U

<u>uv</u>	uneingeschränkter Vorgänger	64